management

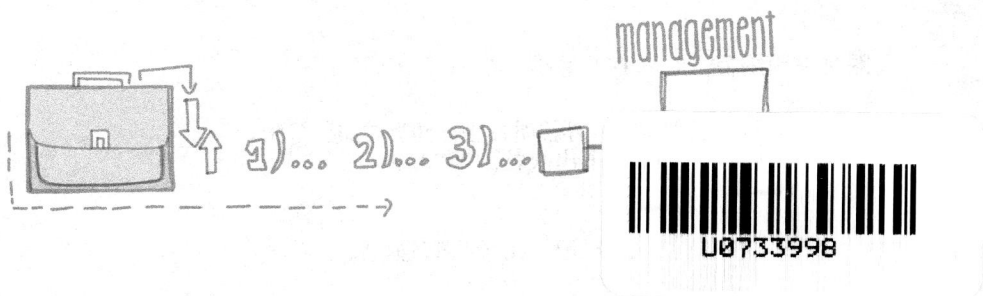

项目管理
其实很简单

初级项目经理进阶之道

张青 / 编著

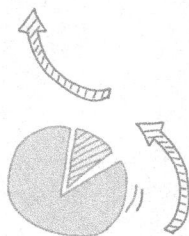

人民邮电出版社

北京

图书在版编目（CIP）数据

项目管理其实很简单 : 初级项目经理进阶之道 / 张青编著. -- 北京 : 人民邮电出版社，2020.1
ISBN 978-7-115-52236-8

Ⅰ．①项… Ⅱ．①张… Ⅲ．①项目管理 Ⅳ．①F224.5

中国版本图书馆CIP数据核字(2019)第219068号

内 容 提 要

本书是一本项目经理管理笔记，汇聚了作者在多个世界500强公司15年的项目管理经验。

书中从项目管理的角度出发，全面系统地介绍了项目经理的工作特点、工作内容、工作方法和技巧，以及如何提升管理能力、演讲能力、人际关系处理能力、时间管理能力、心态调节能力等内容。通过阅读本书，读者能够迅速领会项目管理的重要技巧和方法，掌握各种项目管理知识和决胜策略，从而成功、高效地开展项目管理工作。

本书适合对项目管理感兴趣的人群，特别是项目经理、项目总监、企业变革或转型的顾问及高管，同时也可作为高等院校项目管理、服务管理、生产管理或工程项目管理等相关专业的辅导教材。

◆ 编　著　张　青
　　责任编辑　马　霞
　　责任印制　周昇亮
◆ 人民邮电出版社出版发行　　北京市丰台区成寿寺路 11 号
　　邮编　100164　　电子邮件　315@ptpress.com.cn
　　网址　http://www.ptpress.com.cn
　　北京虎彩文化传播有限公司印刷
◆ 开本：700×1000　1/16
　　印张：17　　　　　　　　　2020 年 1 月第 1 版
　　字数：287 千字　　　　　　2025 年 8 月北京第 30 次印刷

定价：69.80 元

读者服务热线：(010)81055296　印装质量热线：(010)81055316
反盗版热线：(010)81055315

我们在谈论项目经理这个角色时，主要问题在于你是不是管项目的人，你是不是项目经理，这个项目谁负责。例如，你的家里谁做主，如果是你的爱人做主，那他（她）就是这个家庭的项目经理。

项目经理在现实中比较尴尬的一个境地就是，你找不到正式的岗位描述。但项目真的是无处不在，项目管理也几乎无时无刻不存在。

如果你在管理某件事情，那么你其实就是一个真正的项目经理，只不过你不愿意被这个名头所限制，因为只要你是项目经理，就要对这个事情负责。

刚进入职场，很少有人一开始就担任项目经理，能进一个大项目很难得。很多人在公司里面都是"跑龙套"的角色，在项目里面打打杂。有技术背景的，可能会被放到项目中去做个技术工程师。

一般情况下，做技术的人比较内向，他们更倾向于理性思维而非感性思维，会花更多的时间研究事情而不是琢磨人。

做技术的人如果想要在某个技术领域里有所成就，那么他们最大的成就可能是获得某项专利。

如果你不想做技术，又或者发现自身可能更适合朝着管理方面发展，那么你可以从技术转到项目管理方向。选择转型项目管理，就需要去研究和思考如何顺利地完成这个转身。

很多人第一次做项目管理时会犯各种各样的错误。很多项目经理在项目管理中常犯以下错误。

- 第 1 个错误，认为只需要按照计划和流程把任务监控起来就行了，忽视对人和团队的领导。

- 第 2 个错误，做事情总是被动反应，不会分轻重缓急。
- 第 3 个错误，认为自己必须全盘掌控，凡事都需要亲力亲为地微管理，不懂得向团队寻求帮助和寻找创新的方法。

第 1 个错误是没有处理好人和事的关系，项目经理只顾埋头做任务，天天只看任务有没有完成，不管什么事情都往流程上面推，按照流程办事，不敢越雷池一步。要知道这些任务都是由人来完成的，如果不处理好人际关系，那么任务也很难做好。

第 2 个错误是没有处理好事前和事后的关系，很多项目经理天天都是"救火队员"，但救得了这个却往往救不了那个，一旦习惯于做事后的"救火"，那就没有时间去做事前的管控。项目经理不能只做事后检查，事前预防更加重要。

第 3 个错误是没有处理好个人与团队的关系，项目经理如果不舍得放权，不敢授权，不愿意放下身段去寻求帮助，总想一个人当孤胆英雄，总以为自己是超人，让整个项目都围绕着自己转，那么结果往往是吃力不讨好，累死自己也连累团队。

因此，当我们成为项目经理后，不管是从技术转型过来的，还是一进公司就委以重任的，都应该知道最重要的责任是什么——那就是保证项目成功。

尤其是那些大型复杂的项目，以总承包工程项目为例，从基建到厂房，然后到建立生产线，这个项目可能需要跨部门、跨领域。在这种情况下，公司在选择项目经理的时候，会考虑项目经理的背景，对他的能力有一个基本的认识，看项目经理的沟通能力、领导能力，以及在当前领域是不是有较大的影响力。相反地，公司对于项目经理在项目管理过程中的具体操作层面可能不会太关注，因为这些都是可以快速训练出来或者可以找人来进行辅助的。

因此，作为项目经理，至少要掌握两种技能：一种是可以通过学习获得的专业技能，我们称为硬技能；另一种是天生和后天逐渐培养的领导能力，我们称为软技能。读者可以想一下，自己对于未来的职位定位是什么、应该重点发展哪方面的能力、在不同的阶段应该发展什么样的能力，这些都要提前做好打算。

想真正地成为一个项目经理，至少要做好下面这 3 件事情。

（1）做事之前先做个计划：计划要包括具体的内容、达成目标、可以使用的预算、资源以及进度计划等基本的信息。

（2）设定一个完成的时间：你需要对事情完成的进度情况进行不断的评估，看看还有多少需要完成的工作，是否需要缩小工作范围，又或者需要额外的资源。

（3）定期无缝连接地沟通：通过会议、电子邮件甚至找到对方进行面对面的沟通等不同的方式，来确保不会遗漏掉任何所需要的重要信息。

其实人生就是一个重大的项目，你就是项目经理，现在你唯一欠缺的，就是行动起来！

本书由张青编著，同时感谢参与编写的人员苏高、谭中阳、杨端阳、柏承能、刘桂花、柏松、谭贤等人。由于作者知识水平有限，书中难免有错误和疏漏之处，恳请广大读者批评、指正，联系微信：157075539。

目录
CONTENTS

第4章 项目管理沟通和演讲的能力 ·············· 92

了解项目经理的重要性

——

第 1 章

学前提示

一个专业的项目经理清楚自己在做什么，且了解每个团队成员的能力，是一个有能力且可以有效领导团队的人。

要点展示

➢ 了解项目经理

➢ 项目经理的特点

➢ 了解项目管理

1.1

了解项目经理

在大多数组织中，项目管理是以项目中出现的异常为基础进行的，只有当项目陷入困境的时候，我们才会认真思考项目管理的需要。而在项目平稳进行时，即使项目管理存在，也不会得到承认，只有当项目出现失控时，才认为是项目管理的原因导致的。

实际上，大多数组织对于项目失控的典型回应是重组项目团队，寻求项目范围变更，引入新的管理工具，并希望达到最佳的改进效果。而这种实施快速修复来替代正式项目管理的方式，就像是派没有什么培训和实操经验的飞行员去驾驶飞机一样，希望飞行员在危机中学习知识，并在飞机仍然在空中的时候解决问题。不论是飞行还是项目管理，这都是不可能取得成功的。

在这种情况下，项目管理想要取得成功，就必须明确项目中的任务、作用、责任、计划、意外情况和参与规则。更重要的是，项目参与者在不断变化的情况下的行为和反应，必须直观而自信地产生。项目参与者只有通过持续的培训、掌握综合的方法、遵守严谨的纪律和不断获取经验，才能建立项目管理专业基础。

尽管人们对项目管理的研究逐渐广泛、意识不断增强，但项目管理理论和实践之间的差距依然存在。项目失败的情况大量出现，让人们看到了项目经理的重要性。

1.1.1 什么是项目经理

一个"项目"总是需要通过个人或团队制订计划来实现目标。

其中"计划"是关键词，如果某件事你需要去制订计划，那这就是一个项目。

比如在商业领域中，项目往往涉及一系列任务的集合，这些任务是在你正常的工作范围之内的，但你以前没有做过，而且这些任务你无法一个人完成。一般情况下，一想到"项目"，你可能就会想到一些很大型的场景，如下面这些。

● 研发一个新产品和服务解决方案。

● 更新一套 IT 系统。

- 构建一个新的营销策略。

- 招标、投标。

实际上，许多小的活动也可以称为"项目"。

- 准备一场内部的培训和提交一些材料。

- 准备写一封正式的邮件。

- 寻找一家新的供应商（原来的供应商不满足要求）。

- 优化工作流程。

那为什么做这些事情的人没有被称为项目经理呢？如果每个人都被称为项目经理，那么往往就会出现"我以为这件事情是他做的"这种让人误会的情况。就像一个厨房里有太多的大厨，并不意味着就能够做出一顿好的晚宴，这就是心理学上的"责任扩散"现象。

真正专业的项目经理往往会经过正规的培训和大量的实践，他们有一系列的工具和方法来管理项目。那些在工作中所接触到的非正式的项目，则无需花费大量的时间和精力去完成，而是进行必要的简化就能使整个项目管理过程变得更加简单和容易。虽然大型项目的管理方法可能没有太大的参考意义，但是借鉴他们的这些方法或经验可以使你的项目运作得更加流畅，并带来更大的影响力。

1.1.2　项目经理的工作内容

如果你是一个项目经理，你要做什么？笔者身边的家人、朋友、专业人士以及部门经理常常给出这样一个评价：项目经理的工作很简单，就是进行计划、协调、控制和执行项目，这就是项目经理所有的工作。

如果就是这样简单，为什么还有许多组织和专业人员仍然在与项目管理做斗争？为什么项目失败的居多，而成功的较少？这些问题的答案是多样且复杂的，但是所有的答案都会被一条无形的线编织在一起，这条线就是项目管理，它是组织或企业成功的基础。

项目管理虽然是科学和艺术的结合，但也是大多数组织管理工作中最不被了解和最不受欢迎的。即使在今天，很多人都认为项目管理是一种额外的成本，充满了各种无法承受的会议、沟通和文书等工作内容。只有小部分的专业人士和学者认为项目管理属于管理学科，并认为项目管理是管理项目的核心竞争力。

当你在承担项目经理的责任时，你将负责项目管理的所有方面。这个时候你不能像管理层那样责怪别人，比如通过责怪分包商和项目团队成员来推卸责任。作为项目经理，你就是项目的重点，你将对项目的成败负责。所以，如果项目出现问题，那必然会有相应的人员与这些问题相关联，而不会是一个部门或者一个机构，责任最终会被归结到一个被认为是独自负责的个人身上。

项目经理是项目管理的责任人，要了解自己的角色和责任，从而很好地完成相应的工作。而对于组织或公司的管理层来说，如果看不到项目是如何运作的，对项目缺乏了解，通常会导致项目失败。所以在这个时候，项目经理要清楚地知道到底是谁在管理项目。

1.1.3 项目经理的职责

项目经理的主要职责是安排和创建可交付成果，在项目规划阶段设置项目交付期限和创建里程碑。

1. 项目经理的职责

项目经理负责管理由项目管理所定义的广泛领域，俗称"知识领域"，包括以下这些内容。

（1）控制工作内容（范围管理）：项目经理负责管理项目的范围或工作内容。范围管理包括项目选择、项目授权、项目范围、需求定义、项目目标、将项目与业务目标对齐，以及变更控制等。

（2）确保及时性（时间管理）：项目由目标日期和时间表驱动，项目经理负责按计划去完成。他们通过管理定义、排序、估计、调度和控制任务和活动所需的工作来实现目标，同时建立项目的里程碑，并通过依赖关键路径找出及时性的依据。

（3）维护财务管理（成本管理）：项目经理将在商定的预算内完成项目。他们通过成本管理来实现目标，包括项目整个生命周期的资源规划、成本估算和成本控制等。

（4）利用劳动力（人力资源管理）：项目组织由具有不同背景、技能和专长的团队和个人组成。人力资源管理包括建立项目组织、确定角色和责任、确定技能、谈判资源、人员配置、发展内部和外部团队、保持团队积极性等。

（5）管理项目风险（风险管理）：项目经理负责管理风险，包括识别风险、评估风险、制定替代缓解策略、获得管理审批以及管理项目进展时的风险。

（6）收集和传播信息（沟通管理）：项目管理就是沟通，这是项目经理完成必要工作的唯一方式。沟通管理包括销售项目、管理可交付成果、与利益相关者进行交易、使每个人了解项目状态、管理客户的期望，并让结果符合每个人的预期。

（7）管理合同商品和服务（合同管理）：项目的成败与从外部购买的商品和服务的供应商和分包商有很大的关系。项目经理负责规划采购活动，与供应商进行谈判，管理项目合同，开发和维护分包商关系，测试和接受分包商和可交付成果，并在工作交付时批准付款。

（8）管理项目和流程质量（质量管理）：质量和与之相关的一切都会影响客户满意度。项目经理负责管理项目可交付成果和项目管理过程本身的质量。质量管理包括与项目质量计划、质量保证和质量控制等相关的工作，同时还包括对管理项目流程的持续改进。

（9）项目集成管理：项目经理通过整合上述所有责任领域，形成完善的项目管理，这些职责没有一个可以忽略，只有在重视每一份职责的基础上，才能实现预期的项目成果和符合整体客户满意度。

2. 高级项目经理的职责

有一个很流行的说法，"闪光的并非都是金子"，这个说法也可以直接应用在高级项目经理的身上。虽然这个名称听起来似乎很有吸引力，让人容易联想到高薪酬、高津贴和高奖金，但一个真正的高级项目管理者知道这项工作并不容易。高级项目经理可以是任何项目的主管，其主要职责是有效地计划、组织、领导和控制项目，这项工作要求你具有其他项目经理所不常有的深入的知识和非凡的技能。此外，它还要求你有在以前的项目中获得过成功的记录。高级项目经理通常在大型组织中任职，一次性地负责多个项目，并且这些项目几乎都很复杂。

如果你打算申请高级项目经理的职位，那么你首先应该知道一个高级项目经理的职责是什么，较高的职位意味着更大的责任。下面是对高级项目经理职责的一些概述。

（1）提供项目管理计划：高级项目经理有责任为团队成员制订并提供包含项目所有细节的项目管理计划。

（2）设置可实现的目标：高级项目经理应为项目设定可实现的目标，同时还应制订实现这些目标的适当战略。

（3）提供教练和指导：高级项目经理有责任为团队成员提供关于项目每个方面的指导和辅导，以便团队成员能够充分了解他们的任务并有效地采取行动。

5

（4）识别资源：高级项目经理应确定项目的财务或人力资源是否能满足成功完成项目的需要，需要确定项目的所有内部和外部资源。

（5）评估进度：高级项目经理需要定期评估项目的进度，这是非常重要的，因为它可以帮助你掌控流程。

（6）关注最新趋势：高级项目经理还应关注全球项目管理中使用的最新战略、工具和术语，以便能随时运用这些战略，而且先进的工具还可以提高生产效率。

（7）内部沟通战略：高级项目经理应制订和执行有效的内部沟通战略，以确保与团队内所有层面（包括管理层在内）人员的沟通。这是一个重要的任务，除非正确地与团队成员沟通，否则将很难实现项目目标。

（8）开发工具和技术：高级项目经理应根据每个团队成员的技能，开发出用于完成项目任务的工具和技术，并评估所有团队成员的绩效，当然市场上也有大量软件可以完成该任务。

（9）构建和实现：高级项目经理应该建立一套能够适用于所有任务的方法论，来实施项目。

当你了解一个高级项目经理的职责后，如果觉得有资格担任这个职位，就可以去申请这个职位了。如果你认为自己不能有效地履行上面的职责，那么，你可以通过参加各种培训、会议以及研讨来提升自己的技能。

1.1.4　项目经理的必备能力

作为项目经理，你需要确保自己有能力完成项目并把它做好。在整个项目中，下面这 21 个关键点会帮助项目团队保持生产力和动力，虽然你可能会发现不同的技巧，但了解这些技能是成为一个成功的项目经理的基础。

1. 领导能力

项目经理是一个特定的领导者角色，需要有一定的人格品质。一个成功的项目经理能够在预算内按时交付项目，以及满足甚至超越利益相关者的期望。

项目经理的领导素质是必不可少的，他知道团队成员来自不同的行业，每个人都有不同的优点和弱点。项目经理要克服所有障碍以确保团队始终朝着同一个目标前进，要做到这一点，就需要不断地学习。

西奥多·罗斯福（Theodore Roosevelt）说过，最好的执行者有足够的感觉去选择合适的人来做他想做的事情，同时有足够的自我克制力避免自己干扰他们。成功的项目经理即使在项目团队犯错误的时候，也允许他们尽快纠正错误。一个真正的领导者不能总是显示权威，也需要让他们的下属可以轻松地把他们面临的问题和挑战表达出来，并寻求最佳的方式继续前进。

首先，项目经理是一个领导者，他定下项目的基调，为整个项目团队提供一个明确的目标，并预测项目中潜在的问题。其次，项目经理需要向四周发散自己的热情和激情，以带动整个项目团队前进。

领导力是一种选择，而不是一个职位，当你选择成为项目经理的时候，你就选择了发展你的领导力。

2. 沟通能力

沟通是在商业世界获得成功所需的基本技能，沟通不仅仅局限于言语，还有面部表情、手势等，以及邮件、微博、公众号等各种方式。一个成功的项目经理会让你觉得你是他最好的朋友 / 项目成员 / 客户，和他沟通是如此愉快，让人能够直接感受到他的魅力。

在沟通的过程中，对方的肢体语言能够揭示出他们的真实感受。很多沟通高手善于通过身体语言来展示沟通的乐趣，能够让你在不知不觉中受到对方思想的感染。

项目经理应该知道如何开展演讲，以连贯和容易理解的方式传达自己的想法和结果，同时也应该知道如何积极地听取同事的建议，并形成建设性的反馈意见。

3. 写作能力

作为一个项目经理，你的工作不仅仅是告诉人们应该去做什么，还需要不断地去进行沟通。不论是正式还是非正式的沟通，这个关键的沟通过程有不少是通过文字完成的，如果你想要做得很好，你就需要具备卓越的写作能力。写作是项目经理在任何领域都必须具备的技能，它能提高生产力，帮助你完成项目规划、培训和绩效评审。

4. 解决问题的能力

项目经理解决问题最有效的方式，就是和专家或顾问合作，利用双方的专业知识来进行处理。当然，不能指望他们对每一个大大小小的问题都能够提出解决方案，但是项目经理必须要学会利用团队成员的知识来进行应对，建立一个在项目中遇到任何问题时都能做出集体反应的应对模式或流程。

因此，项目经理在解决问题方面需要承担更大的责任。当然，项目中存在的大部分问题可能和资源相关，但在某些时候，项目经理还是需要展现出自身在专业领域中独特的一面，这可以增强项目团队对达成项目目标的信心。

问题不应该始终存在于一个项目经理的清单列表上，作为一个有能力的项目经理，促使其成长的关键技能是能够不断找到受关注的解决方案。项目团队成员也会受到项目经理解决问题的素质能力的直接影响，项目经理找到解决方案的时间越早，项目团队就能够越快解决问题。

5. 具有同理心

优秀的项目团队领导者应具备同理心，既知道如何让团队更加专注于项目的交付，又能够站在员工的角度帮助员工处理一些个人的麻烦，让他们保持生产力。当然，同理心不能滥用，需要项目经理视具体情况而定。

6. 具有同情心

尽管项目经理在项目中有时不可避免地要成为一个坏人，但并不意味着可以没有同情心。你需要尊重每一个在项目中工作的人，无论对方是最基础的项目人员还是高级管理者。

同情心是一种通用语言，它也是一个成功的项目经理所必须拥有的。项目经理还应该关心项目时间表、利益相关者、使命和项目所涉及的风险。

因为现实世界中缺乏同情，同情赤字现象太多，所以同情心愈发显得珍贵。好的项目经理是善良和温柔的，因为通过温和的方式处理问题比强制性的方法更有效。

7. 专业技能

很多大型项目往往覆盖了知名行业和许多高学历的利益相关者，此时项目经理就需要拥有关于财务和法律方面的相关知识，并且能够带动和激励整个项目团队加强自身能力的提升。项目经理不一定具备技术专长，但一定要有鼓励和带领团队去面对项目中各项任务和挑战的能力。

管理一个真正的大项目需要具备一定的专业水平，但在现实中，可能你在面对一个大型项目时却并不具备你所需要的专业知识。在这种情况下，建议寻求一位导师或专家的帮助，这是非常有价值的。

你可能需要一个人来处理所有的事情，但实际上项目经理应该倾向于解决问题来让整个项目正常运作，当有导师可以协助你处理专业领域的问题的时候，他所提供的帮助是惊人的。

8. 个人软技巧

你的软技巧和你的专业技能同样重要。观察一个高层领导，你会发现他具有很强的软技巧（如强有力的沟通、有见地、态度积极）。这些软技巧能够让人在争取一份工作或者晋升时拥有较大的竞争优势。

9. 有常识

这里的常识是指一些常规的管理知识，如优先级排序，知道什么时候妥协，了解对方的承受底线，以及一些谈判、商务、财务基础。这些基础知识可以通过课堂学习，也可以向有经验的专家进行咨询。

10. 发挥个人专长

作为一名经验丰富的项目经理，不仅能够了解本领域的行业情况以及项目团队，还能够通过选择最佳的实践方案来实现项目的成功交付。作为服务提供商，在成功完成项目的同时，也要帮助客户成长。

作为行业专家，项目经理需要分享并分析一些统计数据，协助客户对他们的业务做出正确的决定。项目经理不要害怕在项目成功的时候分享自己的专业知识，这既是作为项目经理的本职工作，也是一种责任。客户并不总是正确的，这个时候，需要有专业人员给出专业的指导或建议，最终形成双方共赢的局面。

11. 团队建设能力

团队建设者一般需要一个强有力的人来担任，他所提出的团队合作的共同目标应该是项目最终需要达成的目标。团队建设者的任务就是让一群陌生人发展成为一个单一的、具有强大凝聚力的作战单位。

成功的项目经理是能始终将不同个性的项目团队成员凝聚在一起的黏合剂。为了使项目团队成为一个完整的单位，项目经理需要满足团队所有的需求，并提前做好详细的规划。对于一个成功的项目经理而言，规划和准时是最重要的两个条件。

12. 组织能力

项目经理需要具有良好的组织才能，能够确定做什么、以什么顺序来做，从而实现预期的结果。就像一个表演杂技的人，在空中同时保持许多不同的球，而眼睛从来没有离开任何一个。

优秀的组织能力是每个项目经理应该具有的一个关键特征，这种能力让他们建立起一个高效的工作环境，能够在面临压力时解决问题，保持专注大局以及优先考虑自己的责任。

当开始展示项目成果的时候，成功的项目经理能够利用所有相关的数据，来构建让所有人都理解的项目愿景和目标。

13. 协作能力

每一个成功的项目经理都知道，项目成功运作的一个重要因素就是项目团队。项目经理如何打造并发展一支优秀的项目团队，以及如何保持他们的生产力，对于项目成功运作是至关重要的。项目团队中总是会存在冲突和分歧，一个成功的项目经理会知道如何去进行调节，并确保所有的团队成员团结在一起。

14. 快速学习能力

对于一个成功的项目经理来说，他们从不停止学习和尝试新事物，对每一个新的项目总是存在着兴奋的感觉，力求让项目达到并超过客户期望的水平。

参与项目是一个极好的学习机会，要善于从项目中学到经验、吸取教训，让你的学习习惯不断地融入项目活动。这样做会让你的团队很感激你，你的客户也将会从中受益。最重要的是，这将使你的工作变得更容易。

15. 长期保持激情的能力

你的优点和缺点是什么？你需要什么技能从现状转到下一个级别？如果你有项目管理技能的扎实基础，就继续在那个基础上发展，不要停下，保持学习和对知识的渴望。

成功的项目经理认为，每天醒来面对新的挑战是令人兴奋的。他们从来不会因为迟到或提前的工作而失去动力，他们会非常认真地对待他们的责任，不论是在白天还是黑夜，始终会在工作中保持激情。

16. 持续思考能力

作为一个新的项目经理，当你处于项目中的时候，很容易陷入项目的细节中去，这个时候要能够把自己拉出局外，并认识到项目是一个大的相互关联的整体。还要能够反思你正在学习什么，正在观察什么，能不能看到其他人看不到的趋势和模式。

项目经理可以每周留出一定的时间和空间用于思考，并至少花半个小时进行持续的思考，很快你就能发现这会成为你一周中最有价值的时间。

尽管我们生活在数字时代，在职场中可以通过各种工具和软件来进行工作，但在一个组织中，重要的仍然是人，特别是具有强大领导力的人，他们能通过领导力，让人们积极并专注于最终结果的质量。

17. 愿意成为"坏人"

为了成为一个成功的项目经理，你必须愿意在某个阶段成为坏人。虽然你可能会幸运地得到一个项目，从开始到结束都顺利运行，但更有可能的是，当你需要做的事情或做出的决定得不到每个人的支持而出现危机时，为了让你的项目能够回到正常轨道上，你必须要成为一个独断专行的坏人。

18. 拥抱变化

在管理上，项目中的事情通常会变化得很快。作为项目经理则必须应对变更，随着新方法和可能的替代路径的出现，项目经理必须要与项目团队紧密合作，仔细聆听客户的声音。在这种情况下，常规方法可能并不太好用。

> **▶ Tips**
>
> 　　项目中总是会有很多意想不到的事情，当然可能会有更多我们不知道或者不能知道的事情。可以预见，这些事情可能会对项目或者自己的生活造成一些伤害。那么，项目团队将会预先学习一些应对的方法，比如改变之前承诺的内容，以及如何实现新的成果等，必要的时候采取退一步的方法来获得双方的妥协。

不要忽略项目中不断的更改所带来的变化，比如公司组织结构改变、项目交付的截止日期变更、项目成员流动等。好的项目经理或项目成员知道他们必须经常调整他们的计划，记录变化的内容以及其对整个项目的影响。

19. 善于展示结果

当你的项目管理技能得到了提高，你就会知道如何快速完成工作，更重要的是，你还将学会如何记录并显示结果。在你的职业生涯中，你需要不断地展示结果，直到最后成功地达到目的。

20. 做事有效率

当你将项目管理原则应用于个人的工作或家庭生活时，就会发现你不需要重新思考你所面对的问题，项目管理会教会你如何最有效地利用资源，并在最短的时间内产生最好的结果。在每个项目结束时，总结获得的实践经验教训，创建个人、团队以及组织的项目文档，优秀的项目成员在每个项目上都这样做。

21. 谦虚而不害怕

项目经理要有权威，并不意味着自己需要比所有人都好，在一个成功的项目团队中，每个团队成员都拥有不同的技能。如果项目团队成员在某一方面了解得比项目经理还多，那是正常现象。作为项目经理，你的重点应放在协调项目管理层、客户以及项目整体工作进度和要求方面。

如果项目经理对自己的定位不清楚，可以咨询公司的直线经理或组织中的关键人员，看他们对于项目经理的定义和建议。如果项目经理承担了多个项目，那就需要按照公司要求找出项目的优先级，并保证项目成果和客户的期望一致。

1.2

项目经理的特点

一个成功的项目经理善于采用微妙的方法，紧紧抓住项目中的每个细节，这种能力往往是他们所接受的教育和所拥有的经验带来的。

1.2.1　能力突出：项目经理是一个"无所不能"的人

每个人的内心都会压抑着一个潜藏的秘密，可能是一个人、一件事，又或者是对未来的野心，这些东西犹如冬日暖阳下野外干透的枯草一样，一点火星就能够让你燃起一生中从没有过的燎原之火。

如果你需要这样的火星，你可以去当一个项目经理，因为项目经理是无所不能的，能够让你释放内心最大的激情。做项目经理能够让你发挥出你的能力，当然也能让你找到内心的恐惧，找到你心里隐藏着的自己都无法发现的那份缺陷。

1. 项目经理需要做好迎接挑战的准备

项目经理这份工作其实不适合一个胆小的人。如果你只想安稳度日，不喜欢费尽心力地沟通；如果你一心只想赚钱，无法接受在漫长的项目实施过程中人生观、价值观不断被颠覆的话，你是无法成为一个真正的项目经理的。

项目经理会尽量把遇到的每一件事情都做到极致和完美，会沉醉于最终达成的结果。真正在工作中做项目的时候，要把每一个项目当成一件艺术品去完成。你不仅需要完成任务，还需要给这个项目更高的期望。

2. 项目经理是一个伟大的领导者

一个成功的管理者也是一个伟大的领导者。项目团队在项目工作中由于有内部或外部的压力，会导致如任务不能在截止日期前完成等问题的出现。这时，作为项目经理，有必要激励项目团队，监测他们的工作状态和满意度，确保团队成员能开心地工作，而且不会存在潜在的不可逆转的问题。

项目经理要时刻提醒他们为什么在一起工作、什么是项目中的危机，告诉他们团队合作是项目成功的基石，并分别介绍每个团队成员的专业知识。项目经理通过和客户的积极沟通，为团队争取额外的工作时间和可实现的项目目标，减轻项目团队的压力。

在现实世界中，没有无限的预算、灵活的工作时间和非常有趣的项目。当我们面对现实时，必须坚持并确保能够顺利交付项目成果。我们要为艰苦的时刻做好准备，保持惯性持续向前，同时让项目团队和客户平静地面对项目中出现的任何问题和挑战，这就是成功的项目经理与常规管理人员的区别。

1.2.2　善于调配：每个好项目经理都是一个"大厨"

当做出一道新鲜好吃的美食，被家人和朋友闻到香味并给出积极的反馈的时候，我会非常开心。实际上，所有的东西都是相通的，每一个好的项目经理都是一个好的"大厨"。

1. 有高质量的输入才会有高质量的输出

在配置项目的时候，不仅需要项目成员，还需要项目团队成员带来的承诺和能力。如果你的团队都是由专家组成，虽然听起来很不错，但可能会导致花费的人力成本太高，或者会在内部产生更多冲突等。因此，我们需要确定哪些是要重点关注并提升质量的部分，也就是说找到关键的 1 ~ 2 个因素，集中精力进行大量的质量提升工作。这就像是做食物一样，可以选择质量较高的调味品或配料，来与主食材进行搭配。

2. 需要管理实践和项目相匹配

一道原本需要 60 分钟完成的菜，当我们尝试在 30 分钟内做完的时候，那么得到的结果可能是菜未煮熟。因此，就算将原材料进行优选和增加数量，也并不意味着你可以节省让食物加热到可食用的时间，这个时间是不可能被减少的。同时，因为过于担心安全问题，将食物的加热时间过分延长，这也是不可取的。不同的食物需要加热的时间不同，这样才能得到完美的结果。

项目管理也是如此，再简单的项目也都需要一定的时间和流程来完成，而且越是涉及不确定性的工作，我们努力完成工作所花费的时间越可能是呈指数级别增长的。项目实施进度还需要根据具体背景、团队文化以及各个利益相关者和交付成熟度来进行调整，将在大型的复杂项目中的项目管理实践经验应用到一个极小的项目中是一种不必要的浪费。同样的，我们也不能将一个复杂度较低、运行良好的项目管理实践经验，强行运用到一个大型项目中。

3. 按照流程实施直到你可以安全地进行调整

在经验丰富的项目经理的支持和指导下，新入门的项目经理应该能够成功地管理一个小型的、复杂度低的项目。在第 2 个项目中，我们可以复制那些帮助我们完成第一个项目的行为和实践。随着时间的推移，我们使用多种软、硬工具的能力将得到提高，并且能够针对具体情境选择正确的方法。

这就好比当你没有把菜做好的信心时，就按照食谱来做个两三次，第 1 次可能很难吃，第 2 次还不错，第 3 次就可以进行自由的调整了。总之，不要担心，项目管理过程比起做菜来并不会复杂多少。

1.2.3 善于创新：在项目管理中要做好善于创新

当今世界，几乎每家公司都把创新作为公司的文化，这对于传统的工作文化来说肯定是具有挑战性的，但这也并非是绝对做不到的。其实，我们可以尝试在项目中进行各种创新活动，然后逐步形成整个公司的创新文化，如图 1-1 所示。

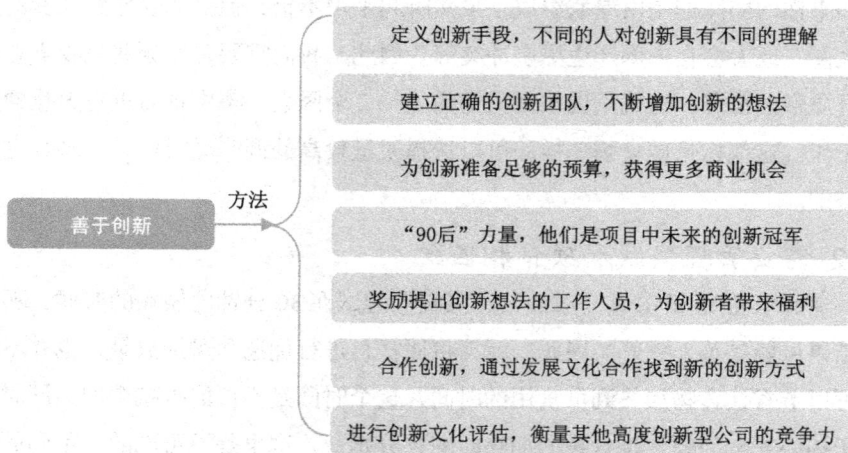

图 1-1　使公司善于创新的方法

1.2.4　与时俱进：了解一些项目管理的最新趋势

多年以来，企业的运营都是严格按照组织流程或层次结构来运作的，它决定了谁在为公司做出各种决定。但随着新一代的员工加入到组织或项目团队中，很多公司已经意识到这种现状需要改变。下面将帮助项目经理识别和了解其中一些项目管理的最新趋势，以帮助项目经理更有效地得到一些问题的答案。

1. 重新思考管理结构

重新思考管理结构并非意味着把管理层完全废除，而是意味着各个层级的管理者需要习惯与各种级别的员工进行接触，不论这种接触是基于何种原因。

同时，项目经理还需要保持与在你之上或之下级别的人员进行沟通交流。年轻的员工习惯于更加民主的参与方式，而聪明的领导者则会采用这种方式，让任何紧张的局势或冲突能够迅速被化解掉；员工通过这种关切也不会再害怕领导，能够直接地表达自己的观点和想法。

2. 关注结果

创造力和"开箱即用"的思想，经常是 HR 对招聘人员在关键技能方面的需求。更多的公司正在放弃严格的方法论，而倾向于目标设定，即由你的项目成员来决定如何实现项目中的目标，并确保满足最终的结果。

当然，前提是确保不能做任何不道德或非法的事，让项目成员自行决定如何完成目标，而项目经理只需要定期检查以确定每个人的方向是否正确。项目成员的工作方法论可能不符合你的期望或习惯，但只要结果是好的，项目经理就应该让员工自己决定如何去完成它。

3. 认识员工的优势和劣势

越高效的项目，越是需要了解员工的优势和劣势。如果项目经理用"一刀切"的做法来管理员工，不仅浪费时间，而且也得不到好的效果。例如，试图让每个员工都能够掌握 10 项技能，那么每个人都很难做到，而且可能导致项目团队中出现沮丧、愤怒和怨恨的情绪。如果让每个人掌握 1 项技能，那么 10 个人加起来就有 10 项技能，这可以让他们能够集中力量用在最合适的方向。因此，项目经理要善于找到团队中的最强点，了解每个人的优劣，这会成为项目的宝贵资产。

4. 坦诚的沟通

具有最好想法的人往往是那些在一线战斗的人。因此，要让每个人都了解项目

15

或公司的目标，且乐于倾听每个人的想法。项目领导越是平易近人并愿意倾听，沟通效果就会越好。

5. 提高透明度

项目中还要有开放的政策，逐步开放的组织计划是推进这种类型的项目管理趋势的关键所在。当左手知道右手在做什么时，双手可以一起工作，以便更有效地完成任务。如果你的项目团队被分成不同的小组，这些小组需要进行相互对接，这时你需要给各个小组提供关键的信息，不要让每个人都在黑暗中摸索着工作。

6. 小结

所有这些趋势都有一个共同点，那就是要有更强的灵活性。随着新技术的进步和远程交付能力的不断提高，增加灵活性可以提高实践和适应变化的能力，能否保持这些变化，是项目成功或失败的决定性因素。

1.2.5 高瞻远瞩：从微管理到宏观层面的管理

很多项目经理在第一次管理一个项目的时候，可能会认为成功的唯一方法就是控制好与组织相关的每一个方面。在一定程度上这无疑是对的，但是，如果你想更进一步，那么应该需要更加聪明地上升到宏观的角度。

这种事无巨细的管理称为微管理，它给项目经理带来了巨大的挑战。这有时可能是危险的，除了影响到项目经理的日常工作习惯外，也会对项目成员和业务有不良的影响。

项目成功和让每个人都感到幸福的关键，在于项目经理要学会从微管理到宏观层面的管理，这里有 5 个提示，可以帮助项目经理完成这种转变，如图 1-2 所示。

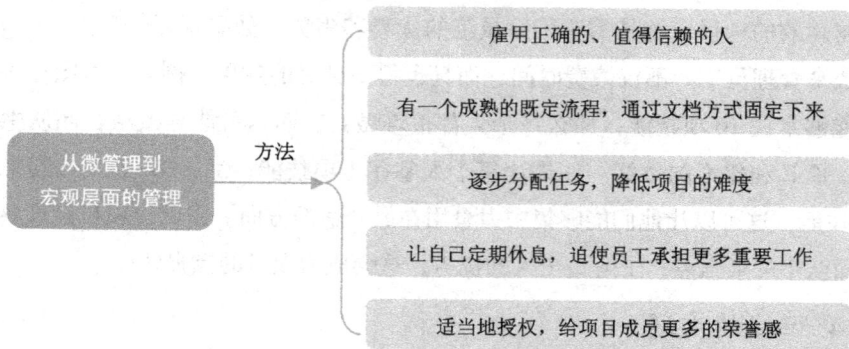

图 1-2 从微管理到宏观层面的管理转变

1.3

了解项目管理

项目管理是将项目的不同组成部分结合起来从而实现主要目标。任何组织，无论是大还是小，都会同时运作多个项目以改善公司运营或满足客户要求。

1.3.1　了解项目的性质

项目本身充满了不确定性和风险，如果项目中的一切都按照计划运转，如果原材料能够按时到达，如果所有资源在需要时可用，如果要求被明确定义，如果团队工作良好，如果在组织中没有冲突，那么当然不需要项目经理。

但所有事业本质上都充满了惊喜、相互制约和不确定性。项目失败的主要原因之一，是我们对项目的构成缺乏必要的了解。有时候项目中每个人都不会去担心这个项目的客户会是一个什么样的状态，因为每个人可能都不知道客户是谁。

究竟什么是项目？每个项目都有以下 10 个特点。这些特点也是项目的先决条件。

（1）满足一个企业或组织的需求。

（2）有一个或若干个客户将从中受益。

（3）有管理层代表，以及赞助者对项目的承诺。

（4）有明确的目标与直接相关的需求。

（5）由一系列相互依赖的任务组成。

（6）用到由人、机器和材料组成的各种资源。

（7）具有一个开始日期和完成日期的具体时间框架。

（8）涉及一定程度的风险和不确定性。

（9）有一个终点或完成标准来定义项目的完成时间。

（10）具有范围、成本、时间和质量的限制。

许多人具有理论知识，但缺乏作为项目经理至关重要的经验基础。因为很多项目经理在一开始就不清楚自己应该做什么，有些人以为自己有了项目经理的头衔，就是在进行项目管理，可以控制和执行项目。毫无疑问，他们一开始就偏离了正确的方向。许多项目的失败可归结为缺少以上一个或多个因素。如果没有适当的基础、业务需求、赞助商、客户、风险评估或完成标准，项目匆忙启动，最终就会导致执行不力。

1.3.2 项目管理的 5 个步骤

项目管理协会对项目管理的定义：项目管理是在整个项目生命周期中协调人力、物力、参与目标，运用现代管理技术来指导和实现项目的范围、成本、时间、质量和预定目标的艺术。

当我们在谈论项目管理时，重要的是要理解"项目"不是正常业务操作的一部分，而是有一个临时的时间限制和具体目标的工作。这就是为什么正确地计划和早期分配正确的资源是比较重要的一件事，规划中的任何错误都可能导致项目延误或失败。因此，遵循项目管理中的正确步骤很重要。项目管理过程基本上由以下 5 个步骤组成。

1. 定义

在项目管理的"定义"阶段，主要工作是确定项目的目标。项目经理从创建项目和评估业务开始，确定项目的可行性，然后与利益相关者一起，制订项目章程或建立项目启动文档。这一阶段还涉及设定客户的期望和了解最终产品。项目中的所有利益相关者，包括项目经理、业务主管和客户都可以参与"定义"项目。

2. 规划

在确定目标之后，下一步是考虑如何最好地实现目标，包括指定团队成员担任适当的角色，分配资源和设置项目里程碑。项目经理还应分析每个任务完成的时间以及它将如何影响项目截止日期。如果有需要的话，项目经理还可以指派额外的工作人员在项目的关键点工作。

规划包括创建一个供所有人关注的全景图。项目经理创建一个称为项目管理计划的正式文档来指导项目的执行和控制，它包括范围、成本和进度的基准以及范围声明文档，文档中列出了项目目标、可交付成果和关键里程碑。项目规划的其他部分包括工作分解结构（WBS）、沟通计划和风险管理计划等。

3. 执行

通过执行来让工作开始，项目团队将获得分配的资源来执行计划和任务，设置跟踪流程，并不断地更新计划，按照合同管理和采购管理要求，做好记录。

这一阶段涉及实施项目经理和其他利益相关者制订的计划。项目经理必须有效地管理项目约束，如预算、人员、时间表和项目范围。每个团队成员必须开始处理分配给他们的任务。

4. 控制

为了确保项目进展正确，必须有控制措施。项目经理必须知道项目进度的详细信息。团队成员必须在每个里程碑完成时提交报告，这有助于项目的有效管理。

项目性能监控通常与执行相结合起来，项目经理通过测量项目进度和性能，确保项目正在按照计划实施。

5. 关闭

如果项目满足期望目标，并在设定的期限内完成，则是时候关闭项目了，项目经理将把完成的工作提交给客户或高级经理。当项目完成时要及时关闭，项目经理可以对项目成果进行检验，并输出最终的成果列表，其中包括项目报告。

6. 小结

无论项目是简单还是复杂，遵循上述过程可确保项目实施的顺利进行，并保障在预算内及时完成项目。

1.3.3　项目管理的 3 个好处

小型的互联网企业在早期的业务拓展阶段很容易忽视项目管理，他们可能更强调设计师和开发人员自由进行创造，来提供超出客户期望的最佳产品，这种方式能够适应一些简单的客户端产品。

然而，随着业务的增长和客户数量的增加，他们开始无法在截止日期之前提供交付产品或者不能提供最好的服务。而一旦有关键团队成员离开组织，情况会变得更糟。

当你获得一个新的客户但缺乏提供服务的能力时，组织的发展又会变得更加困难。这种在截止日期前无法提供交付产品或提供低质量的服务的情况一旦传播开来，会给组织的声誉造成重大的打击。

规范的项目管理可以帮助组织提供高质量的服务却并不限制业务增长，即使是在小型项目或少数员工工作的组织中，也可以利用项目管理的最佳实践来控制成本，提高它们的服务效率，同时也不会扼杀创意，主要好处如图 1-3 所示。

遵循正确的项目管理实践，将提高团队成员的创造力，而不会成为自由创造的障碍。投资项目管理并不意味着雇用一个昂贵的项目经理，或记录与项目相关的每一项活动。项目经理可以从日常业务运营中采用项目管理的广泛理念开始，逐渐地将一些重复性的过程标准化；还可以投资基于"云"的项目管理工具和软件，这些工具可以简化大多数流程并满足项目协调的需求。如果你决定采用项目管理实践，效果可能不会立竿见影，还需要耐心等待一段时间才能取得成功。

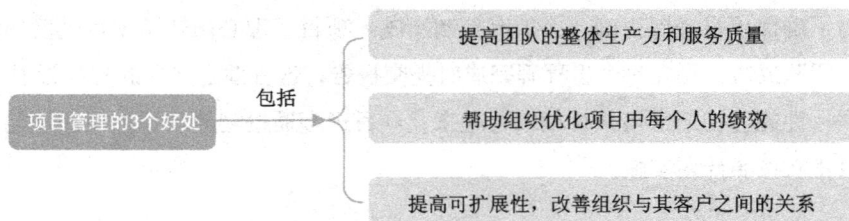

图 1-3　项目管理的 3 个好处

1.3.4　项目管理的 16 个误区

"只有获得一流的项目管理认证，你才能成为一名成功的项目经理。"在项目中，很多人一定多次听到过这句话或类似的话语，这却是项目管理中最大的流言之一。我们都知道这不是真的，我们可以轻松地从身边找到几个成功的项目经理的例子，而实际上他们并没有通过什么项目管理专业人士资格或国际项目经理资质的认证。

当然，除此之外，还有一些关于项目管理的一些流言蜚语。这些流言蜚语很容易让人浪费时间并且产生误解，阻碍我们的发展。

1. 项目管理就是关于所有事情的流程

很多人都以为，项目管理中只要建立好完整的流程即可，不需要去关注是什么人执行。如果你曾经真正地参与过一个项目，你就会知道这是最明显的一个误解。

再完美的流程也需要合适的人去执行。每个人所拥有的能力水平、社会经验、行为性格等都不尽相同，那么对于流程中的相关细节的理解必然会不同。这个时候就需要项目经理去进行管理，让每个人在团队中保持协调一致，这样才有可能成功地完成项目。

如果做不到将合适的人的重要性凌驾于流程之上，那么即便是花费大量的心思做好了最完美的行动计划，但找不到熟练的或经验丰富的人来帮助你在正确的时间用正确的方式去执行，那么所有的一切都是空中楼阁、镜花水月。所以，在项目管理中，流程和由人所组成的项目团队同等重要。

2. 项目中制订计划 B 是浪费时间

大多数项目管理人员总是对自己的能力过于自信，认为制订一个计划 B 是对计划 A 的怀疑，也鼓励团队成员不去制订计划 B，这也是对于项目管理的误解。外部环境的变化总是存在的，如果因为没有计划 B 来应对突发的变化，从而影响到项目交付，则会导致你失去客户的信任，你自身也会受到质疑和打击。

因此，制订一个应急计划 B 是很重要的，这个备份计划可以帮助项目经理以更好更灵活的方式来应对紧急情况，而不是轻易放弃导致失败。项目经理在做规划的时候，要考虑到各种可能出现的场景，尤其是可能出现意外的情况，更要提前做好相关的应对方案。一个好的项目经理会请求他人来帮助自己识别潜在的意外场景并制订相应的计划。

▶ Tips

　为了防止未定义的任务目标，项目经理必须小心提出正确的问题，以便从一开始就建立和向所有人传达明确的目标。

3. 项目管理只做文书工作

的确，在项目管理之初，项目管理的工作只限于处理大量的文件和电子邮件，但这并不是让项目成功所必需的条件。如果你认为只是在 A4 纸上做一个计划，或者发送几封电子邮件，就能让项目成功实施下去，那这个观点明显是错误的。

让项目成功的因素有很多，项目也越来越复杂，项目管理需要面对各种变化，包括越来越多的客户、纠缠不清的利益相关者、内部不同背景的团队成员等。项目管理就更加需要在文书工作的基础上，通过和各方进行计划分享、宣传愿景，跟踪和指导每个人的角色和职责等，这才是项目管理真正需要去做的工作。

4. 项目管理者根据个人感觉做出决定

许多项目经理总是依据自己的看法来做出决策，这是另一个被误解的地方。如果一个项目中，项目管理者总是依靠个人固有的观念和直觉来做出决定，那就像在掷骰子，全凭运气，可能会有几次获得成功，但最终还是会导致失败。

一个明智的选择就是将自己的决定建立在事实和数据的基础上，它们可以帮助项目管理者达成理性和实际的结论。一个优秀的项目经理一定会确保他的决定是基于可靠的事实，以帮助他和他的项目团队让项目成功地生存下去。

5. 对项目经理的指导无关紧要

一个组织中的项目有大小、复杂程度之分，同时项目经理本身的工作职能也是随着组织架构的变动而变动的。兼职的项目经理或弱矩阵组织架构下的项目经理更多的时候仅仅只是项目的执行者，而不是决策者。

但如果是一个更加复杂的战略类型的项目，还认为项目经理的角色与公司的整体方向性要求无关，甚至不需要特意去挑选谁来做项目经理的话，那也是一个严重的误解。

项目经理不仅仅是为了完成项目任务而存在，更应该要了解整个组织或公司的未来战略和发展目标，这样才能在项目交付过程中真正地进行动态、战略性的管理，才能通过项目管理来制订应急计划，聘请熟练的专业人才，帮助公司朝着正确的方向前进。

6. 项目经理必须要去获得一个 PMP 的认证

不可否认，现在一提到项目经理，大家都认为只有具备 PMP 认证的人才能成为一名成功的项目经理。PMP 认证只是为项目经理提供了项目管理的理论观点，当项目经理参与到实践项目中，那就是进入了战场，真正的学习才开始。

项目经理在项目中需要应对客户需求、处理内部团队问题、管理项目交付期限、分配任务和职责、应对压力，这些都是在真实的项目情境中才能了解到的。PMP 认证可以帮助你获得项目经理的岗位，但它肯定无法让你完美地处理项目。

7. 在没有确定好项目范围和计划前就开始执行

这是一个典型的错误：在不知道最终的产品是什么样子以及如何达成目标的情况下，就迫不及待地开始开发。不要以为省去计划阶段就可以让交付变得更快。

8. 把问题往上层传递

许多项目经理错误地把大多数问题都交给项目管理层来处理和完成，这样是失职的表现。当你还没有达到一定战略层面的时候，就踏踏实实地做一个执行者。

9. 跳过产品谈技术规划

许多项目经理无法利用直观的产品规划技术，比如产品分解结构和产品流程图。他们无法正确地规划项目范围和计划，也错过了和项目团队进行有效沟通的机会。

10. 不做风险评估

另一个常见的问题就是高估了项目团队的努力程度或者对项目进展过于乐观。不管哪种情况，都应该提前考虑到，包括评估风险、制订应急预案和找出项目的不确定因素。

风险管理是项目经理工作内容的一部分，为了避免风险管理中的缺陷，项目经理要不断地去收集项目中的各种信息，通过在团队成员之间建立信任来获取相关建议和想法，提前识别项目中有哪些风险会导致项目运行偏离航线。

11. 轻易接受未经批准的范围变更

有时候变化是不能被跟踪、评估或纳入到项目计划中去的。如果无节制地扩大交付范围，最终的结果就是项目失败或者达不到客户的要求。

范围变更也被称为"范围蔓延"，指超出原来的目标的范围。由于没有进行计划更改，这通常会导致项目预算超支和进度延期。应由项目经理来评估变更请求并决定是否或如何实现变更请求，然后项目经理要向所有利益相关者传达这种变化对时间表和预算的影响。

12. 过度依赖于电子邮件和客户进行沟通

很多项目经理一次又一次地靠电子邮件和客户进行沟通，而不是和他们面对面交流，这也是一个误区。电子邮件确实是一个伟大的发明，它能够进行便捷的短消息沟通，但不适用于重大问题和战略的讨论。

电子邮件可能会被对方误解缺乏诚意，很多情况下许多人并不会认真去看邮件，因为邮件不能替代直接对话这种真实的存在感。

糟糕的沟通是项目中士气的杀手，并会导致项目延迟。高层管理人员和团队领导者以及其他利益相关者应该在项目中时刻保持有效沟通和反馈。

13. 没有感情地对待别人

人是复杂的生物，有需求、恐惧和欲望等的存在。如果你像对待机器人一样对待你的团队成员，你就永远无法建立一个高度积极的团队。

相反，多去问问题，注意倾听每个人说的话，你会很自然地开始与团队成员进行一场更人性化的互动。

14. 操之过急

在项目经理的世界里，每天都有很多事情需要做，很容易发现自己在不停地处理各种危机。出现这种情况时，你需要确定活动的优先级，如建立关系、战略、创新思维、规划和质量控制等事项的重要性。

当然，管理挑战也是工作的一部分。但是要记住，你是在进行项目管理，而不是危机管理。

15. 试图掌控一切

很多人有这样的想法，觉得自己需要掌握所有的细节，这样才能够获得其他人的尊重，或者做出一个有效的决定。但是抱着这种态度，往往无法有效地信任和授权其他同事。

不需要知道所有的细节，这是一件好事，因为这可以鼓励协同思维。项目经理只需要运筹帷幄，达到解决问题的目的即可。没有什么人是万能的，能够什么都知道。

16. 要求反馈时太害羞

对于某些人来说，要求反馈可能会感到尴尬。但是，如果没有反馈是没有办法学习的。不仅是在你需要改进的领域，还有一些你需要学习的其他能力。你甚至没有意识到，要求从正确的人（一个值得信赖的领导、同事或朋友）那里获得反馈，其实是在给自己帮忙。不要错过成为一个真正成功的项目经理的机会。

实际上，在项目管理中，项目经理往往面临很多挑战，而这些挑战往往是由下面一些常见问题引起的，项目经理要及时解决以保持进度。

1. 技能人员不足

项目经理确定项目中所需的能力并评估可用的项目成员，如果需要，可以通过培训来培养可用的人才，也可以通过外包和雇佣人员来解决这个问题。

2. 缺乏责任

如果团队成员没有意识到对自己需要达成的目标和任务负责，那么项目经理应该通过领导力对项目团队进行目标设定，并要求项目成员按照计划向着目标前进。

3. 不可能的截止日期

项目中另一个"士气杀手"就是设定一个不可能达到的项目截止日期，这样会让项目成员士气受挫，导致生产力降低。项目经理应该主动回应不合理的要求，并去和利益相关者进行谈判以获得一个更容易实现的期限。

4. 资源不足

如果项目经理在前期就充分考虑了资源需求，并获得管理层的批准，那就不会产生资源不足的问题。同时，在项目进行期间，项目经理需要负责好合理的资源分配和确定优先级。

5. 缺乏利益相关者参与

项目经理必须努力保持和利益相关者进行有效沟通，并鼓励每个人在项目的每一步中都积极地进行反馈。

项目经理可能会有其他方法来应对上述挑战，这取决于问题的性质及其对项目的影响。如果相关双方不能就项目达成协议，可以尝试调解或进行小型的仲裁，虽然解决上面这些问题需要花费时间和金钱，但带来的好处也是非常多的。

1.3.5　项目管理的基本方法论

爱因斯坦有一句名言："方法比知识更重要。"项目管理是为达成项目的目标（如进度、预算和质量等），通过一系列有起止时间的活动产生一定数量和质量的交付物的过程，而项目管理的方法论则可以定义为通过对知识、技巧、工具和技术的运用来满足或超过项目的期望。换句话说，通过正确的方法，一个项目经理能够识别并最小化风险和成本来满足项目的进度要求。

1. 选择合适的项目管理方法论

没有任何一种方法论能够广泛地满足各行各业的项目管理需求。项目管理的方法论被美国项目管理协会定义为一系列的方法、技巧、流程、规则、模板以及在某一个项目中的最佳实践，主要包括以下两点。

- 项目或项目群管理的概念框架。
- 指导原则、标准和流程的集合。

如果你需要评估和判断你的项目适合哪种方法论，可以通过下面的一些流程来进行判别。

（1）查背景：搜集项目管理方法在你所在行业领域的应用案例。

（2）找标杆：找出你所在行业里项目管理成功应用的要素。

（3）抓重点：确定项目管理方法论在该要素中的关键好处和重点所在。

（4）识关键：识别出基本管理过程组和十大项目管理知识领域。

（5）互比较：通过和其他传统的方法论应用的结果相比较，找出双方的优缺点。

（6）定结果：根据检查和比较的结果，选择出适合自己项目的方法论。

2. 成功的项目管理的关键因素

一个项目要取得成功，需要一定的关键因素，这些因素主要包括：

- 清晰的目标和结果。
- 一个好的项目管理流程。
- 采用一系列项目管理工具。
- 项目成员了解在项目中的角色和任务。
- 项目经理的选择。项目经理需要具有各种各样的技术和管理能力，需要能够按时、按质地完成项目的交付，并能够适应项目的不同情形和环境。

3. 项目管理的知识领域

项目管理是在项目活动中运用知识、技能、工具和技术，以更好地达成利益相关者的期望。项目管理的知识领域贯穿于项目的整个阶段，这些知识领域中的工具能够让项目经理更加有效地组织和形成良好的行为来管理项目。

（1）范围管理：确认成功完成项目目标需要做哪些必要的工作，避免额外的和没有必要的工作，同时也不要遗漏必要工作的管理过程。

（2）沟通管理：对项目信息进行产生、收集、传播和存储，并对这些信息进行恰当和及时的处理的管理过程。

（3）风险管理：通过系统化的流程去识别、分析和应对项目任务中可能出现的风险的管理过程。

（4）人力资源管理：通过制订相应的流程使参与项目的人发挥出最大效率的管理过程。

（5）采购管理：通过外部组织来获取项目实施过程中所需要的相应商品和服务的过程。

（6）时间管理：确保项目能够及时完成的管理过程。

（7）成本管理：确保项目在批准的预算范围内完成的管理过程。

（8）质量管理：确保项目能够满足既定目标或需求的管理过程。

（9）集成管理：确保项目各个环节或流程能够相互协调的管理过程。

（10）干系人管理：识别相关人员、团队或组织，可能影响到项目或者受到项目影响的管理过程。

> ▶ Tips
>
> 所有的项目都有一个从开始到结束的生命周期，项目生命周期的类型和时间长短取决于项目的属性，如项目规模、项目风险大小、项目失败给公司或组织带来的问题等。一个成功的项目经理应该具备一定的能力来确保项目成功，每个项目都遵循相同的项目周期原则，包括启动、计划、实施、控制和收尾等。

4. 从项目管理的方法论中能获得的好处

一般的项目经理肯定也学习过相关的项目管理的资料，这些资料提供的项目管理方法论是专门针对某些行业的需求的，如信息技术行业、建筑行业、金融行业等。

这些行业项目管理方法的共同点是，项目经理需要从项目的开始阶段就进行系统的分析，有必要的输出成果，如产品、服务或系统。接下来会有一个团队专注于质量方面的改进，并不断地向客户或组织推行。最后，所有的这些过程都会被文档记录下来，并在将来作为模板可以更容易地被重复使用。

这些方法论中的成功因素都是被大量讨论过的，并被总结成为好的项目管理方法的一部分，你可以从中获得你想要的好处。

- 项目的目标有明确的协议或合同进行规定。

- 简单的操作流程和及时的报告发布。

- 易于根据项目目标来审查项目。

- 项目的管理过程和时间公开透明。

- 成功地实施了项目的风险管理。

- 能够处理项目中的复杂问题。

- 更容易量化完工进度，并能不断提高控制过程和命令的执行力。

- 在项目的各个阶段中，能够规范利益相关者的各种需求。

- 能够估算出计划的完成程度，并根据估算结果对计划进行改进。

- 能够了解项目能否完成或者超出预期。

5. 传统与现代

下面列出了一些项目管理方法论的简要概述，虽然并不全面，但通过传统和现代项目管理方法的对比和分析，在实施项目时，能够给客户或者项目经理一些可选择的方式。如图 1-4 所示，图中的几个项目管理方法在当前较为流行，一些方法论可能适用于所有项目，但某些方法可能只适用于特定的项目类型。

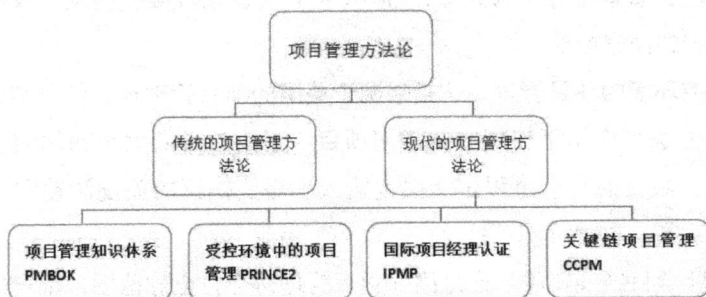

图 1-4　项目管理方法论

没有哪一种方法论是最好的，只有最适合自己的，需要项目经理根据项目的类型和当前所处的环境来进行选择。传统的项目管理方法以前被广泛应用于各行各业，但是现在主要集中在建筑行业，被称为"瀑布模式"。这是因为它定义了项目各个阶段需要完成的一系列任务流，这些任务流的结构像一个瀑布。

传统的项目管理方法把项目管理过程划分为 7 个连续的阶段。

- 需求澄清。

- 设计。

- 建造（编码）。

- 集成。

- 验证（测试）。

- 安装。

- 运维。

一旦项目中的前一阶段完成并验证通过，项目只能进行到下一阶段。这种方法比较适用于输出的是有形物理产品（如建筑项目、硬件安装项目等）的项目，或者任务是具有一定次序的项目，而且项目计划是能够被将来的项目重复使用的。

现代项目管理方法并不关注线性过程，而是通过另一种方式看待项目管理。一些方法可能更适用于 IT 行业，如软件开发；另一些则可能更适用于产品集成，如流程改善、产品开发等。现代项目经理更关注利用不同的管理方法模式，通过对项目类型、规模和自然属性的分析来选择正确的方法论。下面是对这些方法论的简单描述。

（1）项目管理知识体系：这是专注于项目管理的一系列标准和解决方案，并由美国项目管理协会成员编撰并发布的一套标准。这个项目管理知识体系标准已经被广泛应用在项目管理中并广为人知，PMBOK 在美国已经被美国项目管理协会批准作为项目管理的国家标准。

（2）受控环境的项目管理：这是来源于英国的项目管理经验的总结和提炼。这种项目管理方法可应用于管理控制任何项目（不论项目的大小和领域，不再局限于 IT 项目），项目的每个过程定义关键输入、需要执行的关键活动和特殊的输出目标。

（3）国际项目经理资质：这是国际项目管理协会在全球范围内推行的四级项目管理专业资质认证。

▶ Tips

国际项目管理协会发布项目管理能力基准（ICB：IPMA Competence Baseline）说明了对项目经理、大型项目计划经理、项目群经理及项目管理人员的知识与经验的要求。它包括在一个成功的项目管理理论与实践中所运用到的基础术语、任务、实践、技能、功能、管理过程、方法、技术与工具等，以及在具体环境中应用专业知识与经验进行恰当的、创造性的、先进的实践活动。

（4）关键链项目管理：这是一种包括计划、实施和审核等各项工作在多项目环境下的项目管理方式，这种管理方法适用于约束理论。通过保持资源更均衡地分布，要求项目各项计划的启动时间保持灵活可变，并在任务和任务链之间能灵活转换，以保证整个项目按期进行。

这些方法论的最终目的都是提升项目的管理能力、完善组织的流程和对分包商进行有效的管理。

因此，在选择项目管理方法时，建议项目管理团队对实施该项目管理方法的好处以及类型进行分析，看看是否适合团队的组织规模、系统以及客户的需求。随着项目管理方法在全球的逐步发展，项目经理还需要全面考虑客户的需求变化、当前的流程和技术，不断提升自身的竞争力来积极应对。

当然，建议专业的项目经理还是去考一个资格认证，一方面可以拿一个国际普遍认可的证书，另一方面也可以系统地学习项目管理理论知识。

1.3.6 项目管理的主要范围

项目的范围通常在项目最开始的时候进行设置，如果你以为项目范围是固定的，那你肯定没有做过项目。一般情况下，一个项目至少要经过 3 次以上的范围变更。为了管理项目范围以及可能存在的变更，至少需要形成下面的这些文件。

- 项目启动文件。
- 项目计划。
- 风险记录。
- 问题记录。
- 更改记录。
- 项目关闭文件。

当然，除了上面这些文件之外，可能还会有很多其他的各种规范和流程性文件，但这些是最基础以及不可或缺的文件。所以，对于新项目经理来说，有必要先弄清楚这些文件，并通过这些文件来管理好项目中的各种例外事项。

项目的利益相关者要求在项目进行期间对项目范围进行更改的情形并不罕见，所要求的变更是原先在项目范围内定义的变更，可能是重大变更或次要变更。要想项目成功，你需要知道如何有效地引导任何变更请求。

这是一个关键因素，随着时间的推移，你会发现你的客户不断要求在这里和那里进行范围的调整变化，它可以逐渐累积最终形成规模扩张的效果。这些变化产生的负面因素会影响项目的最后期限、预算和资源，所以你需要关注它们。

项目商业分析和准备

—

第 2 章

学前提示

项目生命周期中有一个最关键的点，那就是每个项目管理都应该有一个好的开始。计划和实施保持一致，有助于项目的完成；前期良好的商业分析和准备工作，则可以补偿执行不良导致的影响。

要点展示

➢ 前期对项目进行分析

➢ 如何开始一个新的项目

➢ 项目管理的目标分解

➢ 制定好项目的预算

➢ 项目预算超支的 6 件事

2.1

前期对项目进行分析

当一个项目已经结束却无法实现预期的目标结果时，随之而来的就是各方的指责。

部门经理会抱怨说："将所有的资源和资金投入这个项目，形成的产品并没有拉动公司的销售业绩，而我们的竞争对手则能推出相当的产品，还是在我们的产品正式发布之前！"

负责该项目的项目经理则回应说："我们完成了项目中的所有工作，按时交付，没有成本超支，如果形成的产品没有产生你想要的利润，这不是我们的过错！"

问题是他们都是对的！即使每个人都尽力而为了，最终结果也可能令人失望，于是产生了后续的猜测：企业的期望是否过高？项目的原始范围是否正确评估？是否在项目一开始的时候，就没有考虑过那个引入同等产品的竞争对手会成为风险的可能性？这些问题往往会在项目结束后提出来，而为时已晚。

这就是为什么一个成功的项目团队要花时间去提前考虑这些问题。在项目开始前需要进行一次商业分析，使团队解决潜在的风险问题，同时策划可行的应对策略，并为整个项目中的未来变量提供相应的参考。

2.1.1　项目商业分析的信息采集

首先，在正式启动一个项目之前，商业分析的要求是回答项目的"为什么"并记录实施该举措的理由，以及确认如何界定成功。随着对于成本估算的收集和整合，关键利益相关者必须以可衡量的方式来确定项目的预期收益，从而使组织能够确定项目是否成功。这些对于成本的估计和预期的业务收益也能创造出一个基线，用来衡量任何预期的风险和不确定性，例如可能存在竞争对手推出类似的产品。

为了完成这些预测和估计，组织需要将财务部门以及其他资源部门等外部贡献者纳入，这样可以更加准确地预测项目的回报。在这个信息收集过程中，每个参与者都必须愿意真正地说出对该项目中各项业务的成本和时间的期望。每个人都会有自己的成本、时间和风险预期，当这些可衡量的项目标准提出来之后，就可以找到更好的解决方案来确定项目是否可行。

2.1.2　做"立项"或"不立项"的决定

有了前期的商业分析定义，或者说已经完成了信息的采集，那么企业就必须要做出是否进行项目的决定，也就是说"立项或不立项"。

一旦决定立项，前期的信息就会用作项目生命周期内的决策依据。重点要关注下面的一些关键问题。

- 业务是否有明确规定并符合组织的战略？
- 项目有明确的好处吗？
- 项目是否明确定义成功的结果？
- 优先选择是否有明确说明？
- 产品有替代品吗？
- 是否明确获取必要资金的方法？
- 是否明确风险和解决风险的计划？

当项目启动后，也需要不断地对之前做出的决定进行重新审视，来验证为什么要启动该项目。

2.1.3　外部突发事件的应对

商业分析通过最终的决策后，应该进行审查。随着项目的进展，项目的外部环境可能发生变化，潜在的风险可能成为现实，这些新的风险往往带来新的业务决策，从而直接影响项目。

在某些情况下，当初立项的很多理由可能会逐步消失，而预期的利益可能随之受到影响，那么商业分析必须要不断地重新审查。此时，当初参与初始投入分析的各个利益相关者，都需要参与进来进行周期性的更新。尤其当出现重大的外部事件时，这一步很有必要。

2.1.4　项目关闭的分析

当项目完成后，可以根据当前的业务情况进行查看。只有通过比较项目的结果与项目预期的成果，才能确定成功的程度。

需要注意的是，尽管项目可以在关闭后立即进行评估，但解决方案仍然需要实施一段时间后，才可能实现效果。因此，不能因为在某一固定时间段内看不到效果，就误解为该项目无效。

2.2

如何开始一个新的项目

不管是经验丰富的管理者还是职场新人，当开始负责管理第一个项目的时候，那就是一个新的项目经理。如何开始一个新的项目呢？下面这些工作一定要做好。

2.2.1 开始项目之前要搞清楚的问题

为了避免项目失败，最简单的方法是阻止它从一开始就陷入麻烦。所以在开始项目之前，你应该问自己几个简单的问题。

1. 为什么这样做

首先，项目经理必须了解企业所面临的主要问题，比如为什么要做这个项目，这个项目能解决公司或组织中面临的哪些问题等。如果没有人能够清楚地阐明投资这个项目的理由，那么你最好还是回到办公室坐下来好好想清楚。

项目经理可以通过"头脑风暴"和规划，将项目的目的制作成醒目而难忘的标志和横幅，通过精心排版和色彩设计让每个人都能记下来。

2. 谁来支持这个项目

如果没有人准备好为该计划提供资源，那么这个时候开始项目也没有什么意义。即使确定了资助者（从资金和执行支持的角度来看），如果他们的影响力太低，无法有效地协调利益相关者，此时若没有一个愿意排除障碍的项目团队，即使是一个中等复杂性水平的项目，都可能会遇到麻烦。

另一方面，项目如果牵扯的利益相关者太多，导致项目依赖的对象越多，项目成功的可能性就越小。如果没有一个强而有力的支持者，或者不去减少多余的利益相关者，则项目同样没有必要继续下去。

3.是否有启动并能持续下去的资源

即使只有几个星期的时间，赞助商和项目经理也可以在没有主要利益相关者和团队领导积极参与的情况下完成项目。但如果关键的资源不可用，那么项目可能在耗费时间和金钱后，却无法取得进展。

另外，关键利益相关者或核心团队成员可能会因为其他的关键事件或项目分心。因此，除非项目经理有足够的信心，让这个项目可以保留在他们优先事项的顶部，否则最好等他们能够专注于这个项目的时候再开始。

4.是否考虑过失败的风险

这个项目很重要，但紧急吗？如果项目推迟了一年，那么公司可能发生的最糟糕的事情是什么？如果没有一个令人信服的理由马上启动该项目，那么你需要想想还有哪些更紧急的事情，可以使用这些项目资源。

公司有项目失败的经历吗？如果有，则可以从过去的失败中学习经验，并能在未来的尝试中取得成功。当然，这些是例外，而不是规则。如果没有潜在条件、能力和期望的根本变化，很有可能会重复失败。

如果一个项目没有考虑以上的一个或多个问题，项目经理能有多大的信心来避免项目实施带来的风险？

项目管理是一项具有挑战性的工作，管理人承担着许多责任，一旦出现错误很容易让项目分崩离析、团队成员离职。如果在最后期限前没有达成目标，会导致失去客户和收入，甚至可能形成法律风险。

5.如何识别项目风险和工作模块

每个项目中都会存在不同的变数，需要结合项目背景和实施状况进行分析。有些能够在项目早期阶段通过评估识别出来，并提前和项目的利益相关者进行沟通。但每个项目都是独一无二的，在之前的项目中没出现的问题，在下一个项目中可能就会出现。

所以在项目的实施过程中，对于项目中主要的工作模块部分，项目经理需要和客户做好沟通并协调一致。通常情况下，项目经理不必太多关心项目中所有的工作模块，重点关注在固定预算下可能会危及项目成功的工作模块即可。

2.2.2　提早清晰化项目要求

在启动项目之前，项目经理需要深入了解客户的业务问题并提出正确的解决方案。除此之外，项目经理还需要更多地了解客户的核心业务模式，以及在业务上升中需要面临的挑战，这样可以帮助项目经理或项目团队制订更好的策略。不要轻易地将项目外包给第三方服务提供商或者公司内不相关的业务部门，这会影响到项目的上下联系，并可能会误解项目的初始需求。

1. 使用"三重约束"让选择更明智

在项目管理中，人们经常提到的、比其他概念更重要的东西，就是"三重约束"。它可能有其他的名字，如"项目管理铁三角""时间 / 成本 / 质量三角形"或者"三角平衡"等。三重约束对于了解你的项目的竞争程度和优先级是非常重要的。

在项目的目标层级中，了解时间、成本和质量这 3 个维度显得至关重要。三重约束不会解决你的任何问题，但它总是使你的选择非常清楚。如果你已经理解你的客户和其他利益相关者的优先事项，它甚至可以帮助你从任务列表中进行更加明智的选择。

2. 将要求分解为可操作的任务

项目经理要避免任何不明确或不完整的任务要求，而且任何一个任务都应该被分解成为最小的、可行的子任务，同时给出方向、要求以及输出件，而不需要提供额外的背景分析。

比如，给出某个模块的设计要求，指定 KPI（Key Performance Indicator，关键绩效指标）值以及实现某项具体的功能等。这使得我们能够更加详细地定义业务问题，缩小犯错误的可能性，同时确保团队成员能够毫不犹豫地跳过背景分析并立即开始工作。

2.2.3　精心策划项目管理清单

无论你的工作做得有多好，缺乏一个有效的计划就会让事情变得混乱。但如果有一个精心策划的项目管理清单，就可以通过更加有效和及时的方式来专注于达到项目目标。有了项目管理清单，可以帮助项目经理更好地向利益相关者解释项目战略。

1. 头脑风暴

项目经理把参与项目的人召集到一起进行沟通交流，以确定项目的主要目标。通过听取大家的建议，能够更简单地找到项目成功的路径。

项目经理可以根据集体的反馈创建一个项目任务列表，这会让所有的任务看起来清晰明了。经过大家讨论和认可后，项目执行起来也会更加流畅。

2. 形成草案

俗话说"好记性不如烂笔头"，建议用笔和纸记录下需要做的一切，包括每一步实施后可能会发生的重大事情，这样做的目的是避免出现遗漏事项。

初期最好使用笔和纸来记录，这样项目经理可以快速地通过画箭头或者分支的方式对各种想法进行映射和逻辑组合。

3. 详细介绍你的计划

项目经理创建的任务清单其实就是通往项目成功道路上的拦路虎，比如需要等某个重要项目成员的加入、需要哪些人签署文件、预算是由谁来授予等。

项目经理需要对列表中的任务逐一进行跟踪。当通过任务清单做出详细的计划时，需要对计划进行描述，并将计划分解成为可管理的模块。

4. 选择模板

如果你不想从零开始做一个任务管理模板，那么就要寻找到一个较为容易修改的模板来使用。这个模板不能太简单，否则会难以跟踪某些复杂的任务；但是又不能太复杂，否则容易在跟踪过程中引起混乱。

5. 做好任务分解

每个任务都相当于一个工作包，项目经理要将任务进行分解，给出每个子任务包，并把这些任务包分配给特定的人来进行处理。

这些任务清单其实就是让接受任务的人能够了解他们的确切职责，他们也会通过任务包知道这个项目是如何从开始到结束的。通过这种认识，项目中的每个人就不会偷工减料，而会承担更多的责任来加快项目进展。

6. 形成最小的活动步骤

当子任务包形成之后，项目经理需要将每个子任务的每个活动步骤明确下来。虽然这样看起来似乎复杂很多，但总比模糊不清的表述要好得多，甚至可以列出最小的活动步骤。这些都是能彻底完成项目的关键所在。

7. 创建最终的任务进度清单

项目经理把以上所有的信息汇总起来，得到一个最终的任务进度清单。这个清单可以让项目经理清楚地看到这个项目最终能否完成，并通过阶段性的任务来设置一个个里程碑。

通过这个任务进度清单，项目经理可以对日常任务进行维护和跟踪，确保项目的一切都是在按照进度朝着目标稳健地前进。

8. 定期对完成的任务进行审查

计划赶不上变化，所以项目经理还需要做的最后一件事情，就是定期对任务进行审查，包括：是不是所有的事情都是必须要做的；一旦任务完成了，哪些任务需要删除或者不再跟踪；已经完成的任务是否满足需求；最终交付的结果是不是达到客户的期望。

2.2.4　制订一个知识管理计划

创建一个知识管理计划对于任何业务的成功都很重要，通过一个可靠的知识库，人们能够更多地了解公司的情况，并获得他们所需要的帮助。基于以上的观点，项目经理的知识管理战略应设计成为一个完整的知识库，来帮助和加强自己的客户关系。创建一个知识管理计划的具体方法如下。

1. 创建目标

项目经理必须要建立一系列的目标，要知道根据什么样的需要来设置固定的目标，通过什么样的手段来解决问题最终达到这个目标。设置的目标应该是可实现的，同时目标的设置原则要遵守"SMART"原则，并让每个人都知道这个目标的存在。

▶ Tips

SMART 原则（Specific、Measurable、Attainable、Relevant、Time-bound）的主要内容如下。

（1）Specific：目标必须是具体的。

（2）Measurable：目标必须是可以衡量的。

（3）Attainable：目标必须是可以达到的。

（4）Relevant：目标之间具有一定的相关性。

（5）Time-bound：目标必须具有明确的截止期限。

---

2. 要关注和了解过程

在知识管理的过程中，项目经理应该仔细检查每个步骤。此时，一个可靠的数据库可以帮助项目得出哪些是最重要的任务。下面一系列的关键步骤是项目经理必须要注意的。

（1）创建新条目。

（2）对数据进行一系列的选择。

（3）验证进入的信息真伪。

（4）维护所有的数据。

（5）对文件和数据进行定期评估。

3. 考虑到知识增长

企业总是在不断地增长，这种增长可能是爆炸式的。如果你有一个知识管理计划需要实施，也需要和企业的增长进行匹配。特别是在高科技企业中，随着新技术的不断涌现，对于知识管理的要求越来越高。而随着各个业务领域的重合，这种交互式的知识也会带来新的挑战。

4. 执行是关键

实施知识管理计划的过程，可以说是其成功的关键，你必须知道如何引入内容和数据，以及这些内容和数据是怎么来的。基于这样的观点，你必须小心地核对项目中的每个关键步骤，将动作落实到位。没有执行，再好的计划也发挥不出本来的作用。

5. 了解如何组织数据

在计划实施过程中，你会发现数据量是无穷无尽的。然而在日常的项目管理过程中，你不能忽略的一个重要部分，就是这些数据量是如何被组织和使用的。

系统中出现的数据只需要获取正确的内容，如果信息太复杂或呈现的方式太复杂，将会很难被使用。尤其是你还需要分析哪些信息可以公开，哪些信息需要保密，对不同的内容设置不同的权限。如果这些内容都在同一个服务器上，可能要限定访问的人员和数量，或者指定访问的时间。

2.2.5　组织一场项目启动会议

许多项目经理在分配到一个项目之后，就开始很努力地工作，但当经过几个星期，或者几个月之后，他们就开始不知道该怎么推进他们的项目了。

让项目经理感到不知所措的原因，在于项目的复杂性和缺乏相关的定义。他们不知道如何采取第一步，于是最终把宝贵的时间浪费在等待或者被动的执行中，而直到项目快结束的时候，才发现问题所在。

尽管我们都知道在项目开始的阶段有太多的不确定性工作，但如果准备好一个明确的方法，可以指导你如何开始你的项目，你将能够快速使项目运行起来，并让整个项目从开始到结束都处于良好的状态。

那么如何开始一个项目？很简单，组织一个项目启动会议，来帮助你快速收集项目的基本信息。会议可以邀请利益相关者代表，包括管理层、业务专家和开发团队的成员来参与。会议的主要目的则是确定项目目标，并做一些初步的高层次规划。这种类型会议的成功议程应包括以下讨论点。

（1）会议目标：在本次会议结束时想要实现什么。

（2）项目目标：希望在项目结束时实现什么。

（3）项目方法：定义项目的主要阶段或组成部分，以及项目期望是什么，是否遵循具体的方法。

（4）可交付成果：讨论和记录项目的预期可交付成果，以便对将要生产的产品没有误解。

（5）项目团队：创建项目的组织架构，包括主要利益相关者、PMO 指导委员会成员、领域专家和将参与项目的技术人力资源。PMO 是 Project Management Office 的简写，可称为项目管理办公室、项目管理中心或者项目管理部。

（6）角色和职责：在项目团队中定义每个角色的主要职责，这将有助于从一开始就设定每个人的期望。

（7）变更控制：定义将用于管理变更的过程，尤其是范围更改。

（8）沟通计划：定义项目沟通的方式，如状态报告、会议频率、项目网站或者博客等。

（9）风险：确定主要潜在的项目风险，应该单独再开一个小型的风险评估会议来处理。

（10）高级要求：这是会议的一个非常重要的部分，因为项目经理可以收集每个需求的高级描述。重要的是使用标识号或 ID 来识别每个要求，以及使用优先级指示符，如高、中、低。项目经理可以使用 PowerPoint 工具来记录会议期间的要求，投影在大屏幕上，以便每个人都可以看到他们的要求。

（11）时间表：讨论项目的暂定时间表，确保让所有人都知道。一旦详细的项目计划完成，就需要把时间表确定下来。

像这样的会议可能需要几个小时或者几天，这取决于项目的规模。需要注意的是，在本次会议结束时，项目经理将明确定义项目的主要目标，并将收集足够的信息来完成"项目章程"文档。之后，项目经理就可以进入详细的需求阶段，或项目的第一个"冲刺"周期。

2.2.6　实施项目的开工会

项目启动会的目的不仅仅是宣告项目的正式启动，还在于让所有的利益相关者都参与进来，让所有人都了解整个项目的目标和关键里程碑，同时对项目的预期结果进行展望，对项目的章程进行介绍。

项目启动会可以让每个人都明确自己在项目中的位置和责任，这样每个人都明确同一个目标，通过这种简单而有效的方式来推动项目健康地交付，并朝着目标前进。项目启动会就是一个公开进行组织愿景和项目目标宣传的会议，也是宣示项目目标的确定，避免后续各利益相关者在项目目标问题上产生疑惑。

古人云"万事开头难"，当你担任项目经理的那一刻，你就要开始思考和准备如何实施项目开工会，下面有 4 个基本的建议。这里不会说太多细节，只是需要你认真地理解为什么要这么做。因为一旦走错了方向，等到项目已经正式启动，作为项目经理，你可能至少要多花一半的精力才能把方向扭转回来，如图 2-1 所示。

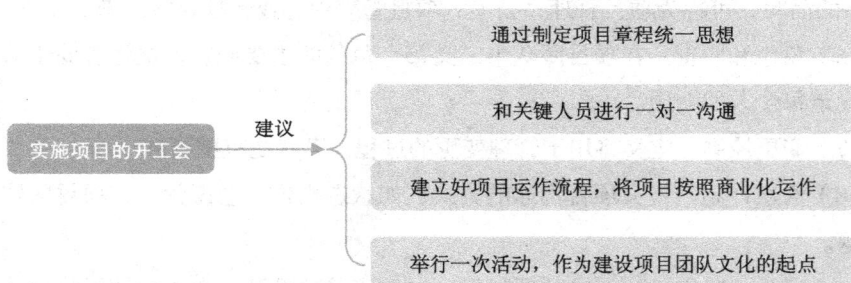

图 2-1　实施项目开工会的相关建议

作为一个团队，如果没有一个正式的事件作为开始标志，项目团队的主要人员或者管理层就会感到疑惑："我们开始了吗？还是没有开始？我要不要根据时间进度开始并做好记录？"因此，项目经理需要用一个事件把大家绑在一起，然后大家一起开始朝着同一个方向努力。

2.2.7　定义沟通模式和报告策略

项目经理需要定义项目团队的最佳沟通方式，找出适合自己以及满足客户意愿的最佳方案。比如在内部建立会议沟通指南，在每周一举行一次周例会，通过电子邮件来协调工作，规定时间发布项目进展报告等。

项目经理还需要和客户确定项目会议的召开周期，提前了解客户的需求，制订标准的沟通工作流程和报告模板，确保在正式沟通之前这些都能够和客户澄清。这样的话，每次需要沟通的时候，就不会出现突如其来的事情中断正常的工作流程，也不会影响到项目成员的工作时间。

1. 使用详细的工作定义文档

项目管理过程中一个最常见的问题是需要澄清到底谁负责什么，具体的人员责任和工作内容一定要通过详细的工作定义文档来实现，这样可以减少不确定性和混乱的状态。

工作定义文档可以清楚地说明什么样的团队或个人需要做什么样的工作，以便让每个人都清楚地了解所涉及的工作内容，因此需要在项目中创建问责制。

工作定义文档要有权威性，不能朝令夕改，文档的完成需要和各个责任人进行沟通。一旦确定，就需要对方按照相关的要求进行协议的签署，作为对个人的考核标准或成果基线。当然，随着项目的进展，项目经理每隔一定的周期需要对工作定义文档进行审视，看是否完成或需要调整优化。

2. 询问和反馈

没有完美的项目，同样也没有完美的项目经理，项目中的每一件事情，每一个任务，甚至项目经理日常的工作表现，这些都会有可以改善的空间。项目经理如果能够意识到这一点，就意味着自己有趋向完美的欲望存在，这是一个非常强大的动力。

特别是项目经理要非常乐意接受团队的批评，可以通过询问各利益相关者来获得相应的反馈。寻求反馈可以提高项目成功的概率，同时也是提高自己项目管理技能的好方法。

很多时候项目经理可能迫于组织或公司的压力来进行这种询问。实际上，真正优秀的项目经理可以选择适当的方式来完成这个过程，比如非正式的沟通、团队建设、精神文明建设等形式。

3. 沟通项目额外工作量带来的影响

尽管在项目开工会上已经和项目的关键利益相关者确定了项目的实施范围，但在实际环境中，总是会有一些非项目范围之内的工作被安排进来。这种情况很容易给整个项目团队带来影响，因此项目经理还需要就这些额外的工作进行沟通。

项目经理要了解这些额外工作量产生的原因是什么，对工作内容进行评估，看需要多少人力资源，涉及哪些流程，需要多少预算来完成，结合当前项目的进度来看这些额外工作量对整个项目的交付是不是会产生影响或者会产生多大的影响。

2.2.8　项目管理的 5 个必要过程

所有的项目都可以按照时间来划分阶段，在每一个阶段里都有相同的管理过程。当然，如果项目较小的话，项目管理过程和项目执行阶段是重合的。

项目管理过程是指：启动、计划、执行、监控和收尾，如图 2-2 所示。作为项目经理，要把这 5 个过程牢牢地记在心里，每天下班的时候心里默念下，看看哪个步骤今天还没有做。

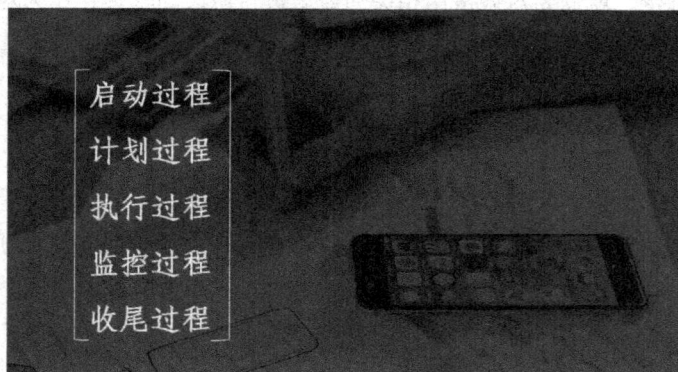

图 2-2　项目管理过程

下面大致对这 5 个管理过程做深入的分析。这些管理过程在项目的每个阶段都是类似的，按照一定的顺序不断地重复。

1. 启动过程

启动就是在项目经理组建项目团队实施项目之前，要做商业方面的可行性研究，要与老板或各个利益相关者进行讨论和沟通，要试图说服他们对这个项目投入足够的资金和人力以获取足够的回报。

项目经理可以把对方的反馈意见和新的想法汇总到一起，然后开始花点时间考虑这个项目是什么类型的项目、需要哪些类型的项目预算，并再一次向各个利益相关者说明项目会获得什么样的收益、下一步应该如何做等事项。

2. 计划过程

当董事会或者利益相关者批准这个商务活动，并且提供了相关的预算和启动资金后，项目经理需要再深入一点，做一个更详细的计划。比如，项目经理要做一个进度计划，并且根据这个进度计划制订资源计划。

同时，项目经理需要做一个更加确定的预算和现金流计划，并开始组建项目团队，根据所需要的技能需求，准备对加入项目的人员进行面试。

3. 执行过程

一旦项目的日程表以及项目章程落实，也就意味着项目经理开始有责任和职权来组建项目团队，进入项目的执行过程。

4. 监控过程

在执行过程中，项目经理实际上还要实施相当多的监控过程，如风险管理、问题管理、变更管理、沟通管理等，同时还要和项目中所有不同的系统以及项目利益相关者完成计划和集成管理。

5. 收尾过程

做完上面这些过程，就进入到项目的最后一个环节——收尾过程。在这个特定的阶段，项目经理要对项目交付成果进行排序并打包，同时要终止和供应商的合同，并且让客户验收可交付成果。

6. 各个过程之间的关系

在一个或几个项目子阶段中，这些过程之间的关系如图 2-3 所示。所谓项目子阶段是按照项目的周期来划分的，这里以软件开发项目为例，可分成设计子阶段、集成子阶段等。

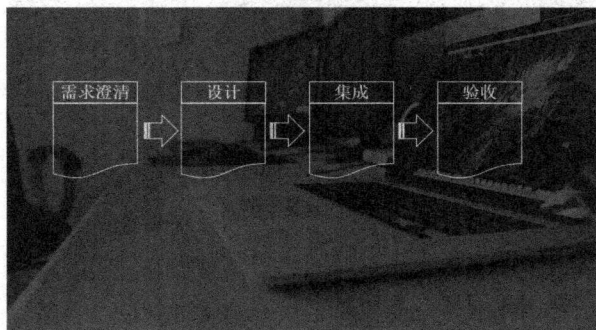

图 2-3　软件开发项目过程之间的关系

（1）设计子阶段的管理过程（如图 2-4 所示）

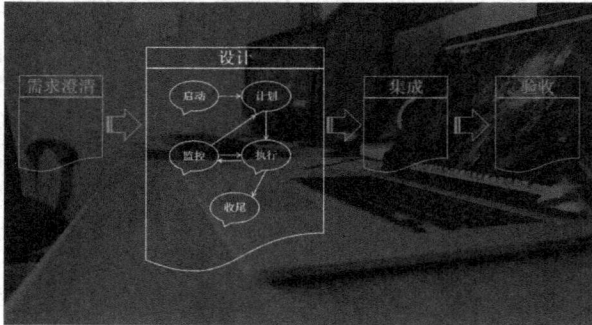

图 2-4　设计子阶段的管理过程

● 启动：在设计子阶段中，项目经理需要做启动策划，例如要讨论项目架构，要明白如何让你设计的系统在项目完工后能够正常地运行。

● 计划：项目经理可能需要提供一个较高级别的设计方案，把所有这些思想和观念放在一份设计文档里，形成一个系统的功能说明或设计规范。

● 监控与执行：把架构师们召集到一起开一个小会，开始准备写相关文档。项目经理要对他们进行监控，确保这些文档能够正常地完成，同时要不断地检查他们的进展，因为这样才能确保获得质量合格的产品。

● 收尾：最后是收尾过程，项目经理要核查并验收这些设计规范或规格说明书。一旦审核通过并签署，在下一阶段，项目团队的技术人员就需要按照要求来实施。

（2）集成子阶段的管理过程（如图 2-5 所示）

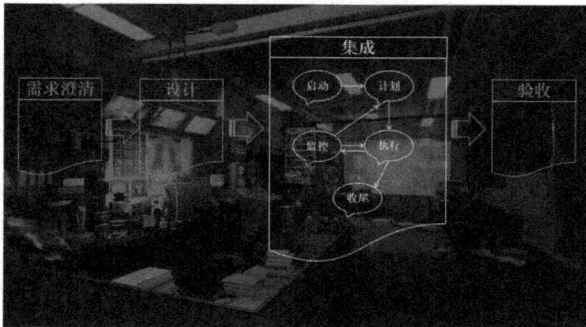

图 2-5　集成子阶段的管理过程

一旦设计子阶段完成交付，项目经理就要带领项目团队启动项目开工会。这个是启动过程，标志着项目正式运行。然后在计划过程要列出项目需要完成的每一项任务，并把这些任务分配到每个项目成员身上，通过监控和责任制来推动每个项目成员努力地完成各项任务。

在集成阶段项目经理所做的主要工作其实就是监控和对进展进行相应的调整，并在将交付成果移交给客户之前对它进行可靠的验收测试。在实施过程中可能会存在一些变更管理，如需要做人员或流程的变更。

7. 5 个过程的单生命周期

这里重点要说明的是，不论是在项目的哪个子阶段中，都会有启动、计划、执行、监控和收尾这 5 个过程。通过这一系列的过程和步骤，项目经理能够在每一子阶段获得需要的成果或达成目标。

这 5 个过程实际并非独立存在，它们互相之间存在着重叠的关系。如图 2-6 所示，横坐标是时间，表示子阶段的开始到结束时间；纵坐标表示完成这一阶段的活动量。

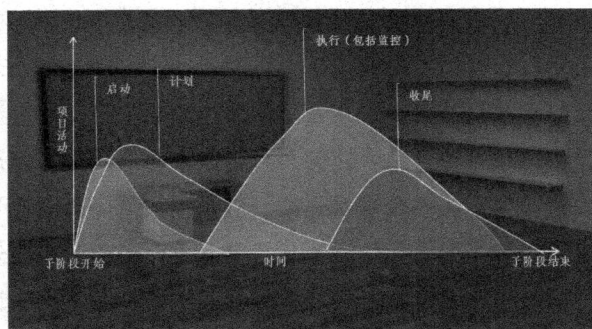

图 2-6　5 个过程的单生命周期分析

（1）启动：在启动过程中，可能只有 1～2 个人参与项目，主要是在一起做一些可行性研究工作、数字性的工作，以及对合同进行解读或者做一些演示等启动项的工作。

（2）计划：同步进行的是计划过程，项目经理可能需要根据项目进度获取项目资源并进行分配。这一部分的工作量可能需要加班来完成，曲线看起来和启动过程有些类似。

（3）执行（包括监控）：接下来是工作量最大的执行过程，它是从启动过程和收尾过程的中间开始。可以看到随着时间的推移，活动越来越多，也就意味着需要越来越多的资源，一直到你的交付成果完成验收以及所有的任务都结束为止。

（4）收尾：最后就是收尾过程，在所有的交付成果被签收之前，项目经理需要确定验收标准，需要向客户展示执行过程以及每一个交付成果。所以在收尾阶段，不要留下一堆不能交付的成果，这可能会导致项目无法关闭或亏本。

2.3

项目管理的目标分解

项目管理目标是项目管理工作的具体化指标。为了高效率地完成项目任务，项目经理必须将项目任务分解成许多具体的指标，包括人员、时间和预算的分配。

2.3.1　人员分配

项目经理在接到一个项目的时候，大多数情况下可能执行者只有自己一个人，于是项目经理就会期望职能部门在未来尽快安排相应的人力资源来支撑项目。

如果是有责任心的项目经理，可能会降低要求，不一定需要有经验的人力资源来管理，而且自己也愿意去培训新人。但实际上很多时候，项目经理却没有足够的人力资源来进行配置，导致要么是项目失败，要么以项目经理离职告终。这种情况的出现，一方面是由于公司的人力资源不足，另一方面是由于职能经理无法准确地对项目的资源进行预测和分配。下面介绍一些项目管理中的人员分配技巧。

1. 建立一个虚拟的项目资源池

首先，项目经理可以对已有的项目资源进行容量规划，也就是需要建立一个虚拟的资源池，通过对资源池的规划管理，可以跟踪人力资源，了解他们的技能和当前的使用状态。换句话说，资源池可以让项目的人力资源管理变得更加透明。

通过项目资源池，项目经理可以为项目找到合适的资源，可以不必苦苦地等待资源，同时可以及时对项目资源进行调度，而不用因为担心资源是否及时到位影响项目的交付。

2. 选择一个适当的决策方法

如果你是项目经理，那么每天不断地打电话和做决策是你日常生活的一部分。通常，在这个角色上花费的时间越多，做出有风险的决定的概率就越大。毕竟，指导项目是项目经理的工作，工作的最高优先级是在截止的期限前完成项目。

但无论项目经理有多少项目管理的经验，在某一时刻，仍然需要一个团队来做出某些决定，而这就是问题的开始。只要让团队参与项目决策，处理的问题复杂性就会呈指数级增长。简单地说，项目经理不再是唯一的思维源头了，需要考虑团队中的每一个人的建议，问题难点在于如何管理这么多人。

因此，项目经理一定要选择一个适当的决策方法。下面介绍选择的技巧。

（1）步骤 1：决定是否需要你的团队参与

做出决定的第 1 步，实际是评估你是否需要一个团体。需要做决策的问题是否需要团队来进行参与，可以通过经验或者问题的复杂程度来进行评估，当然也可以根据你有多少时间来进行评估。

（2）步骤 2：让每个人都能够了解决策背景

项目中的每个人都有繁忙的工作和生活，包括所有的团队成员。越大的团队，越难找到每个人可以共同专注的时间点。

下面介绍两种方法。

● 找到问题的根本原因，做出决定只是寻找解决问题的办法。那么，项目经理的工作就是在要求团队开始工作之前，确定正确的问题。可以利用鱼骨图，这个工具可以快速分出导致问题的所有原因或领域，并列出每个特定的子领域／子类别。项目经理使用子类别要尽可能深入，通过详细描述和分离根本原因准确地确定应该去解决的问题，如图 2-7 所示。

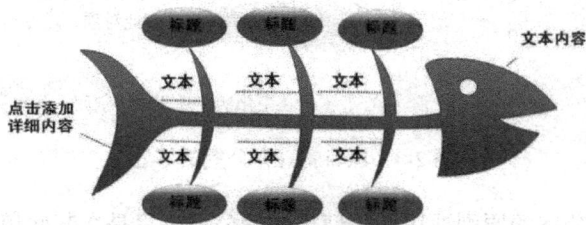

图 2-7　鱼骨图

● 在会议前与团队交流，一旦确定了问题，马上发送给团队成员，请他们提出几个可能的解决方案，并在会议之前发送给你。这将给你带来两个结果：人们乐于思考，因此你会得到更多的想法、更多的创造性建议；每个人都将被迫去思考这个问题，并做出更多的知情贡献。简单地说，可以节省你在会议期间的宝贵时间，而不是浪费在基本解释上。

（3）步骤3：讨论和决定

项目经理应该有几个可能的解决方案，把它们整理出来，在会议期间讨论它们并选择正确的一个。如何做到这一点取决于许多因素，例如团队参与水平、投票要求（多数与共识）或问题复杂性。这些因素决定你的决策方法是简单还是复杂。

作为项目经理，选择使用什么方法完全是你的自由，但不管如何选择，你都需要确保选择的是最恰当的。

（4）警告：要准备最坏情况

项目经理的第一责任是保障项目结果。如果团体决策失效，或者团队成员毫无反应，或者忙于项目任务、生病以及在度假等，你就要准备好自己介入并及时做出决定。

3. 组织一个项目管理办公室

项目管理办公室（Project Management Office，简称PMO）是一个部门或一组人员，主要工作是在组织内定义和维护项目管理相关的标准。作为项目管理办公室的工作延伸，在组织中更重要的是负责落实和实施其管辖范围内的项目。

一个组织中如果有项目管理办公室这么一个组织架构，其实有很多好处，主要有以下3点，如图2-8所示。

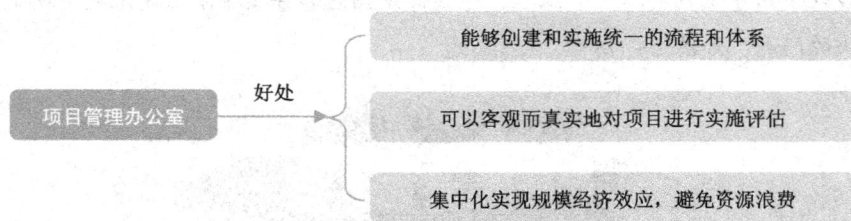

图2-8　项目管理办公室的好处

项目管理办公室的原则适用于任何规模的公司，只是在某些情况下，可能公司的规模达不到要求，从而导致项目管理办公室无法进行独立的运作。因此，如果一个公司达到一定的规模，还是尽可能地配置好项目管理办公室，从而创建成功运行项目所需要的流程和体系，推动组织或公司的不断发展。

2.3.2　时间分配

拥有一个有才华的项目经理是项目成功的第一步，但很大程度上也有其他重要的因素为项目做出贡献，从而让项目获得成功。这些因素包括对项目进行仔细的规划、注重细节以及有效地沟通等方面。只有实行精细化管理和使项目不断地成功，公司才能稳定地向前发展。

成功的项目在一开始就做好了规划，所有的利益相关者都参与规划过程，每个人都知道项目在朝着哪个方向继续前进。井然有序的良好规划不仅可以帮助项目团队专注于项目目标，还能够让项目在最后期限之前达成目标，同时还可以让利益相关者了解项目进展情况。

当然，在项目规划的初期需要创建一个可靠的时间表，确保利用准确的时间来估算成本、里程碑以及可交付成果。如果要让人更清楚、更容易地知道项目各个阶段的完成时间，必须要制订一个详细的计划文档。在计划文档中要列出所有的资源需求，并做出风险预警，这样当项目中的任务处于危机中时，大家可以提前知道会出现什么样的结果。

在项目的实施过程中，项目成员的分心是不可避免的，即使是最好的员工，也仍然会犯错误或者花费很多的时间去处理复杂的问题。同时，随着活动任务和费用的持续上涨，项目的预算也会受到威胁。

项目中的时间和费用的分配方式很复杂，但是必须要去做。项目成员必须要将管理任务所花费的时间和成本进行分析比较来评估这些任务，以了解整个项目的管理效率和生产力水平。

换句话说，如果时间和费用分配超支，会导致生产价值下降；但如果分配得太少，又会导致项目的可交付成果质量差。项目经理需要帮助成员确定一个合适的时间和费用分配比例，帮助他们保持自己的责任感和明确预期的时间要求，这样可以降低项目的整体成本。

2.3.3 预算分配

正确分配时间和费用可以强化问责机制，并降低总体成本。随着现代项目范围和复杂性的逐步扩大和增长，一个项目很容易就需要数百名项目成员并跨越不同的时区来进行交付。因此，控制项目的变量对于项目的成功至关重要，项目经理如果没有责任心很可能会导致项目失败，会对项目管理者的职业生涯造成严重的影响。

项目经理需要学会不断地降低项目成本来满足项目中利益相关者日益增长的收缩预算的期望。详细的项目预算分配技巧将在下一节具体介绍。

2.4

制定好项目的预算

项目经理需要提前为项目提供预算，并与工作计划进度进行匹配。还需要持续监控项目的预算，在整个支出过程中保持跟踪，并根据需要进行调整，确保项目在自己设定的预算范围之内运行。

现代管理学之父彼得·德鲁克（Peter F. Drucker）说过："预算不是一场数字游戏，而是围绕战略目标的设立而进行思考的一个过程。"

笔者本节要说的是关于让项目支出控制在预算之内的事情，同时给读者一些珍藏多年的建议。除此之外，项目经理还需要把一些基础工作做好，以确保能够对项目交付的进度和预算进行控制。

2.4.1 对项目进行概预算

项目预算一开始就必须要设置正确。一般来说，在项目的初始阶段就要对项目做一个估算规划，即进行概预算。一般情况下，这种概预算的范围和实际项目的误差在增加 25% 或者减少 10% 的范围内。

当完成项目的初始阶段之后，项目可行性研究报告也就完成了。如果项目获得了批准，那么你可能需要深入一点去了解你的项目要做什么、做这些需要如何分摊预算，同时还要保证有一定的预算作为管理储备。

1. 概预算的 3 种方法

概预算的关键点在于正确的估算。如果需要对项目的预算进行估算，一般可采取下面 3 种不同类型的方法。

（1）自上而下的参数估计。用过去的项目进行参照，利用这个项目中的不同参数。比如需要完成多少个系统，这些系统有多少个终端用户在使用，将这些数字估算出来后乘以基数，即完成你最终需要交付的任务。这就是利用参数化技术来实现的自上而下的估计。

（2）自下而上的估算。先要找到那些做过相同或类似项目的专家，把他们集中到一起，并让他们列出实际完成每一个交付任务需要的活动以及预算，把这些活动和预算列出来之后汇总，就可以估算完成这些活动所需的总的项目预算。

（3）按集成计划估算。把所有任务都放到一起，不论是自上而下还是自下而上，根据项目进度来分配资源。将这些任务按照时间进行分布，看这些任务相互之间的关联，按照项目的集成计划来进行估算。

在利用这3种方法来进行估算后，再对三者之间的差异进行一个整体的评估和纠正，就能得到一个基本的预算值。

2. 做好风险防范

为更好地完成项目预算的评估，项目经理要和整个项目团队一起去分析和识别项目中的风险。这些风险可能会杀死你的项目，但有了正确的预算，就能让你的项目全身而退。

如果你不确定项目开始时候的风险，那么在项目执行过程中，需要定期核查风险并把风险逐一列出来。你肯定会遇到很多问题，这些问题会花你的钱，花你的时间。更加不幸的是，如果你想摆脱项目上的这些问题，不仅需要花更多的钱，而且还得不到任何回报，没有项目经理想这样做。

因此，一定要在项目开始的时候把风险识别出来，和项目的利益相关者确定符合项目实际要求的预算，这样会帮助你的团队一开始就打好基础，使项目朝着正确的方向前进。

3. 设定监控流程

一旦项目正式开始，就需要对预算进行严密的监控和管理。要记住，这是一个项目团队，项目经理要确保这些预算真正投入到团队中去。

如果项目经理是整个团队唯一一个关心项目预算的人，那么很遗憾，达成设定的项目预算目标的可能性非常低。必须要让团队成员一起了解这些预算是如何得来的，这是他们的责任。项目经理需要关注每个人的任务完成情况，确认他们是否在努力完成这些任务，因为这些任务涉及项目目标能否达成。项目经理必须要让团队参与进去，他们才是确保这个项目成功的关键部分，他们决定了预算是否达成或者可控。

4. 不断地检查

项目团队在做他们应该做的事情，项目经理则需要公开和坦诚地告诉他们，自己是如何根据估算去跟踪他们的进展情况的。要坚持去检查，确保把项目组的所有问题找出来，并且试图找到更多的风险点。这可能会导致项目经理感到悲观，但还是要把这些问题或风险点记录下来并进行管理，这样才能确保在发生风险的时候将影响降到最低。

实际上预算是和对整个项目的监控与管理相关联的，可以通过周报的形式进行通报。周报显示了整个项目的任务进度，它告诉每个项目成员接下来需要做什么。如果他们没有达成既定的目标或者估计的工作量，那么项目经理需要去和他们沟通，告诉他们要实现这一目标还需要做些什么。

项目经理需要每天不断地去催促项目成员，和他们一起工作，每天确保他们能够完成各自的任务。通过前面的这些措施，你会看到他们很积极地朝着既定目标而努力，如果他们实现这一点，那么项目费用也会控制在合理的预算之内。

5. 更深入地分析

项目经理还可以做更多的一些事情。除了周报报告的任务进度，还可以再深入一点，做项目的"净值计算"，看项目工作计划预算与实际执行过程中产出的成本差异，确保可以计算进度偏差、成本差异。

项目经理可以通过进度方差指标和成本指标，向人们展示自己是如何对项目进行跟踪的，并通过这些数据来保证项目预算目标达成。

2.4.2 项目管理预算步骤

创建项目预算是任何项目中最重要的部分之一，如果超支或者预算过低，那么项目的成功和及时完成将会受到严重的影响。

同时，在预算内未能交付项目可能会导致未来难以获得新项目，作为项目管理专业人员的能力也将受到质疑。因此，建议按照下面这6个简单的步骤来确定项目管理预算。

1. 项目管理预算编制中项目要求的估算

项目的要求应包括整个项目过程中可能产生成本的任何东西，这可能包括以下内容。

- 劳动成本。
- 材料成本。
- 使用项目管理软件的成本。
- 培训或雇用更多工作人员的费用。

- 与项目完成部分的审查相关的成本。
- 范围可能的变化带来的成本。
- 获取资源消耗的实时可见性和项目的进度。

2. 确定项目的最后期限

项目管理中的成本直接关系到项目完成的进度，如果项目需要比原先期望的更早完成，那么就需要增加额外的管理成本。这些成本可能有直接成本，如加班费、额外的项目人力资源成本、其他需求引起的工具使用成本；也可能会有间接成本，如水电费用、耗材费用等。总而言之，必须要确定一个较为准确的项目最后完成日期。

3. 考虑完成项目所需的最短时间

这个和确定项目的最后期限过程类似，将项目的各种风险考虑在内的最后期限，明显会不符合利益相关者的期望。所以，项目经理需要基于较为乐观的情况，提供完成项目所需要的最短时间，这个最短所需时间应稍短于传达给利益相关者或者上级管理者所期望的时间。

如果有必要，项目经理可以提供不同背景条件下的项目完成时间。基于不同的假设条件，给出乐观、中性和悲观 3 种不同的项目完成时间，这样可以牵引项目各利益相关者的期望。

4. 增加资本成本

除了看得见的项目中的支出，还需要考虑可能存在的隐性成本，这些成本在项目的交付过程中有可能会产生。比如，需要租赁或购买部分设备用以追赶进度，增加班车来提升劳动效率和完善后勤保证，IT 系统软件平台升级需要产生额外的分摊费用或独占的费用等。这些资本成本都需要有所考虑，这部分费用不一定很高，项目经理可以按照历史经验预留一定的预算比例。

5. 将预算划分为里程碑式

每个项目一般都会设置若干个里程碑，每个里程碑也应该遵循一定预算，这种方式有助于避免项目的总体费用超出预期。此外，如果出现意外的问题，项目经理可以通过这种策略来缩减其他里程碑中的额外成本，以减少不必要的成本。

这种方式也可以成为阶段性预算分配，根据项目的进展完成情况进行评估。这样就可以知道哪个阶段成本会超支，那么下一阶段项目经理就会仔细地考虑项目中的各项支出，以及看各项支出是否有对应的正确的产出。

6. 为整体预算添加一些额外成本

不论项目预算规划得多么详细，项目在实际交付过程中，总是会有一些范围的变更。当然，项目经理可以通过和各个利益相关者的沟通或者其他方式，来努力减少这种范围变更，但还是要为这种计划外的项目交付范围的变更增加一些额外的预算空间。这样项目经理在处理项目范围变更的时候，就可以做到心中有数，能够避免临时增加成本带来的困难和风险。

▶ Tips

在做项目预算管理时，要记住的要点总结如下。

- 首先估算项目的直接成本，包括劳动力、材料和培训成本。
- 为项目设定合理的期限。
- 以标准的工作方式投入最少的时间完成项目。
- 增加一开始就被忽视的成本。
- 按照里程碑的方式，将预算划分为更小的预算组。
- 在项目管理预算中考虑到一些范围的变化。

2.4.3 项目管理预算技巧

一项关于项目预算的研究告诉我们一个让人非常悲观的现象：大部分 IT 项目都有预算不足的倾向。特别是当 IT 项目越来越多，其与组织各部分的联系越来越紧密，预算超支的风险也越来越大。这些风险威胁到项目的成功，严重的时候甚至可能和公司的生死存亡相关。

所以，一开始就把项目的预算做好是非常重要的。预算其实就是项目的规划，换句话说，当你完成整个项目的预算时，应该也走完了项目的整个过程。

虽然各个项目都有一些明显的不同点，但也有一些共同的战略，特别是制定项目预算的部分。项目经理要做好最坏的打算，找到可能引起变化的关键点，并密切关注相关领域的宏观变化。为了防止事情出现失控的局面，要记得提前制定应急预案和应急预算来进行风险预防。

下面有 7 个小妙招能够帮助项目经理做好项目预算。

1. 做个项目预算模型

首先要找一个你做过的最难的项目，然后要有两个或以上类似预算的项目模型，并且写出逐步得出预算的详细过程。

为了得出更准确的项目预算，项目经理还需要有丰富经验的团队成员或导师的帮助。如果是分组预算，项目经理需要得到各个组的预算结果。项目经理不需要一个人去独立完成。

2.学习其他项目的经验

找出一些类型和范围与当前项目类似的并且已经完成的项目，直接使用它们的模型。有些团队如果有项目管理工具或者软件，则可以利用现有的工具对数据和信息进行挖掘处理。

然后去研究项目中的时间和成本是如何产生的，这样就能够确定是否需要增加或者减少相应的资源。

3.了解项目的核心成本

通过获取项目的启动预算让项目开始运行，这些预算重点包括了项目团队成员、设备、软件、活动等范围，接下来需要比较核心成本和总的预算。

如果核心成本低于总的预算，则表示你能够控制住项目成本。如果不是，那么你需要和项目的干系人讨论这种大规模的项目如何在预算内完成。

4.要有预算变更的准备

大多数的初步估计也仅仅是估计，一般情况下会有范围的变更、经常出现的意外和经营管理上的变化。这些现象在项目的实施过程中屡见不鲜，因此项目的预算也是很容易会发生变化的。在项目中需要进行持续的项目预算管理。

项目经理需要有警惕性，通过对初步预算和最新产生的实际值进行比较，定期对预期的成本进行核查，最后通过调整工作计划来使得开支符合预算要求。

5.监控资源

项目经理总是希望团队成员都能够正确地完成任务，并且发挥他们最大的潜力。此时，项目经理要关注他们的薪酬，员工的薪酬预算是预算的重要组成部分。所以，项目经理要每周审查资源的使用情况，确保每个人都把工作设定为最高优先级，并每周保质保量地完成他们的任务。

6.保持公开透明

项目经理要让团队保持不断了解变化的项目成本预测的状态，不断地和项目主要成员交流项目预算可以支撑多久，这样每个人都能够清楚如何在规定的时间和规定的费用内达成目标和要求。

7.管理好项目范围

项目范围变更是预算超支的主要影响因素。为了避免计划外的工作导致的成本超支，项目经理需要记录下所有超出最初制定的项目范围的工作，并对这些工作进行准确的成本预估，然后寻求额外的费用用于抵消或者支付项目外的工作。

但是，很多项目的范围和预算是很难预测的。例如，对于一个建筑类项目，你无法预测原材料什么时候腐坏；而在一个大公司实施新的软件项目时，你也永远不知道会有什么意想不到的问题冒出来。

在任何一种情况下，即使是最有经验的项目经理都会受到挑战。所以，当突然事件出现时，成本超支是很常见的，这个时候做好变更记录是一件非常重要的事情。

总之，项目经理需要了解项目的具体进展，明确跟踪项目花了多少时间和成本，不断地将实际投入和预算进行比对，看整个项目的成本和时间有没有超支，这才是正确的项目预算或成本管理方式。

2.4.4 预算失控怎么办

在项目管理中，不能控制的预算会导致项目投资失败。如果再加上关键利益相关者出现问题，项目经理甚至会被终止当前的职务，这会给个人的职业生涯或个人品牌造成较大的破坏和影响。但是，项目经理可以利用下面这 5 个步骤，尽量从已经失控的项目预算中减少损失。

1. 确定项目预算已失去控制的程度

项目经理这个时候需要仔细分析项目当前还有多少预算，这是确定过度预算导致产生成本失控的唯一途径。

一般情况下，项目经理能够立即确定项目管理过程中的各种成本金额数据。但是，可能还需要对于项目计划和全面预算进行审查，以确定最终的准确数据。这些数据形成最终的当前项目预算状态报告，用来向上一级的项目管理层进行汇报。

2. 对后续的任务进行审查

项目经理一旦发现项目中的预算超支，不要慌张地立即采取行动，而是要静下心来思考项目中后续每个任务以及任务之间的交互如何影响到项目的未来。

比如，裁减项目成员或者租赁人员，似乎是合乎逻辑的解决方案，但可能会导致额外的遣散费。如果本地法律有限制，甚至可能会有法律上的风险，而这些又会导致新的、更大的麻烦。

3. 找出项目前期预算失控的问题点

项目预算的失控不是一个小时也不是一天之间就发生的，通常是多种情况累积的结果。项目中不同的问题点都可能引起预算超支，在前期看起来可能不多，但当积攒到一定的程度时就会集中爆发出来。

项目经理需要将这些问题找出来，确定这些问题出现的可能性，并努力地避免后续再出现类似的情况。特别是项目的交付范围变更而引起的预算超支，项目经理需要通过有效的项目管理过程以及识别出项目有效范围来进行跟踪处理，同时应设置相应的警告标志，和各个利益相关者提前进行沟通。

4. 如有必要，重组项目组织架构

有的时候，项目中的团队成员可能会做出一个导致严重影响项目预算问题的决定，如果发生这种情况，项目经理以及项目团队成员需要重新审视项目中的各项流程和原则，看是否存在漏洞。

如果问题继续存在，或者是由于项目成员个人的技能问题导致的，则需要将这些成员从项目中移除，直到整个项目组织架构达到合理的程度为止。

5. 考虑外包项目或控制员工增加，以减少长期成本

项目经理可以将项目内容分解成为更加详细的工作条目，选择合适的分包商，将部分项目工作条目分包出去。转移项目工作内容到分包商，短期看，项目成本可能会高于预期，但从长远来看会减少项目的预算成本。同时，优化项目工作内容和流程需要确保项目成员不再增加，这样可以避免人力成本增加。

6. 小结

当项目预算失控时，项目经理如何对主要的预算问题做出反应决定了项目经理职业生涯的未来。因此要想将项目恢复到项目预算和计划中规定的约束和期限，需要牢牢记住以下 5 个要点。

- 评估项目的预算状态。
- 在没有考虑好如何影响预算的情况下，不要做任何激进的决定。
- 审查预算问题的原因（如范围变更），并努力防止这些问题重演。
- 如果问题是由于项目成员没有相应的技能导致的，则需要对项目组的成员重新培训。
- 过高的成本可能需要外包项目，以减少组织的开销。

2.4.5　项目的成本和收益管理

作为一个项目经理，你要知道项目上的钱花到哪儿去了。项目上可以花的钱是有定数的，只有当你知道钱花到哪儿去了，你才能知道项目收益从哪儿来，这样才能提高项目的投资回报率。

一个项目的投资回报率是和它的成本以及收益相关的，当弄清楚一个项目的成本和收益的时候，就很容易知道这个项目花了哪些钱，还要花哪些钱，或者可以减少哪些成本来提升更多的收益。

1. 项目的成本

项目管理过程中产生的成本，包括人员成本、标准成本和培训成本。这些成本称为组织成本，可以划分为过程成本、人力成本和基础设施成本，也包括对过程描述的开发成本、项目管理手册的编写成本、项目组织和管理流程的搭建成本以及相关的咨询成本，还有项目相关流程的运营成本、治理成本和项目组合运营成本等。

除组织成本之外，还有一些附加的成本与之相类似，可以称之为投资成本，它同样可以划分为过程成本、人员成本和基础设施成本。

这些成本主要是用来对现有的流程描述进行加强、修正以及扩展，制定新的项目管理手册或方法，并改进项目管理工具，如新的工作量评估方式等。

还有一些其他成本和项目管理相关联，如项目管理方法论的应用推广、专业的项目经理认证（包括项目团队成员、初级或高级项目经理、项目管理办公室成员等），同时还有一些软硬件成本（软件授权使用费、软件的维护升级或硬件更换费用等）。

通过实施项目管理，不同级别的项目管理层又受到不同的运作方式限制。这里所说的限制是指项目的实施过程产生了项目成本，项目成本包括项目的协调活动成本、会议沟通成本、项目管理委员会的指导成本等。它们被划分为规划、监控、流程和协调相关以及项目管理委员会 4 类。

2. 项目的收益

项目实施的成本和收益可以间接地通过项目的输出量观察出来，从经济学的角度来说，可以把这些好处分为定性和定量两大类，如图 2-9 所示。

定量的好处又可以分为直接可量化的货币措施（节约成本和提高效率以及合理化所带来的利润）和间接可量化的货币措施（比如节省时间）。

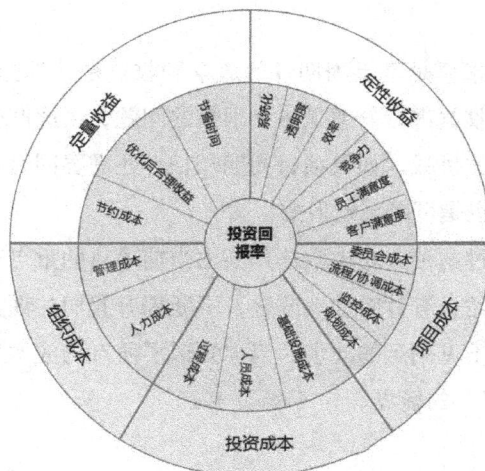

图 2-9　项目实施的成本和收益描述

通过分析这些收益，可以了解到项目的目标达成度如何、是否符合项目的各项预算，以及是否严格地按照项目的时间表完成各项进度、各个利益相关者可以通过这些方面清楚地看到项目的收益成果。其他的收益还表现在系统化的项目整体成果的改善，人员计划的优化和必要资源需求的降低。

和组织相关的收益主要体现在增加管理的透明度、改进项目管理的系统方法论（如更高级别的质量规划和标准化程度）、提高员工的积极性和竞争力等方面上，项目管理委员会做出更加透明和易于理解的决定，以及逐步公开预算花费和项目进展数据。

和项目相关的收益则表现为相关的改进措施，如成本、工作量、进度和项目范围的变化程度等。但是这些相关的收益往往难以确定，比如什么是适当的成本措施？这些措施很容易出现分歧，有时可能会被认为是冗余措施。

因此，项目的收益重点在于这些改进措施的易用性。我们的目标是对一般性和实用性进行平衡，有了这个目标，就可以对改进措施的内容进行提取分析并评估。尽管这种方法可能存在一些问题，如分析过于广泛、改进措施过于频繁以及对于改进措施重要的评估存在误差等，但这种方法却适用于确定哪些措施可以带来收益。

目前可以看到的分类指标有：系统化、竞争力、透明度、员工的满意度和积极性、节约的时间和时间表的遵守、节约的成本和遵守的预算、效率、客户满意度和客户导向、合理化。当然这些指标可以依据不同的项目情况进行调整，但可以看出我们的改进措施的方向和收益点在哪儿。

3. 小结

实际上，投资回报率是基于周期性的成本和收益来计算的。但往往在实际中，如何正确地对成本和收益进行分类是一个困难的问题，由此产生的不确定性的分析和评估也是一个巨大的挑战。如果项目周期较长，还需要同时考虑到时间对于现金流带来的影响——钱也是可能会贬值的。

但最起码可以通过这种方式大致地判断出当前项目的重点部分，找出项目中哪些是成本，哪些是收益，有针对性地改进，不断提升我们的项目管理水平。商场如战场，项目也是一个不见硝烟的战场，当你知道了所有的成本出处，就能达到一种"运筹帷幄，决胜千里"的境界。

2.5

项目预算超支的 6 件事

尽管正确的规划是项目成功的关键，但通常也有一些超出规划的问题，其中之一就是预算超支。的确，通过正确的规划能够避免一些问题，但你永远无法预测你开始一个项目之后，最终会发生什么。

本节介绍的是导致预算超支的原因，了解这些原因可以帮助项目经理避免预算超支的风险。

2.5.1 项目本身的资金不足

导致预算超支的一个主要原因就是资金不足。一个项目在刚开始的时候，如果预算分配不足，就会明显地导致成本超支。因此，如果你想要一个项目取得成功，没有足够的预算是不可能的。

避免方法：对于出现项目预算超支的情况，项目经理要提前给项目赞助商进行解释，可以通过追加预算或减少项目交付范围来进行处理。

2.5.2 不可行的成本估算

项目管理中一个重要的工作就是做成本估算，而大多数项目中出现预算超支的一个共同原因就是对于成本的估算不足。如果一个项目成本的估算是凭感觉或者是通过不合格人员的经验得出来的，则很可能要出现预算超支的情况。如果在项目的早期阶段出现，还可以进行调整，但实际上这种情况往往都发生在很难调整的后期。

避免方法：寻求专家和该题材的专业人士的帮助，制作项目的成本估算。项目经理可以把工作分解成较小的部分，然后进行估算。项目经理可以使用成本估算技术，如参数化建模、三点估计法、储备分析法、自下而上的分析法、仿真估算等方法进行综合测算。

2.5.3　低估了项目的复杂性

项目越大，预算超支的风险越高，因为这种类型的项目在执行的过程中交互产生的复杂程度会大大影响项目的预算。项目复杂程度越大，其产生的很多有形的、无形的成本就会不断增加，而这类成本往往在项目的规划阶段很难被考虑到。

避免方法：将项目进行逐层分解，可以分解成若干个小的项目，在项目的一开始就应该预留出充分的变化空间和足够延迟的计划来避免预算超支这种情况的出现。

2.5.4　延长了项目的进度

如果该项目是按照计划来进行的，这并不一定意味着该项目预算也能够被满足。另一方面，如果项目进度被延长，那项目毫无疑问需要投入更多的时间和金钱。

避免方法：一个项目的关键阶段就是规划阶段，在最初给项目分配时间和成本时，任何偏差都会大大影响到后面的所有阶段。当你被要求延长项目时间时，一定需要和赞助商进行澄清，让他们知晓这样做可能会超过原计划的预算，因为更多的时间就意味着需要更多的资源。

2.5.5　缺乏备份计划

如果你没有制订一个备份的计划来应对项目中可能出现的所有问题，那么往往一个小小的延迟，都有可能导致你的项目预算超支。尤其是出现重大问题时，就不仅仅是预算超支，甚至可能会导致项目失败。

避免方法：凡事总有万一，对任何问题都要有一定的应急措施。在项目制定预算的初期，项目经理应该估算出项目备份计划中可能需要的成本，这样当项目进度或范围发生了一些意想不到的变化时，项目的预算计划有应变的空间。

2.5.6　缺乏资源规划

就算是预算充足，如果项目经理不能有效地按照计划提供资源，也会导致预算超支。很多时候，项目经理错误地估计了资源的使用情况，如专家资源没有按照进度被有效地使用，或者错误地估计了问题的严重性、人员的不合理安排等。

避免方法：可以通过适当地规划计划的范围、估计的成本和时间来避免，然后相应地将预算按需分配到所有部门。提前规划一切的前提是，你需要了解所有的资源和设备，避免出现错误放置的情况。

项目管理的
计划制订

——

第 3 章

学前提示

　　要说做什么能够给客户带来深刻的印象，你的项目计划毫无疑问是其中之一。项目计划应该包含所有重要的内容，它应该放在适当的位置来说服客户。因此你需要了解如何准备项目计划并让客户来帮助你完成，这些都是需要技巧的。

要点展示

➢ 计划制订前的准备工作

➢ 项目计划的 10 个要素

➢ 10 招帮你搞定项目计划

➢ 项目计划的注意事项

➢ 5 份基础且必需的报告计划

3.1

计划制订前的准备工作

整个项目团队的工作始终取决于项目经理，项目经理需要知道如何激励同事，需要知道在最复杂的情况下如何找到解决问题的方法，以及如何设定目标让整个项目团队能在预定的时间内达成。

实际上，目标设定是项目经理的主要责任之一，正确地设定目标的能力可以表明他们的专业精神。除了设定目标，领导者还需要了解达成目标的路线图，也需要负责制定和完成。路线图可以让项目经理和项目团队更好地了解已经完成的工作和剩下的工作。

下面这 10 个准备工作很重要，可以帮助项目经理设定一个正确的目标。

3.1.1 了解项目层次

项目经理需要了解项目层次，这里的层次不是指了解谁是项目管理层，也不是指项目团队成员有哪些等组织架构的内容，而是指下面的几个部分。

● 目标。
● 成果。
● 战略。
● 计划。
● 执行。

像任何其他项目一样，一个新的项目经理需要将精力集中在基于目标达成的后面 4 个方面。当然，与客户的关系是开始定义项目目标的关键所在。

3.1.2 战略性的思考

项目经理为了能够正确地设定目标，需要有战略性的思维，要看项目和公司的战略方向是否一致。项目经理需要站得更高一点，这样才有助于通过预测做出决策，且所采取的行动不会偏离整个组织的方向。

3.1.3 倾听能力

项目经理还需要依据项目团队的能力来设定目标。了解项目团队的唯一方法就是倾听，这将使项目经理有机会了解到项目团队成员实际可以做什么、他们有什么样的技能，以及通过什么样的激励可以让他们更加努力地工作。

3.1.4　分享经验

分享经验看起来并不重要，但实际上可以影响到目标的设定。如果项目团队的能力很强，项目经理可以改变目标设定的策略。当项目经理和项目团队成员在一起共同分享经验的时候，这种互相的查漏补缺可以提升整体的能力，也可以让每个项目成员表现得更好，更加努力地达成目标。

3.1.5　用数字说话

作为项目经理，需要了解数字的力量及其对目标设置的影响，这里的数字包括收入和费用的比率，以及项目团队在项目中产生的各种成本。项目经理需要分析市场，了解哪些财务数据对项目有好处，以及避免出现的损失超过项目的承受范围。财务分析将帮助项目经理为项目团队制定合适的目标。

3.1.6　定义每个小目标

项目经理制定的实现目标的路线图可能会包含一些较小的目标，用于实现大目标。通过引入一个个不重要的小目标，项目经理可以将这些小目标制作成列表和团队成员进行分享。同时，确保这些小目标从路线图上来看都有着一定的意义，它们能够帮助整体目标的达成，可以帮助团队成员获得更好的结果。

3.1.7　和客户交谈

如果项目经理不知道客户需要什么，那么将无法正确地设定目标。每个企业或组织都必须以客户为导向，如果你不去了解客户，那么你的努力就不会达到所期望的效果。

3.1.8　分析一切

目标的设定并非一成不变，项目经理需要经常向项目成员进行目标分析。当在分析某些内容的时候，你可能会注意到一些对目标设置很重要的细节，而项目团队成员也会帮助查找有助于实现目标的细节。随时随地的分析，可以帮助检查目标的设定是否存在问题，可以要求项目团队自己进行研究，避免出现目标实现过程中的偏差。

3.1.9　尝试远程工作

项目经理不一定非要天天坐在办公室里工作，当习惯了办公室里的环境以及周围的人员时，为验证项目目标是否正确或者实施过程中是否有问题，可以尝试做出一些改变。比如离开一段时间，通过远程方式进行工作，这个时候可以观察项目的运作是否正常、项目团队之间的配合是否顺畅、所有的任务是不是按部就班地进行等。如果出现异常，那就要进行分析，看项目的目标或达成目标的线路图是否有问题。

3.1.10　使用人才

不要小看项目成员的能力，他们中很多人确实是有天赋的，也许其中一些员工可以帮助项目经理实现目标。因此，项目经理要找到最有才华的人，并向他们寻求帮助，也许他们能够产生更多好的想法和思路。

3.2

项目计划的 10 个要素

对于项目经理来说，能够快速设想实现项目目标需要做什么是至关重要的。项目经理需要能够清楚地看到项目的未来。项目经理要能向他人阐明项目的愿景。对于项目的高级管理人员和公司高管来说，一定要花点时间做个计划。

这是一件非常容易的事情，但很多人往往不重视这一点，经常只是匆匆忙忙地从一个项目跳到另一个项目。从表面上看，做计划似乎是在浪费时间，实际上，没有计划的实施，往往是在浪费你自己的时间和精力，损害你的项目。换句话说，如果跳过计划这个阶段，你的项目就是一个空中楼阁。

当我们了解计划的基本要素之后，就会了解什么是计划。根据计划可以知道项目需要些什么，每个人是如何通过任务来实现项目的目标的。工具只是帮助我们更好地显示计划，而并非是有了工具才有计划。

3.2.1　项目目标

项目最终需要达成某个目的或形成某项成果，计划的这一部分可以通过项目受众通用的语言来表述，比如实现某项条款、组建一个可以通信的网络、完成某项软件的功能等。

1. 写个项目概述作为指南

首先，项目经理需要写一个项目概述，在整个项目中作为指引。概述中需要明确地定义项目的目的，还要包括将要执行的最重要的计划。如果面临问题，概述可以作为指南。

2. 开始计划前要进行调研

项目经理需要告诉客户的第一件事，就是你很清楚项目中所有的变量，你需要打动他们以获得他们的信任，那么彻底的研究对于项目的成功必不可少。

项目经理需要深入研究相关的项目文档和与项目相关的人员进行沟通，这样来获得项目工作范围和需要获取的项目交付成果，并对这些成果按优先级排序。

3. 定义你的目标和期望

很多人经常出现的一个错误就是，他们在还没有提供适当的解决方案之前，就以为了解了项目需要达成的最终目标和可能出现的问题。其实项目是一个渐进的过程，项目经理需要预先考虑很多事情。

项目目标的制定是简单明了地告诉客户项目会发生什么问题，可能在哪些领域发生问题，然后在交付的过程中逐步优化和解决问题并最终达成目标。

定义项目的目标，并确保每个人都理解它。在设定目标之后，定义成功完成目标的期望，然后将项目的目标和期望告知项目团队。对于每个成员，项目经理可以考虑提出项目中的一般准则和战略方向，这包括给每个人的任务以及期望他们完成的程度。当项目中的每个人都知道他们在做什么以及为什么这样做的时候，这个项目无疑是成功的。

实际上，项目经理的很大一部分工作，就是要努力地让每个人都能够清楚地看到项目取得的每一次成功，以及最终会形成一个什么样的业务成果，让每个人都知道当前是在挑战一个什么样的目标、面临着哪些困难等。

最简单的方式是绘制一个思维导图，它涵盖了所有项目正在做的业务以及这样做的原因和分析，如图 3-1 所示。这样在每次召开会议的时候进行展示，能用来提醒每个人的共同目标是什么，也可以将业务简化成为一个个的案例或图形，这样可以更加直观地让人感受到这个项目的存在。

4. 要有战略目标

有效的项目管理需要与组织的愿景、使命和战略目标保持一致，并坚持到底。

你需要提高你的战略思维，并就公司目前的地位和总体设想始终和公司的管理团队保持沟通，另外，不要忘记设定短期目标和长期规划。

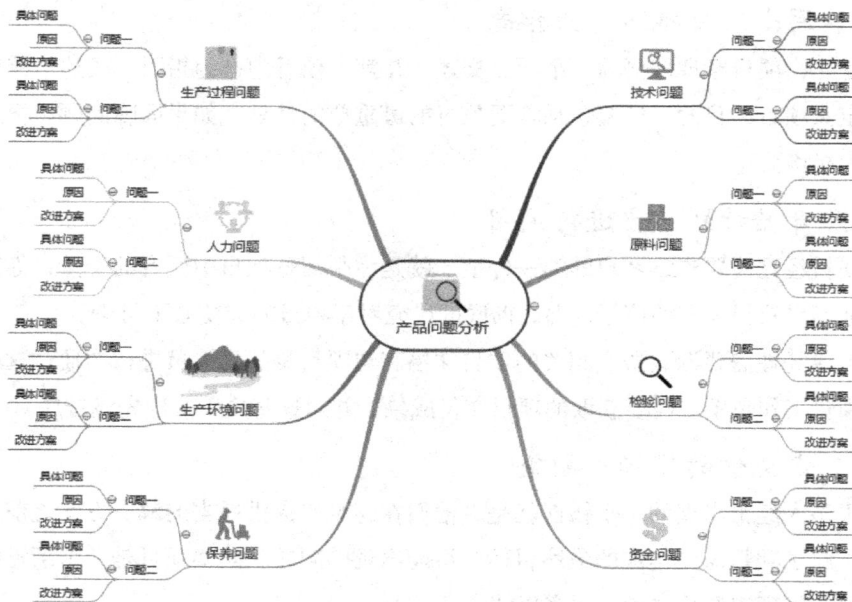

图 3-1　思维导图

5. 制订合理的解决方案

制订合理的解决方案应该在正确识别实际需要解决的问题之后，否则你的解决方案就是空中楼阁，无法获得客户的肯定。

但是你可以提出一个解决方案的整体框架和流程，让客户有所期望。确定解决方案和制订具体的行动方案实际上是需要围绕项目的工作范围来进行的，这是项目计划框架的基石。

6. 以目标为导向

项目经理总是希望要达成的目标和成果与项目的最终结果是一致的。以结果为导向，意味着你要专注于项目的各项工作活动，需要推动各项工作的完成来让项目逐步向前。你需要审查和评估输出的质量情况，并能够不断接收和提供反馈来提升各项活动在将来的整体性能。

3.2.2　输出成果

当已经有了项目目标之后，接下来需要进行项目的输出，也就是展示项目的最终成果。要输出什么样的成果才算是达到项目目标，这些成果是单一的还是通过组合形成的，这些都需要有明确的定义。

如项目目标是对 IT 基础架构进行升级，那么最终的输出就是完整的计算机网络，桌面上的新计算机以及所有适当的软件都已经安装并准备好。

1.定义可交付成果

有的项目的可交付成果是看得见的产品，有的项目的可交付成果可能是看不见的服务，但不管是有形的产品还是无形的服务，都需要和项目的目标对应起来。尤其需要注意的是，可交付成果并非只有一个，可能是阶段性的，也有可能是若干个。

可交付成果确定后，接下来就是在项目计划中确定每个可交付成果的截止日期，也可以在后面的项目进度中确定日期。可以提前根据项目整体的截止日期进行倒排。这样一旦工作开始，项目经理就可以确保项目团队按照时间节点来完成关键任务，也可以按时跟踪进度。

2.做好实施计划

在整个项目管理过程中，项目经理必须做的重要事情之一是确定需要完成哪些任务，并监测工作计划，以确保项目团队按计划完成，这是非常有必要的。这样在项目过程中的任何时候，项目经理都可以确保所有的团队成员知道发生了什么。项目经理在实施监控工作计划时，可以记录正在进行的工作以及滞后的工作，然后尽快进行必要的更改。

3.2.3 质量标准

有了输出后，还需要了解项目需要一个什么样的质量。例如，你有一个完整的计算机网络升级的输出，那么就需要知道网络的容量要达到多少、客户是否对容量提了详细的要求，如果没有明确的要求，那么也要知道什么样的质量算是合格的，是否能应对网络的大流量冲击。

这意味着项目经理需要完成的输出具有一定的质量，需要定义什么是输出的质量。如果要衡量项目的输出质量，首先项目的输出成果要遵循 SMART 原则。

其次建议项目团队和项目的利益相关者一起参与制定项目的输出成果并形成列表。项目的最终客户自然必不可少，但不要忘记自己是一个项目经理，不要不计成本地去承诺一切，因为最终还是需要你的项目团队去投入并实施项目。

最后，项目经理还需要决定谁对项目输出成果的质量评判有最终决定权，要确保有合适的人对项目成果进行质量评估，而且定义的质量标准能够对输出成果有准确的判断。

3.2.4 要搜集的资源

确定了项目需要生产的产出，以及它们需要具备的质量，意味着我们现在可以查看并搜集需要实现这一目标的资源。资源包括人员工作计划（如图 3-2 所示）、特定知识或技能集合、金钱（例如购买设备需要的开销）和时间（如建筑项目中混凝土的设置等待时间等）。

序号	工作事项	完成期限	执行（部门）	监督（部门）
1	采购办公用品，管理人员进场（筹备处成立）	6月20日～6月23日	采购部	总经办
2	确认岗位设置、组织架构图、工资等级	6月24日～6月25日	董事局 总经办	
3	CI 的制作决定（场所名称）	6月20日～6月26日	企划部	董事局
4	管理公司考察当地市场	6月24日～7月4日	总经办	董事局
5	公司 LOGO & 全套 VI 设计	6月23日～6月30日	企划部	董事局
6	平面图的修改及确认		营运部	董事局
7	施工图完成		设计方	总经办 董事局
8	工程招标（空调、消防同步进行）		董事局 总经办	
9	工程队进场		项目总监	总经办
10	VOD 电脑系统和 POS 机的确定（工程巡查）	7月10日～7月16日	营运部	董事局

图 3-2　人员工作计划

3.2.5 管理架构

项目经理需要描述项目的一般方法。

● 谁将是项目中各种工作流程的决策者？例如，项目组可能正在做重大采购，那么是谁决定从哪家公司购买？

● 如何展示项目的进展情况？展示给哪些人？

● 项目经理可以决定定期举行项目团队会议，那么谁需要参加？会议将分享什么级别的信息？还有谁需要被告知，需要告知到什么样的细节，多久告知一次？

● 项目经理需要如何授权来监控项目中各项任务的进度情况？

实际上没有正确的答案告诉你应该怎么做，计划会随着每个项目的变化而变化。在确保考虑了项目的规模和复杂性之后，项目经理可以按照组织的文化和项目团队的状态来确定当前的管理架构。

3.2.6　"里程碑"

项目的目标达成不是一步就能完成的，需要一步步地完成。为帮助项目成员提高交付效率，项目经理需要建立一些里程碑来监督项目的执行情况，看是否达到预定的短期目标，而这些短期目标的达成也将成为项目成员的业绩，形成激励。

1. 有意义的里程碑

项目的成功不是一蹴而就的，需要划分成为不同的阶段，需要定义每个阶段的里程碑。项目经理可以将项目拆分成分散的模块，将相关任务集中在一起，在每个模块的结尾放一个有意义的里程碑。

例如，可以将项目拆分为以下类型模块。

- 需求收集。
- 需求描述。
- 招标过程。
- 合同谈判。
- 部署。
- 测试。

通过设立每个模块的里程碑，项目经理可以知道每个阶段的任务是否完成以及完成的情况如何，并可以进行阶段性的评估来确定是否继续下去。

2. 定义中间里程碑和内部审查周期

里程碑的建立需要项目经理和项目团队进行沟通，根据他们的反馈来设定实际的期望值。当设定完成后，项目经理不能就搁置不管，还需要设置内部审查周期，看原来的目标和实际的结果是否存在偏差，是否需要进行调整，阶段性里程碑成果的质量如何，有没有预留出修改的缓冲区间等。

3.2.7　偏差

在查看了项目所需要的资源后，还要设置项目偏差，也就是说让项目的执行者判断项目偏离正常目标多远才需要进行风险提示。比如，可以设置一个 ±5% 的财务指标偏差，或者 ±10% 的时间进度偏差。同样，对于质量部分，也可以设置一定的偏差。

项目不可能不偏离其资源或质量目标，设置一个偏差，可以在让项目执行者无需总是去寻求管理层的决定，而是自己可以在一定范围内决定是否继续进行项目。当然，项目经理应该尽量避免偏差，并密切监视存在的偏差。

3.2.8 依赖关系

计划必须要考虑依赖关系，这样项目经理和项目团队才能够了解项目中任何部分的变动带来的影响。这些依赖关系应包括项目内部（即项目经理控制的内部）和外部（即与项目外部对接团队）的关系。例如，组织中人员的详细技能分布和相关个人信息需要由组织的人力资源部门提供，这就是一个外部的依赖关系。

3.2.9 风险管理

风险管理简单地说，就是项目中有什么地方可能出错，可能会发生哪些损害项目交付能力的情况，项目团队需要怎么做才能避免这种情况发生或者减轻风险带来的影响等。

1. 认识风险管理

所谓的风险就是可能会产生问题的因素。风险来源于多方面，包括人、事件、技术难题、沟通、流程等，有的可能是小的风险，有的是大的风险。不管是哪种规模的风险，项目经理都不应该忽视，项目经理的职责就是让这些风险消失，或至少让它们不会对项目产生较大的影响。

每个项目都需要有风险管理策略和行动计划，项目经理要和自己的团队进行合作，确定如何处理这些风险。有些小的风险可能不需要关注，对于那些有潜力成为重大风险的人或事，项目经理还是需要找出一个创造性的解决方案，让这些风险消失或降低级别，从而将风险控制住。

2. 处理风险问题

不是所有的风险都是可以避免的，当风险发生的时候，如果不是你的问题，那么不需要惊慌失措。一个好的项目经理会冷静而专业地处理它们。

项目经理可以找一些专家来提出解决方案，或者进行求助。项目经理要对风险进行定位，然后给出适当的应对措施，让别人感觉到风险是可控的。

项目经理要制定一些有用的模板来对风险进行记录，这样可以让人感觉到风险正在被处理。项目经理要善于通过沟通来处理风险问题，找出产生风险的源头。如果是人的因素，就去了解对方的诉求，让对方参与到项目中来；如果是技术问题，就组织资源进行集中处理。

3. 创建风险响应小组

项目的实施过程和任务都会受到不同程度的风险影响，包括前期和利益相关者的沟通，也能形成很多问题，这个时候就应该有一个风险响应小组来进行应对和处理。

这个小组可以让项目一直处于绿色的正常状态，避免进入黄色的警告或红色的紧急状态。风险响应小组是项目中发生问题后的第一道防线。

风险响应小组的职责就是要做到事前防范、事中监控、事后应对，对项目的风险进行分类，能提前预防的提前预防，不能预防的要准备好相应的解决方案，对于真正发生了的问题，要及时采取补救措施。

3.2.10　实施计划

这个环节才是人们普遍能想到的甘特图或者其他类型的表状信息。在这里，项目经理需要设置期望的时间节点、前后的依赖关系、项目中的里程碑以及需要的资源，通过这些可以对项目进行一个整体的概括。很多时候，项目可能一开始就没有按照计划实施，但如果没有计划，项目就无法正常地开始。

1. 创建详细的工作计划

项目正式开始之前，需要有一个工作计划，这是满足项目在最后期限之前完成和实现里程碑的关键所在。如果没有详细的工作计划，项目的各个阶段也没有可视化的文件计划，那么就无法衡量项目是不是完成，以及完成了多少。

项目工作计划就是用来衡量项目中所有不同的工作任务的完成情况的。项目经理通过将项目实施过程中的实际情况和项目计划作比较，找出两者存在的偏差，看是计划出了问题还是实施没有到位。如果是前者，项目经理可能要根据实际情况重新制订计划；如果是后者，则需要解决当前存在的问题。

2. 做好项目文档的过程记录

项目文档是过程的自然输出部分，但文档的完整性和细节是否正确有待商榷。维护项目的流程文档可以帮助项目经理节省大量的时间，因为在项目的交付过程中，很容易出现人员变更、产品特性更改，以及相关的决策背景信息遗失等情况。

项目经理的更替也是一个很头疼的事情，新的项目经理想要通过层层叠叠的邮件、任务和电话记录来挖掘出项目的整体信息和关键细节是不可能的事情。项目的文档对于客户或其他管理层人员来说也是非常有价值的，它保证了工作的清晰记录，允许项目经理基于记录来确定项目任务的复杂性，并帮助新员工迅速地融入项目。

3. 总是有计划 B

如果一开始项目没有按照计划实施下去，那么有一个备份计划对于成功完成项目是必要的。一个熟练的项目经理不会很惊讶于项目中出现的大变动，他总是在考虑未来可能出现的每个变动，也会接受在项目一开始的时候就无法工作的可能性。所以，应确保有不同的解决方案，以便在有需要的时候能够应对未来出现的变化。

3.3

10 招帮你搞定项目计划

很多项目经理在规划自己的第一个项目的时候，往往会疑惑：究竟该从哪儿开始？如何准确预测一个任务需要多长时间？如何将利益相关者的期望转化为可交付成果？如果出现问题怎么办？

实际上，即便是新的项目经理，也可以做得面面俱到。本节介绍的 10 招绝对是项目管理中的功夫秘诀，这些秘诀不仅告诉了项目经理应该怎么做，而且解释了为什么项目经理可以利用计划来完成对整个项目的沟通和控制。

3.3.1 向利益相关者解释项目计划

向利益相关者解释项目计划，并讨论项目计划中的主要部分。项目计划常常被误解为不重要，实际上项目计划是用来改变整个项目生命周期的一系列文件，它就像一张路线图，在项目的整个生命周期为我们提供达到目标的方向。

1. 让利益相关者了解计划

如同旅行者一样，项目经理需要设置每个阶段的旅程。就像司机在驾驶车辆的过程中，定期地审视路线是否正确，如果遇到道路阻塞或者正在修建之中，需要重新规划路线到达最终目的地。项目经理也是这样做的。

我们常常有一个误解，认为项目计划就是项目的时间表，但实际上项目时间表只是项目计划的许多组成部分之一。项目计划是整个规划过程中的主要输出成果，它包含了项目的所有计划文件。

通常情况下，许多项目的关键利益相关者，即那些受到项目以及项目最终结果影响的人，他们并不完全了解项目计划的性质。

项目管理中最重要和最困难的方面，是获得利益相关者的承诺和采购。因此，项目经理首先就要向利益相关者解释项目的规划过程和得出的项目计划，让他们熟悉这套文件的内容，了解这套文件的重要性，要让他们知道这些文件涉及他们自身的利益，并需要获得他们的审查和批准。

2. 向项目利益相关者提交项目计划

项目经理需要解释自己制订的计划如何解决利益相关者的期望，并提出计划中的解决方案来解决可能出现的任何冲突，同时确保提供的文件不是一个简单的 PPT 演示文档，而是一个较为详细的讨论结果。

这个时候，项目经理还需要对项目的利益相关者进行角色的划分，比如哪些人需要查看哪些项目的相关报告，查看的频次是多少；哪些人在哪个环节有哪些授权等。项目经理一定要清楚地进行项目计划的表达，有些事情对自己来说是显而易见的，但并不意味着别人一下子就能看得清楚和明白。

如果项目经理制订的计划与利益相关者的原始期望产生了冲突，那么就需要立即进行沟通，告诉他们，他们的期望是不切实际的，如果增加这些期望需要做些什么，要多少时间、金钱和人力等，让他们决定是否投入这些额外的资源。

3.3.2　定义角色和职责

并非所有的关键利益相关者都需要审查所有的计划文件，所以我们还需要定义角色和职责，确定项目中需要批准计划的是哪部分人，这些重要的关键人物如下。

（1）项目赞助商：给整个项目提供资金的人。赞助商需要审查和批准计划的所有方面。

（2）指定的业务专家：定义产品最终需求的人。他们需要帮助开发项目交付范围基线和批准与项目范围有关的文件，可能还会参与到项目的进度计划中去。

（3）项目经理：建立、执行和控制项目计划的人。由于计划是由项目经理制订的，因此不需要他们批准。

（4）项目团队：打造最终产品的人。项目团队需要参与计划的许多方面，如识别风险、质量和设计方面的问题，但是工作通常不涉及批准。

（5）最终用户：使用最终产品的人。他们也需要参与计划的制订，并审查计划，但实际上他们很少这样做，通常只需要签字即可。

其他的如审计、质量和风险分析以及采购专家等也可以参与该项目，他们可能需要对项目计划进行批准，但也仅限于涉及质量或采购计划的部分。

3.3.3　通过项目开工会启动计划

举行项目开工会是把各个利益相关者组织在一起讨论项目的有效途径，也是启动项目计划的一个有效途径。它可以作为团队成员之间建立信任的开端，并确保考虑到每个人的想法。

开工会还可以展示项目赞助人对项目的承诺，这里有一些可能在开工会上需要包含的议题。

- 企业愿景和战略（来自赞助商）。
- 项目愿景（来自赞助商）。
- 角色和职责。
- 团队建设。
- 团队承诺。
- 团队如何做决定。
- 基本原则。
- 项目内部的分组以及分组的必要性。

3.3.4　编制一个范围说明书

范围说明书可以说是项目计划中最重要的文件，这是制订项目其他计划的基础，它描述了项目要做什么并用来和利益相关者达成一致意见。

范围说明书清楚地描述了项目的结果将是什么，它是用来在项目赞助商和其他利益相关者获得签单协议的基础上，降低双方误解的机会。这份文件将最有可能会随着项目生命周期发生变化。范围说明书应当包括以下这些内容。

- 业务需求和业务问题。
- 项目目标，说明项目中会发生什么，以及如何解决问题。
- 完成项目的好处以及理由。

- 项目范围，说明项目中包含哪些可交付成果。

- 关键里程碑，一些关键节点。

范围说明书可以被视为一个项目经理和赞助商之间的合同，而且这个合同只能由赞助商批准变动。

3.3.5 设置范围基线

基线有时也被称为绩效指标，因为整个项目的绩效都是要依据基线来进行测算的。它们是项目的 3 个获准起点，包括项目范围、项目进度和项目成本基准。也就是说，它们是当项目在执行过程中的时候，用来判断项目是否还在正常的轨道上运行的依据。

1. 形成范围基准

一旦交付成果在交付范围说明书中被确定后，需要形成一个工作分解结构，也就是将一个总的交付成果分解成为一个个小的可以交付的成果。

分解后的小交付成果形成范围基准，具有以下几个要素。

- 确定该项目产生的所有交付成果，因此要确定哪些工作需要做。

- 注意到较大的交付成果，并可以将其分解成更小的可交付成果的结构层次。也就是说，每个交付成果可以进行再次降层分解，这样可以更加清晰地展示交付成果的细节部分。

- 最低级别的交付成果被称为"工作包"，并可以被编号，用来对应活动和任务。

▶ Tips

WBS 是一个在项目中常用的工具，可对活动和任务进行一个单独的细分，并做好标识用来进行检查。

2. 管理新协议

同时，项目经理还需要对新的工作进行评估。新的工作量意味着项目的范围需要变更，如果发生这种情况，最好的做法就是让大家签署一份新的协议。

这会让各个利益相关者清楚地了解新的工作范围及其对整个项目的影响，同时还创建了一个文件化的协议，意味着整个项目的最后期限需要进行变动，甚至会对当前的项目产生一些小小的冲击。

一般情况下，项目中需要设定一个合适的项目范围变更流程，可以对变更的工作量做一个层级的划分，既可以避免频繁地更新协议，也可以防止较大的变动。如果变动的范围超过原有项目范围的承受限度，建议重新开始一个新项目。

3.3.6 制订并形成开发进度和成本基线

下面是形成开发进度和成本基线的几个步骤。

（1）确定活动和任务所需的工作包，创建 WBS 任务。

（2）如果已经知道相关信息的话，为每个任务确定需要的资源。

（3）估算完成每项任务需要多长时间。

（4）估算每个任务的成本，以及使用每个资源需要的小时费率。

（5）考虑资源约束，或者每个资源可以切实投入到这个项目中的时间。

（6）确定哪些任务依赖于其他任务，并找出关键的任务路径。

（7）制订进度计划，对所有计划中的任务进行估计。它可以显示选择的时间周期（周／月／季度／年）、其中的资源正用于哪些任务、预计将花费多少时间在每个任务上、每个任务计划的开始时间和结束时间等。

（8）制订成本基线，这是一个时间阶段的预算或者成本的时间周期。

这些过程不是一个一次性的活动，在整个项目中，你将有可能不断地重复其中的一些或者全部的步骤。

► **Tips**

项目经理还需要查看每个可交付成果的完成程度来定义一系列任务，并确定每个任务需要的时间、需要的资源以及由谁负责完成。由于项目交付是团队作业，可能还涉及各个环节或部门，那么接下来就需要确定各项任务的依赖关系。

哪些任务需要在其他任务开始之前完成？哪些任务是关键任务不能延误？人员与项目之间以什么样的方式进行沟通？将可交付成果、依赖关系以及里程碑通过表格或软件来进行管理，可以更加方便地进行后续进度管理。

项目经理可以让项目团队参与一些规划过程，他们是接收任务的人，那么对于这些任务如何完成、需要多长时间，以及谁是处理具体任务最好的人选，都会有重要的见解。接受他们的建议，这样他们也会同意项目进度，以使工作顺利进行，因此可以从一开始就让他们参与进来。

3.3.7 制订基线管理计划

一旦范围、进度和成本基线已经确定，就可以创建基线管理计划了，并让你的团队来管理这些计划的差异。基线管理计划包括当基线需要变动时，对整个项目进行处理的过程，如每个项目的基线需要重新进行审查和管理，这个过程的结果可能包括需要做额外的规划以及讨论是否需要改变。

当基线发生变动时，项目管理计划文档就会告诉你需要遵循什么样的过程、谁会得到通知、谁来为这些变化负责等。

这些管理计划通常包括修改基准审查和批准过程，不同类型的变动通常需要不同的审批级别。此外，并不是所有新的请求都将导致范围、进度和成本的变化，但是需要对这些新的变动进行研究，以确定它们对项目的影响。

3.3.8　制订人员编制计划

人员编制计划是一个图表，显示的时间周期通常是月、季度或年，每个人都会有加入和离开项目的时间。人员编制计划类似于其他项目管理图表，如甘特图，它不显示任务、成本、具体的开始和结束日期或关键路径，它只显示时间周期、人员以及人员预计在项目上保持的时间长度，如图 3-3 所示。

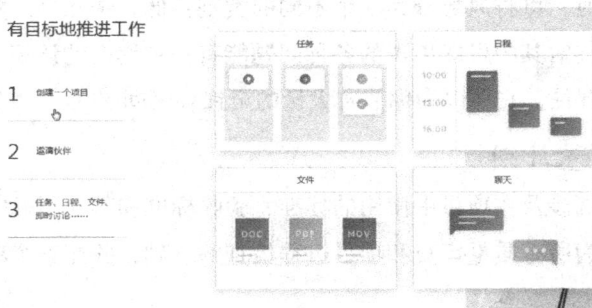

图 3-3　项目管理图表

3.3.9　分析项目质量和风险

项目质量即确保最终产品不仅要满足客户的需求，还要满足赞助商和关键业务专家的使用需求。项目质量的重点是防止错误发生，而不是检查项目最终的产品，然后再来消除错误。项目质量也代表着管理责任，需要在整个项目中进行分析。

项目风险是指一个可能发生也可能不会发生的事件，但可能对一个项目的结果有着显著的影响。例如，未来的几个月内，有 50% 的机会项目赞助商会发生变动。分析风险包括确定一个特定事件可能发生的概率，如果它确实存在，则还需要评估它的影响。

发生的概率和影响的量化将确定它是否是需要关注的高风险事件。风险管理不仅包括评估风险，还需要制订风险管理计划来了解并和项目团队沟通如何应对高风险事件。

1. 了解风险

项目从本质上看是不确定的，这些不确定性很容易造成风险。但新项目经理往往会有的一个常见的错误行为是通过识别潜在问题，分析其可能性和影响，在其风险记录中记录操作，为应对风险做好准备，至此就结束了。

风险不会被一个风险记录所吓倒，项目经理需要积极工作去消除这些风险，并使用风险记录表作为日常管理工具，这样就能不断降低项目中的风险。

2. 风险识别

在规划过程时，项目经理必须做的事情之一就是弄清楚什么可能会出错，在哪个阶段可能发生风险。这种类型的风险评估可帮助项目经理评估这种特定风险发生的可能性，并在其成为问题时制订应急计划。

在定义风险时，可将风险分为 3 个不同的类别：低、中和高。随着你在项目上工作时间变长，你对其中可能出现的各种问题能有一定程度的认识。如果你在计划期间进行了早期评估，它可以为你节省大量的金钱和时间。

3. 创建质量计划

创建质量计划涉及在项目中使用的标准、验收标准和其他指标等。质量计划创建完成后，会成为所有质量审查和项目过程检查的基础，并在整个项目的生命周期中执行。

4. 及时解决紧急问题

即使你已经计划好了，你也应该进行风险评估，并提出风险缓解计划和应对意外情况的方案。你仍然可能遇到你没有预见到的问题。如果不及时解决它们，可能最终就会成为大问题。因此，你和你的团队需要专注于及时解决紧急问题上，以确保项目能够顺利地进行。

5. 确定问题并完成风险评估

每个项目都有其独特的风险，可能会出现在任何一点，及时评估潜在风险对于项目的成功至关重要。你需要花时间调查项目的弱点，并警告你的团队成员。

管理风险的好方法就是使用风险分解结构。没有任何一个项目是无风险的，项目经理不能通过祈祷来希望问题以最好的方式自己解决掉。那么项目经理一定要去了解项目的前期会有什么问题可能影响到项目。

同时，项目经理要考虑可以采取的措施，以防止某些风险的发生，或者限制其带来的负面影响，然后通过风险评估来制定风险管理策略，并在计划中描述出来，确保自己做好相关的准备。

如果有可能，可以在项目计划表中对某些高风险级别的任务创建一个合适的缓冲区间，以保障发生问题时有足够的时间来进行问题处理。

3.3.10 制订沟通计划

项目计划的一个重要方面就是沟通计划。

正确的沟通计划也是保持项目正确运作的关键，项目经理需要知道如何去批评，要以非威胁的方式接近需要沟通的对象，并确保能够进行有效的沟通并达成期望。

不要毫无准备就直接进行沟通，你需要设置目标和重要的问题点，合理地传达信息，在传达信息的过程中保持信息准确无失真。

1. 沟通计划文件

沟通计划文件中规定了下面这些事情。

● 谁需要项目的哪一份报告，什么样的频次，什么样的格式，以及通过什么样的媒介发布。

● 如何对问题进行升级处理以及何时升级。

● 项目信息存储在什么地方，谁可以访问。

对于复杂的项目，一个正式的通信矩阵可以帮助项目团队更好地协商，并用于项目中各个方面的沟通，如常规状态、问题解决和决策等方面。

2. 与赞助商沟通

一旦项目计划完成，不只要向赞助商介绍计划的重要性，最重要的是要和其沟通交流计划的主要内容。这种沟通应该包括以下事项。

● 对项目计划的审查和批准。

● 对计划改变的内容处理。

● 执行和控制项目计划的主要利益相关者的角色，以及在即将到来的阶段的责任。

3. 使用沟通工具

项目过程图是一个很好的沟通工具，建议有一个可打印输出版本，这样你可以在会议室的桌上和各方进行沟通。这种面对面的沟通和交往，其效果与利用虚拟通信工具是完全不同的。

现在，大家都非常依赖数字通信手段，当我们通过邮件或短消息进行交流的时候，很容易忽略与人们进行真正的谈话。项目经理需要创造尽可能多的可见性，通过不断地沟通来实现透明的分享。

3.4

项目计划的注意事项

当然，一个成功的商业战略和项目计划毫无疑问会更复杂，而且还需要面对很多棘手的问题。例如，项目的所有者是谁，哪些人对整个项目过程有巨大的影响等。如果与第三方或代表合作，则会更复杂，因为他们在制定价格以及提供替代品时，需要获得必要的批准。

因此，项目经理需要注意的是，不论一开始项目计划做得如何完美，具体的细节实施在项目正式交付中肯定会有所偏差，这个时候项目经理需要不断地对计划进行周期性的刷新。本节将介绍项目计划的一些注意事项，让你的计划更加完美。

3.4.1　确保项目目标的可见性

项目目标不可见时，再优秀的团队都不会成功。项目目标可见性是成功的项目管理中的一个关键因素，它是指确保每个项目的参与者都意识到项目目标和战略风险，并且让每个人都感到参与进整个项目管理过程中并形成项目成果。但是在项目的实施过程中，过多地共享信息很容易导致信息超载，这也就是很多项目经理会产生误解的原因，同时项目经理也以为这种沟通会产生更多的工作，项目会变得混乱从而降低生产力。

尽管如此，所有行业的项目都容易发生非管理因素导致的风险，比如沟通不畅、预算超支、缺乏实时的目标可见性等，从而导致未能在交付成果的关键时刻实现有效合作并形成延误的重大问题。项目经理可以通过协作、沟通以及项目目标可见性工具来排除潜在的威胁。顶级的项目经理应该在认可项目目标后，实时地将项目目标传达到各个层面，主要是以下 3 个方面。

1. 项目经理要知道项目的目标

项目经理需要对项目的成功交付负责，那么就必须要知道自己负责的项目正处于什么阶段。然而，在不断忙碌的项目工作中，项目经理很少有时间去阅读涵盖项目各个方面的状态报告。一旦项目交付过程中出现变数，就很难对项目时间表进行调整，也很难找到影响项目进度的关键因素。这个困境就是由于项目经理不知道项目的目标，或者没有对项目的过程了解通透。

大多数项目失败的原因都在于项目的目标能见度不足。项目经理要通过和项目成员不断地分享项目的进展，对项目资源按照项目计划进行合理的分配，当项目变得越来越困难时，要考虑进行相应的项目计划的变更。项目经理一定要清楚项目的目标，一旦项目的目标明确下来，再通过相关的工具或者报告，就能够根据足够多的信息来对项目目标的达成进行评估，大大增加项目成功的可能性。

2. 项目团队层面的目标可见性

项目交付过程中，经常会出现投诉或任务失败的情况，可能是项目团队导致的。这个问题一般有以下 3 个方面的原因。

● 项目成员缺乏明确的定位，他们很难理解自己在项目中的作用。

● 项目成员在实施多个项目任务的情况下，如果不清楚任务的优先级，执行起来将会变得非常困难。

● 项目成员不了解项目达成预期成果对公司的好处。

当项目团队的每个成员了解他们在项目中担任的角色，并在项目中对其职责进行明确、一致的沟通时，他们将成为更有效率的员工。在职业运动中，一支队伍的成员了解各自在队伍中的角色时，他们在场地上会有相应的位置，会表现得更加优异，特别是在每个成员在现场执行任务时，会将团队作为一个具有凝聚力的单位，很少会由于粗心大意造成错误。

3. 执行级别层面的目标可见性

所有企业项目的可见性对于执行层面至关重要，他们的核心责任是实现组织目标，其中许多是通过项目完成的。顶级管理还可以重新分配资源以适应各种变量，而不是影响项目的成功。但如果没有从执行层面获取最新和准确的数据，他们很难做到这一点。这与项目管理层面非常相似，管理人员可以从执行层面提供的相关信息中受益匪浅。凭借这种高水平的目标可见性，他们可以监控项目的各个方面。快速获取这些信息可以使他们做出快速、有成效的决策，最终决定项目的生存。

3.4.2 保持目标专一

一个项目要想成功，那么对项目结束后形成的结果，项目经理必须在项目开始前就在自己的心中确定下来。在一个项目开始前，项目的目标应该是每一个参与项目的人都清楚的。通过和项目团队成员进行沟通和宣传，项目经理可以定义一个明确的路线图，给所有人一个清晰的、可实现的项目目标，激励同事和项目成员达成更好的项目成果。

项目经理应该始终专注于通过完成各种任务来达成项目的目标。如果有一天，你发现项目团队的工作内容完全脱离目标主题，他们耗费大量的时间和精力去满足其他各种各样的要求和目标，这时就要意识到你已经做错了。

在你的团队内部，应该让每个人都知道有一个有效和精确的目标，要达成这个目标不容易，要完成达成这个目标的各个任务也不会很容易。要让每个项目成员发挥出 100% 的潜力，要让团队内部的沟通富有成效，要始终让团队朝着一个有明确挑战性的目标前进并达成这个目标。

3.4.3 充分考虑到项目范围变更

在项目管理过程中，即使是组织能力最强的人，有时候也不能保证一切尽在掌握中。比如，你会对某个任务的看法发生改变，或者出现一些小的额外因素，导致计划产生大的变更。

这种变化会伤害到你的合作伙伴对你领导能力的信任，不会再听你的命令。这往往意味着你的工作没有做到位，你不应该让这种情况发生。作为项目经理，你应该管理项目中所有的计划，明智地去分析一些变化是否真正影响到计划，并对提出的新想法进行审视。

项目范围的变更往往是在不知不觉中完成的。在项目的原始计划中往往没有充分考虑到这一点，最开始可能只是"让客户不会投诉"，然后到"应该再多做点什么，这不是什么大不了的事情！"再逐步扩展到你无法接受的程度，这个时候才发现已经无法回头了，一次次的累积足以拖垮整个项目直至以项目死亡结束。

如果在一个项目的计划中已经考虑到可能存在的变更，并设置好约束条件来避免这种情况的发生，并且每个人都清楚项目目标的话，是不会出现恶性的范围变更情况的。出现额外的范围变更主要有以下各方面的原因。

1. 相信"顾客永远是对的"

许多项目经理往往承受着"客户永远是对的！"这个压力。这个观点在零售行业确实是真理，但对于一个项目来说，预算往往是从几十万元到几百万元，和零售业客户所面对的金额完全是两回事。项目计划中一个微小的变化，就可能花费掉公司成千上万元。

因此，作为项目经理，要充分了解客户需求范围变更的真正原因，对不同的客户善于进行区别对待，知道什么时候说"是"，什么时候说"不"。

2. 急于证明自己的能力

另外一种项目范围变更的情况可能是项目经理的心态所引起的，项目经理想用额外的成果来证明自己，并以此作为对个人的挑战。

但实际上项目真正实施起来仍然是由项目团队完成的，这样会对项目的真正计划产生影响。在商业环境中，可能会出现超出原定项目计划的意外后果，如引入软件的新功能可能会产生与另一个软件项目的功能冲突。

3. 认为变更流程无用

项目范围随意变更，或者缺乏正式的变更控制流程，也会导致危机。如果没有一个流程来对项目变更进行审核、评估并决定，那么改变项目范围会影响计划，而且开始的项目会变更原来的轨道并朝着不同的方向前进。

人的记忆是短暂的，我们每天要面对大量的工作，没办法去记住那么多的细节问题，所以一定要做好项目变更记录。适当的文档记录可以帮助人们记住所做的更改，这样可以回溯到为什么要进行范围变更。

4. 缺少系统化的文件归档

项目中每个人都会有自己的文件存档方式，存档方式不统一往往会影响到沟通效率和导致细节缺失。如果项目计划中必须包含的解决方案的某一部分关键信息出现缺失，很容易在项目内部出现额外的范围变更，但这个时候关键信息可能在另一个人的存档中。

这种由于信息孤岛引起的额外变更是没有必要的，项目经理应要求将初始的范围文档放在一起，通过项目管理和监控来定期进行文档更新。同时，项目团队成员在项目的交付过程中还需要统一进行更新，避免出现信息遗漏的情况。

5. 销售人员的免费承诺传递

尽管项目在后端交付，但实际上客户会绕过项目经理来影响项目范围变更。假设推动签单项目的销售人员和客户一直保持着良好的关系，那么当客户表明他们希望看到对项目的更改时，如果前端销售人员毫不犹豫地承诺："我们可以做到这一点！"第二天，销售人员又和开发人员说："我们需要做这个、这个还有这个……"那么，作为后端的项目经理往往无法拒绝，最终就会导致恶性的范围变更。

6. 小结

当项目经理在考虑项目计划的时候，要把进度和各种风险考虑进去，不要盲目地跟进去做与项目目标无关的事情。项目经理可能会在无意中导致项目范围的变化，这种行为需要引起注意，同时在面对无法拒绝的项目范围变更时，需要知道底线，并记录项目中发生的任何变化。

3.4.4 做好日程安排

当项目经理接手一个项目的时候，不要被项目管理所诱惑马上进行工作又或者对任务进行随意安排。首先你要做一个项目的日程安排，因为这是决定项目是否成功完成的最重要的任务之一。下面给出的这 5 个步骤可以帮助项目经理创建一个成功的项目日程计划表。

1. 面面俱到的项目范围

从项目章程到项目的范围说明，项目经理要确保客户以及主要利益相关者的每个请求都包括在内，形成一个所有活动的列表是一个好办法。通过看各项任务活动以及相互依赖的顺序，项目经理基本上就可以初步搭建出一个日程计划的框架，笔者建议先从最困难或最重要的任务开始做起。

2. 创建里程碑

当项目中从开始到完成阶段性工作的时候，在完成的点设置一个里程碑，这样就提供了很大的机会来检查项目是否在按照正常的轨道进行，以及是如何进行的。创建项目里程碑，可以让项目团队成员始终保持专注和对阶段性任务完成的积极性。

3. 花点时间去做时间评估

在做日程计划的时候，对于任务时间的最好分配方式是参考历史信息或者其他人的经验，这也是把创建项目日程计划看作一项重要任务的原因所在，没有对时间进行评估，就无法进行下一步的动作。

当通过团队成员内部讨论达成共识后，项目经理就会根据进度进行任务分解和资源投入，后续想要进行更改将会是一个艰难的挑战，所以一定要在前期把时间评估正确。

4. 预见时间和项目范围的变化

不管项目经理最初是如何精心地创建项目范围以及确定项目的起始时间和结束时间，这些都是基于安全的假设和规范的操作的。

但在实际过程中，项目前进的道路会出现令人猝不及防的变化。为了适应这些变化，明智的做法是留出一些额外的时间，这样在项目到达截止日期前会有一定的缓冲余地。

5. 分配任务给团队成员

完成了日程计划表的定制之后，该是给项目团队成员分配任务的时候了。不要指望项目成员会有 100% 的生产率，任务也不会从分配下去开始就能一直不停地推进。项目成员总是会被文书工作、会议、临时性的沟通打断，这些都需要额外的时间，所以最好把它们包含在你的进度估算中。

一旦项目成员被分配任务，那么就应该审查整个日程安排是否存在冲突，并确认每个成员希望按照个人的情况来实现这个项目的动机和目标。

3.4.5　设置和确定目标的优先级

一旦项目经理获得了一个关于项目利益相关者各方面的需求清单，接下来就要将这些需求进行优先级排序，并确定达成这些需求的项目目标。或者将通过这些目标的达成能够带来的好处都写到项目计划中去，可以用来和各个利益相关者进行轻松的沟通。

尽管我们可能都觉得项目中所有的一切都很重要，但如果遇到问题的时候，项目经理必须根据紧急性和重要性开始排序，或者通过时间管理优先矩阵来帮助确定优先级。这种方式不仅可以用于计划中，也可以用在项目的日常任务中。

同时，项目经理还需要设置一个项目的最终期限，这是专为客户的喜好而制订的。这样做会给客户留下一个能准时完成项目的良好印象，并提升组织品牌的美誉度，也会给项目经理带来更多的信任。

3.4.6　项目经理要设定的个人目标

项目经理需要管理人员、金钱、供应商、设备，工作任务列表永远是满的。做好项目的诀窍是要集中精力，可以通过设定 5 个个人目标来完成这些工作任务。如果你可以在每个项目中都能达到这些简单的目标，那么项目将会取得圆满成功。这

5 个目标对所有行业和各类项目都是通用的，不论是经验丰富的管理者还是刚入职场的新人，都可以用到。

1. 目标 1：按时完成

这是一个最古老、最棘手的目标，而且也是最困难的，因为在项目实施期间，需求经常会发生变化。同时，在项目启动前的计划安排中，时间部分的安排往往也是较为乐观的。如果想要获得成功，项目经理需要非常小心地管理交付范围，在项目中通过流程来控制更改过程，以便正确管理对范围的任何更改。另外，项目经理要在项目交付过程中始终保持最新的项目计划，记录实际的项目进度，确定任何与计划的偏差，并快速地解决它们。

2. 目标 2：按预算完成

为确保项目成本不会出现火箭式的上升，项目经理需要不断地将成本与开始设置的项目预算进行比较。在项目实施过程中，项目中所有类型的项目成本将会累计，包括人、设备、供应商采购或材料相关等，然后将项目计划中的每个任务的花费成本与当前累计的成本进行比较，并不断跟踪其中的任何偏差部分。

项目经理要避免某些任务上的过度花费，否则必然会影响其他任务的支出，所以要根据项目预算以及任务的优先级来控制项目的支出和交付进度。

> ▶ **Tips**
>
> 适当的规划是任何项目管理的关键因素。事实上，在许多项目中发现的大多数缺陷是因为规划不足或有一个从一开始就没有深思熟虑的规划过程。由于每个项目都有规划阶段，项目经理需要在建立项目的时候就创建好工作计划，并确定基本管理程序。一旦你清楚地了解了项目，你就可以从头到尾更顺利地管理项目。

3. 目标 3：满足要求

这里的目标是满足项目开始时所设定的要求。无论要求是安装新的 IT 系统、建立桥梁还是实施新流程，项目都需要提供 100% 满足这些要求的解决方案。这里的诀窍是确保项目在开始时具有足够详细的输出要求，如果含糊不清地描述客户对项目的需求，那么可能一些简单的工作在执行时也会变得非常困难，往往要花费超出预期的宝贵时间和资源来完成。

4. 目标 4：让客户开心

尽管项目经理可以在预算不足的情况下完成项目，也能满足 100% 的需求，但仍然会有不开心的客户。这通常是因为项目最终形成的结果并没有达到客户的期望，或者他们的期望并没有得到妥善的管理。

为了确保项目赞助商、客户和其他关键利益相关者在项目结束时都能够开心，项目经理需要仔细管理他们的期望，始终保持项目的真实状态，让他们清楚地了解项目截至当前的进展情况，同时要让他们定期表达自己的疑虑或想法。如果项目经理无法及时交付，或需要更改计划，一定要告知这些干系人，开放和诚实是管理客户期望的最佳工具。

5. 目标 5：确保一个快乐的团队

员工的满意度对项目的成功至关重要，所以项目经理要让你的团队快乐。可以通过奖励和认可他们的成功，分配适合他们的工作，补充他们的优势，进行团队建设等方法来提高士气。如果有一个愉快而积极的团队，你可以放手去做任何事情，而且也有更多精力去为下一个项目做好准备。

3.5

5 份基础且必需的报告计划

项目经理和项目利益相关者可能没有那么多的时间关注项目的很多细节问题，他们往往通过项目报告来了解项目的情况。这个时候，合适的、且能反映项目最新进展的项目报告就起到至关重要的作用。

本节给出了 5 份基础且必需的报告：项目工作量报告、项目状态报告、项目剩余趋势报告、项目整体趋势报告和进度偏差报告。这些报告可以单独形成，也可以依据不同的人员需求进行组合，但内容应该是独立且客观的。

3.5.1 项目工作量报告

项目工作量报告就是项目经理的资源使用"晴雨表"，它能够立即显示在一个项目上工作的人的工作情况，包括他们剩下多少工作以及他们将在什么时候工作。这份报告最大的好处是可以用来和客户进行工作沟通、制订特定的计划，甚至在多个项目之间进行资源调配。

报告中需要将最后完工的人置于顶部，这样阅读者可以知道他的工作就标志着项目的结束。并且在报告中可以强调哪些人处于关键位置，是否存在让项目陷入风险的可能性。通过整体的工作量报告，项目经理可以对每个人的工作内容或者工作量进行平衡，以保持项目进度不受影响。

3.5.2　项目状态报告

项目状态报告是将项目中一些最重要的数据进行总结和分析，通过这个报告，可以查看项目的总体进度，设定各个里程碑的时间。项目状态报告对项目中已经分解的各个模块进展也要进行描述，包括每个单独模块的进展是否会影响到整体进度，哪些模块的进度滞后，哪些模块又超前等。

通过状态报告可以看到已经完成了哪些工作量，以及这些工作量都是由谁完成的。状态报告一方面给其他利益相关者进行快速的共享，同时也可以给其他部门或者内部团队提供参考以及问题回溯，迅速地找到对应的责任人。

> ▶ Tips
>
> 　　当项目责任委托给团队成员时，项目经理需要知道如何跟踪进度，并确保该项目是在进行中还是被暂停了，需要知道谁正在以一个什么角度来处理项目中的问题，以及这一切都应该如何呈现给其他的利益相关者。项目经理可以通过搭建一个组织流程来实现，也可以使用项目管理软件来跟踪，但不论是哪种形式，这种组织流程将决定项目的成功与否。

3.5.3　项目剩余工作报告

项目经理在向项目团队展示项目当前的交付进度时，需要使用项目剩余工作报告。这份报告是一个动态的对比图表，它显示了一个项目大致的剩余工作如何随时间改变，并显示可能的最终结束时间。理想的情况下，绘制的线应该逐步倾斜，意味着项目的剩余工作随着时间的推移而减少，这是每个利益相关者都希望看到的。

但是在实际的交付过程中，报告中的曲线和标准的曲线相比会出现波动。

● 这些波动如果是向上跳动，主要是由于项目范围出现变更，或者低估了交付的任务量。

● 如果出现向下跳动，意味着范围被削减用以满足截止日期，或者你的团队并没有在推动项目，而是处于窝工状态。

3.5.4　项目整体趋势报告

整体趋势报告是了解项目整体范围变化的最佳方式，报告中包含了总的工作量、项目的不确定性范围以及已经完成的工作量。

项目的目标是使执行范围尽可能地接近商定的计划。因此，在一个正常的、健康的项目中，报告中的绘制曲线和目标曲线之间应该是平坦且连续缩小的，并且最终达到总的趋势线目标。这意味着项目团队正在取得一致的进步和努力地完成工作，但这是很难实现的。

当然这些曲线有一定的差异是正常的，但是如果有变化剧烈的峰值且是增加或削减范围的标识，项目经理则需要深入了解发生了什么，并确保项目仍然能够按照进度完成，而不会影响项目的质量或可交付成果。

3.5.5　进度偏差报告

进度偏差报告可能较为简单，重点是提供一个简单的视图，用于计算项目实际完工日期在整个项目的生命周期内是如何变化的。

在进度偏差报告中，通常有一条预期线，它是一条大家都希望保持平坦的直线，这意味着项目的完成日期保持不变。但是，通常在项目开始后，随着实际情况的不断变化，日期线可能会超过预期线，这样就形成了一条不断变化的最终曲线。如果最终需要重新谈判，则可能会有一个最终截止时间线，这将会是各方给予项目的最后底线。

项目管理沟通和
演讲的能力

——

第 4 章

学前提示

在项目交付过程中遇到问题时，最安全可靠的处理方式就是定期沟通。你可以通过会议、电子邮件，甚至直接去找相关人员进行面对面的沟通，通过不同的方式来确保不会遗漏掉重要的信息。本章主要介绍项目管理的沟通技巧和提升演讲能力的方法。

要点展示

➢ 项目管理的线上沟通能力

➢ 项目管理的线下沟通能力

➢ 怎么动员大家齐心协力

➢ 做好演讲的几个关键点

4.1

项目管理的线上沟通能力

沟通是项目管理的一大难题，沟通不畅很容易产生问题，如项目团队成员可能无法完全了解项目状态，或者他们的期望可能会产生差异等。

项目管理的关键是确保利益相关者、团队成员和管理层之间的沟通是诚实和频繁的。项目经理每天 90% 的工作时间都花在沟通上，作为一个优秀的管理者，你需要通过双方的沟通来带领和管理团队，通过沟通向团队成员、利益相关者以及你的老板清楚地表达自己的想法和期望。

4.1.1　良好的线上沟通可以提升交付效率

通过有效的线上沟通，项目经理可以提升交付效率，能够达成个人和团队的成就，而且能够实现项目最后的成功和团队成员职业生涯的良性发展。

1.电子邮件的沟通方式

作为项目经理，可能会通过电子邮件完成大部分的内部沟通。但可惜的是，项目团队成员中每个人的收件箱里都充满了大量的、不重要的电子邮件，至少有超过 50% 的邮件都是微不足道的。他们在处理这些邮件的时候需要很多时间，造成了极大的浪费。

如果要避免这种生产效率的浪费，就需要琢磨下电子邮件的写作技能。下面是一些有效地撰写电子邮件的重要技巧。

- 充分利用主题行，以便你的团队可以轻松引用你发送的电子邮件。
- 确保邮件的内容清晰明白，不会让人产生误解。
- 在邮件的顶部不指定发给某一个人，只更新状态，通过颜色（比如红色、橘色和绿色）来标识出各种事情的状况。
- 尽量美化文字的书写格式和排版，吸引别人打开邮件。
- 校对每封邮件后，再点击"发送"。

尽管不建议滥用电子邮件，但形成一个好的邮件沟通方式还是很有必要的。如果电子邮件的内容是短小精悍并且有针对性的，那么很容易让对方产生阅读的兴趣。定制化的电子邮件需要覆盖到以下内容。

- 项目中本周完成的任务。
- 项目中计划下周完成的任务。
- 其他需要单独说出来的事情。

2. 单独的电话沟通方式

如果项目经理没有时间专门来组织或邀请利益相关者参加会议，那么就不需要进行会议。因为项目经理已经知道这些利益相关者集中参加会议的困难程度，而且也无法预测在集中讨论的环境下对方的反应，这个时候如果强行进行会议会有适得其反的效果。

项目经理可以找个合适的时间和关键的利益相关者进行单独的电话沟通，一般情况下，每个人 15 ～ 20 分钟就足够了。可以提前整理好需要向对方传达的信息，也可以随时记录下对方反馈的信息，当沟通结束后，再做一个简短的总结。

3. 尝试非即时沟通方法

沟通方式又分为即时和非即时两种，除了类似于电子邮件之外，还有诸如留言、视频记录、网上论坛等各种非即时的方式，不可否认这种方式可以大大减轻项目经理在沟通上的压力。

由于不需要实时面对多人，因此可以自由地把自己的想法说出来。但是，这种方式的缺点在于，你不能强迫对方去使用这些方法，而你可能永远也不知道对方是不是接收到了你所传递的信息。

不管是采用上面提到的多种方式，还是说有一个专门的报告或者定期的会议，项目管理中项目经理用到的沟通方式永远不应该是单一而毫无变化的。正确的沟通方式应该是由一种或若干种方式结合起来的，你可能无法改变对方的观点和态度，只需要尽自己最大的努力做好自己想做的一切。

4.1.2 写一封清晰高效的电子邮件

目前大多数企业或项目当中，电子邮件是用来进行相互沟通和联系的主要工具。但据一项相关调查显示，在调查的总人数中，有 64% 的专业人士对电子邮件有过度紧张、混乱以及其他的不良情绪。

普通的上班族平均每天要收到 80 封左右的电子邮件，伴随着大量的邮件，很多信息容易被人忽略掉。那么，怎么发邮件才能避免出现这种情况？怎么写邮件才能得到你想要的结果？下面的一些建议可以帮助项目经理写一封清晰、高效和成功的电子邮件。

1. 知道你的目标是什么

在项目中，电子邮件扮演的角色比你想象的要重要得多，许多人在写邮件时只是写出了他们需要说的话，然后不慎重考虑就点击了"发送"按钮。

如果你正在写一封电子邮件，并期待会发生一些事情，那么你要准确地知道你到底想要什么，可以尝试通过一句话来进行总结。比如，你的目标是希望"说服对方同意实施某件事"，那么在写邮件的时候，所有的内容都要围绕这个目标来完成。

2. 不要滥用电子邮件

工作中面临的一个重大压力就是收到数量庞大的电子邮件。因此，当你在准备写一封电子邮件之前，换位思考下，问自己："这真的有必要吗？"

通信手段已经从最初的单一化发展到现在的多元化，电子邮件不再是单一的沟通方式，你可以通过手机上的各种即时通信软件（如 QQ、微信等）来处理有可能需要反复讨论的问题，甚至可以通过相关工具来确定不同类型的信息沟通渠道。

此外，电子邮件并不是你想象中的那么安全，特别是很多人想都没有想就直接转发邮件，所以要避免在电子邮件中共享敏感信息或者个人信息。如果你不想让自己的个人信息伴随着邮件满天飞，就最好不要频繁地写邮件。

当你想传达一个坏消息时，如果有可能，尽量亲自去传达，这样可以通过面对面的方式将同情和理解传达给对方，用以弥补这个坏消息带来的影响。

3. 写一个引人注目的主题

主题是电子邮件中最重要的一点，这是收件人第一眼看到的邮件部分，通过主题可以引导他们决定是否打开电子邮件，如图 4-1 所示。报纸的大标题有两个功能：吸引你的注意力和对文章进行总结。这样你就可以决定要不要去阅读下面的内容，电子邮件的主题也应该起到同样的作用。

主题行空白的邮件很容易被忽视或被认为是"垃圾邮件"，所以项目经理总是要用一些精挑细选的话，来告诉收件人这个邮件是关于什么的。

如果你传达的信息是一系列普通邮件之一，如每周一次的项目报告，邮件的主题行最好包含日期来说明发送的时间。对于需要对方回应的信息，可能还要包括需要对方反馈的时间节点，如"在 12 月 15 日前答复"。

下面就是一个很好的例子，主题行提供了最重要的信息，收件人甚至无需打开电子邮件，只要在收件箱的即时提醒上瞥一眼，就能看到会议时间的提示。

差的邮件主题	好的邮件主题
主题：会议	主题：×××评审会议于 2019 年 8 月 18 日上午 10 点在 ××× 会议室开始

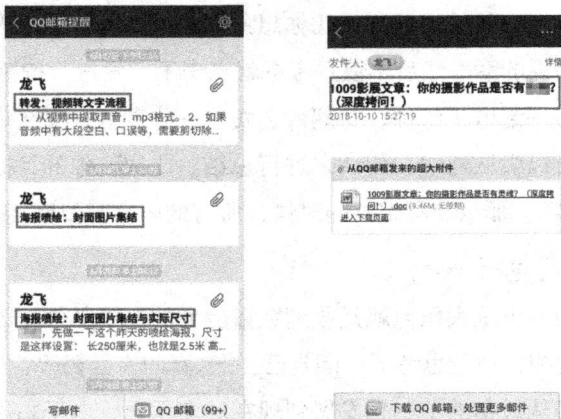

图 4-1　电子邮件的主题行

另外，如果你有一个非常短的消息需要传达，那就可以将整个事情在标题行中说清楚，这样收件人并不需要打开电子邮件就能了解整个信息。

短消息的邮件主题
主题：请在本周二前把销售报告发给我，谢谢！

4. 要有礼貌

项目经理发送的邮件能体现自己的专业精神、价值观和注重细节的态度，因此需要具有一定的正式性。除非你和对方非常熟悉，否则要避免非正式的语言、俗语、行话和不恰当的缩写。

各种表情符号有时候可以阐明你的意图，但最好只与你认识的人使用。在电子邮件中，可以用"此致""敬礼""感谢你的答复！"等信息作为结尾。因为收件人可能需要打印电子邮件或者与他人分享，所以一定要有礼貌。

> ▶ Tips
>
> 　　在写正式邮件时，要检查下语法是否正确。虽然没有人去大声地读出你写的话，但如果语法马虎的话，会让人感觉到邮件难以阅读，使你看起来非常不专业。如果语法是自己的弱项，那就需要通过不断的学习，补上自己的这一块短板。

5. 了解你的受众

想象一下，如果是你收到自己写的这封电子邮件，当你在读邮件内容的时候，会有什么感觉？你确定自己看到后就会立即采取行动吗？项目经理要尝试去想象对方的想法和需求，你现在做的是通过写信来说服他们，所以应该要告诉他们回应这封邮件会使他们得到哪些好处。

6. 保持消息简明扼要

电子邮件，特别是商业邮件，需要明确和简洁，保持你的句子简短、重点突出。电子邮件的主体应该是直接和翔实的，它应该包含所有的相关信息。

不同于传统的信件，发一封电子邮件和发几封电子邮件的成本没有什么区别。所以，如果你需要一些不同的话题来与人沟通，可以考虑为每一个话题写一个单独的电子邮件，这样使你的消息更加清晰有条理，同时也可以让对方每次回复一个主题。表 4-1 所示为差的邮件与好的邮件示例。

表 4-1　差的邮件与好的邮件示例

差的邮件	好的邮件
主题：关于销售报告的修改 张 ××，你好： 非常感谢你上周发的报告，我昨天看了一遍，感觉第二章在销售数据方面需要更详细一些的信息，同时感觉语气也需要更正式一些。 另外，我想告诉你我已经在这周五和广告部安排了一个会议，讨论关于新广告的宣传，时间是上午的 11 点，到时候电话接入。 如果你有时间参加的话，尽快通知我。 谢谢！ 王 ××	主题：关于销售报告的修改 张 ××，你好： 非常感谢你上周发的报告，我昨天看了一遍，感觉第二章在销售数据方面需要更详细一些的信息。 同时感觉语气也需要更正式一些。 你能按照我的建议尽快修改吗？ 非常感谢，辛苦了！ 王 ×× （王 ×× 接下来会发另外一封关于和广告部开会的单独邮件）

找到邮件中的平衡点非常重要，如果你不想有人用邮件"轰炸"你，则需要把关键点放到邮件中去，同时对段落或者要点进行编号，或者将信息分割成小块来组织，便于对方阅读和理解。

需要注意，在上面的案例的"好的邮件内容"中，可以看到"王 ××"指定了她想要对方做哪些事情（修改报告）。只有让对方清楚地看到你想要的东西，对方才有机会把东西给你。

7. 检查邮件内容的语气

当面对面进行交流时，可以通过对方的身体语言、声音语调、面部表情来评估他们的感受。而电子邮件则剥夺了我们了解这些信息的能力，这意味着当人们误解了你的信息时，你也无法及时察觉到。

在邮件的语句中，句长、标点符号和大小写等由于没有视觉和听觉的提示，可能会被对方误解。下面例子中，差的邮件内容可能会让"张××"认为"王××"感到沮丧或生气，但是在现实中，她感觉良好。表 4-2 所示为差的邮件内容与好的邮件内容示例。

表 4-2　差的邮件内容与好的邮件内容示例

差的邮件内容	好的邮件内容
张××， 今天下午 5 点前我需要你的报告，否则我就不能在最后的期限前完工了。 王××	张××，你好： 感谢你对报告的辛苦付出，你能在今天下午 5 点前把最终版发给我吗？ 这样我才能在最后的期限前完工。 非常感谢！ 王××

静下心来想想你的邮件是如何表达情绪的，如果你的意图和情感被人误会，那么应该想一个更能明确表达你想法的语句。

8. 校对

最后，在你点击"发送"按钮之前，花一点时间来检查邮件的内容，包括发件人、主题行、内容描述等各部分，以及拼写、语法和标点符号是否有错误。你的电子邮件要尽可能多地体现你的专业形象，发出包含错别字的消息看起来会非常糟糕。

如果你的邮件中出现了一些错误，那么没有人会被你的论据所说服。为了避免个人检查的不足，可以和其他人进行交叉检查，或者通过专业的校对员来帮助你查看是否存在问题。

另外，当你在校对时，还要注意下邮件长度，人们更愿意阅读简明扼要的电子邮件，而不愿意去看冗长、散漫的邮件。所以，你一定要确保电子邮件尽可能短，当然，前提是不能删除掉必要的信息。

▶ Tips

　　在写一封重要的电子邮件时，使用辅助工具也是很重要的。辅助工具可以帮助你检查邮件字数、引用其他人的证明材料、美化邮件架构、跟踪邮件的进展等，可以知道谁阅读了你的邮件，谁删除掉了邮件却没有阅读，甚至可以增加一些常规邮件没有的统计、投票等功能。

9. 求助于专家

如果需要撰写的邮件至关重要，或者是需要通过电子邮件来拓展一项重要的业务，那么最好的建议就是聘请专家帮助你完成这项工作。

这些专家通常都接受过良好的培训，所以项目经理可求助于专家，来获得一封完美的电子邮件，或者委托专业的第三方机构来完成。

10. 个性化你的电子邮件

最后，将电子邮件发送给接收它的人。如果发送的电子邮件是广告系列，可以调整架构，以便收件人的姓名出现在问候语中。同时，项目经理要确保对方能够收到邮件，不论是哪种方式，要让收件人感觉到你是在乎他的。

4.1.3　项目经理每周必发的一封电子邮件

项目经理可以每周都发给所有项目组成员一份项目周报电子邮件，且使用相同的模板，这样做会显得更简单、全面和强适应性。项目周报工作模板有很多类型，建议选择一个合适的模板格式，并长期坚持下去，通过这种方式可以看到你每周是如何向着目标前进的。

1. 周报中要显示"亮点"

"亮点"是周报中最有趣的部分，但是有趣和重要并不是相互排斥的。在一个公司中，分享成功的故事对于团队的氛围建设是十分有用的。要知道，即使是在一个小公司，员工也可能会有孤独感，他们会感觉自己做了大量的工作，却往往不被重视。

所以，项目经理在周报邮件中，要将你所做工作的"亮点"展示出来，如已经完成的一笔交易、筹到一笔资金、新产品升级以及新的项目成员加入等。无论好消息是大是小，都需要让整个项目团队能够从中受益并进行分享。

2. 周报中也要暴露"不足"

"不足"部分应该包含更多的坏消息或者一个风险列表，表示已经做错了哪些事情。考虑到这是一个建设性的自我评估的机会，项目经理可以通过"不足"这部分来反映一个可以让事情做得更好的方法，让整个项目团队更加专注于问题的改进。或许下一周，你的"不足"就会转换成为"亮点"。

3. 周报的核心是展现交付成果

即将形成的交付成果是周报的重点，可以看作是心脏部位。通过待办任务清单，项目经理将任务的优先级以及需要形成的交付成果列出来，这样可以让每个项目成员感受到你在这一周对他们的期望是什么。

如果说即将形成的交付成果是整个周报邮件的"心脏"部位，那么过去已经完成的交付成果就是"肺部"或者其他一些重要器官。

就任务清单而言，这仅仅是项目经理一个良好愿望的集合。一个已经完成的任务列表可以让项目经理感觉到自己的责任，将上周已经完成的交付成果和"亮点"部分放在一起，最终形成一个整体的周报电子邮件。

4. 要关注质量而不是数量

项目周报不能敷衍了事，尽管写项目周报可能需要花费相当长的一段时间，但是随着逐步深入了解项目的进展，特别是可交付成果部分，你会发现你在将来会节省更多的时间。

通过周报，所有项目成员每周更新的内部电子邮件数量会明显减少。这种周报更新的流程和方式，会让项目成员觉得这是分享并记录所有重要信息的中心，而标准化的格式可以让人很容易在自己的收件箱中找到所需要的信息。

4.1.4 轻松应付各种临时的项目沟通任务

项目中，你的团队可能要接收十多个不同方向的要求，你在回答一个电子邮件的同时，公司的即时通信工具上已经弹出来六七个窗口等你沟通，而且每次会议都会产生三四个新问题。

作为项目经理，你就是一艘大船的船长，你需要远离海上风浪的中心，并通过一些实际步骤来管理事情。下面的 5 个最佳实践，可以帮助你轻松应付各种临时的项目沟通任务。

1. 设置一个"守门员"

无论是项目经理、团队领导还是部门主管，都需要安排一个"守门员"来处理所有的决定。这个"守门员"需要审核收到的请求，确定优先级并分配工作。"守门员"是使工作与目标保持一致的关键，这将减少团队的冲突和混乱。

2. 写下来

为了避免额外的打扰，项目经理可以将项目要求在会议上进行传达并记录，将非正式的要求粘贴在走廊上或者公共场所明显的位置，明确表示项目团队只会接受以书面形式请求的工作。可以制定一个工作需求模板，让所有的要求按照统一的格式输入进来，这样可以更容易获得你想要的结果。

3. 汇总工作请求

到处粘贴的便签、不同格式的 Excel 表格、堆积如山的电子邮件，这些很容易让项目经理浪费掉大量的时间。

因此，项目经理需要建立一个单独的文件夹，将任务进行优先级排序并进行跟踪，删除掉重复的请求，并安排明确的责任人。

4. 组织新的工作需求

项目经理要积极主动地应对新来的工作需求，不要等着别人来催促自己完成。你需要知道如何采取下一步的行动，要不断地组织工作需求，让团队明确任务重点，保证团队对重点工作保持关注。

5. 将收到的需求映射到战略目标

为了帮助项目团队的工作达成项目目标，项目经理需要通过每周、每月或者每季度的会议和项目团队保持沟通，提供工作的内容全景图，并阐述如何让它们与最终的战略目标保持联系。同时，这种阐述不仅仅在团队层面，还需要扩展到部门层面和企业层面。

4.2
项目管理的线下沟通能力

与各级人员沟通的能力，是项目经理和团队成员第二重要的技能。项目经理要能对目标、责任、绩效、期望和反馈进行清晰的沟通。善于沟通的项目经理能够更加积极地推动项目的进展，而且在必要时可以通过有效的谈判和使用说服能力处理相关问题，以确保团队和项目的成功。

4.2.1　创造好的沟通环境

先来看下面这个案例。

小 A 的公司又开始组织气氛调查了，每年都会发起的这个匿名调查的主要目的，就是让员工说出对部门的意见，让员工有吐露心声的机会。

小 A 看了看调查邮件，轻轻摇了摇头，平时部门领导不是挑这个毛病，就是挑那个毛病，虽然有话想要说，但以多年工作经验的敏感性来判断，如果相信这是真正的匿名，那你就等着你的领导找你探讨未来的工作规划吧。

在没有真正做好沟通准备前，没有人会和你说真心话的。

"逢人且说三分话，未可全抛一片心"，这些都是先辈们的经验教训。职场也是一样，与领导和同事的沟通，都是要视情况而定的。如果你一股脑地把自己的真实想法全部抛出去，那就是一把双刃剑，很大的可能就是未伤人先伤己。

很多人在新加入一个公司或新加入一个项目的时候，容易拿着理论或者个人的经验来进行判断，指手画脚，大谈公司战略、项目规划。殊不知，越是懂得多的高手，越不敢轻易发声。

有句话说得好，"没有调查，就没有发言权"。因此，在开始沟通前，先要创建一个好的沟通环境，了解如何和不同的人进行沟通。

1. 项目成员如何沟通

站在项目成员的角度来看，在启动一个项目之前，需要做可行性研究。沟通也是要做研究的。

- 要研究你沟通的对象，看对方的性别、喜好、性格、职位、工作规律等。
- 要研究你和对方沟通的目的，你需要达成什么样的目的，是让对方签字、让对方不投诉还是让对方完成某项工作。
- 要研究沟通的方法，是当面沟通还是电话沟通，还是说要提前写封邮件。

不管是哪种方式，都需要将每一步分解开来，如何开头、如何引入话题、如何收尾，这些都需要考虑到。当然，如果你和对方很熟，那就另当别论。除了极个别的天赋奇才之外，大部分普通人还是需要通过不断地锻炼才能达到完美沟通的要求。

项目成员的沟通还需要运用相应的沟通技巧，要学会换位思考，站在对方的角度去考虑问题，因为很多项目成员获取的信息和对方的信息并不相等。

如果有必要，还是要在需要沟通的问题的背景、信息、目标等方面尽量达成一致。很多无效的沟通都是信息没有及时传达导致的。所以，在沟通之前，项目成员必须要去了解项目的各个流程环节，找到正确的信息流通途径。

2. 项目经理如何沟通

其实，公司的 HR 或者项目经理在做自上而下的沟通时，也是需要营造氛围和进行策划的。一个平时对项目成员呼来喝去的项目经理，是没有办法通过沟通获得对方真正的想法的，除非对方是个"职场小白"。

项目管理技能始终围绕着良好的沟通这一核心，即使你拥有最好的资源，如果不能好好地向利益相关者和团队成员介绍项目，你的项目也可能会存在延迟交付的风险。不在其位，不谋其政。既然坐在项目经理的位子上，一方面需要冲锋在前，另一方面还要给予团队成员指导，告诉对方如何做，而不是只是一味地指责。

（1）了解成员。作为项目经理，你是否了解每个团队成员的性格，是否清楚每个人的优缺点？你之前是否和团队成员一起奋战过，他们对你的评价如何？

（2）学会付出。人与人的相处不能只是一味地索取，当你希望对方如何做的时候，你有没有替对方做过什么呢？

（3）解决问题。你需要时刻地反省自己。当出现问题的时候，先静下心来，找出问题发生的原因，给出相应的解决方案，首先要把问题解决掉。当事情都过去的时候，再一起讨论问题是如何发生的，哪个环节出了问题，一步步地回溯到问题的原点，清除类似的风险点。

（4）清晰明了。项目经理不仅需要向相关团队提出项目交付中的风险，而且还要安排相关会议解决问题，同时还需要向项目管理层通报当前项目的进展。清晰明了的沟通可以加强团队成员之间的联系，让团队成员充分发挥自身的主动性。这个技能非常重要，如果你能灵活地运用这个技能，那么其他的工作就会水到渠成。

虽然项目经理对于需要做什么以及什么时候做有一个清晰的了解，但是也必须能够以他人能够理解的语言向其他人清楚地沟通这一点。从最不熟练的新的团队成员到公司管理层及客户，项目经理必须能够与组织中的所有层面沟通。

3. 项目客户如何沟通

客户总是会存在担忧，这个担忧在项目的整个生命周期中会不断发生变化，而且经常会导致项目过度交付。所以，项目经理要经常与客户保持沟通，不断地调整自己的工作。

（1）少说话多倾听。项目经理如果想要理解周围每个人的问题，最好的方法是让他们自己来说。尽管项目经理的专业知识很重要，但作为领导者应该像一个运动队的教练一样，保持观察、分析、记录和改进过程。很多人都太在意说话了，他们并没有意识到，和另一个人真正沟通的方法是听他们说话，也就是在听的过程中要学习如何去沉默，等待另一个人表达自己的观点。沉默有助于打开积极、富有成果的对话大门，这样你就能学会成为一个富有同情心的听众。同情聆听者不仅会倾听，而且真正希望了解他们的说话内容。一旦说话人感受到你真诚的关注，就会愿意去帮你分享信息，最终助你赢得合同，解决技术和业务问题，并调解人际冲突。

（2）善于去问问题。不是什么都不说，而是要更加适当地去问。项目经理要去问客户对该项目的预期结果是什么，问组织未来的战略是什么，要通过倾听和记录他们的答案来看当前的项目是否与客户的目标一致。对于团队也是一样，项目经理要检查项目成员的工作质量和工作态度方面的任何问题，要通过理解去找到问题的答案。

4.2.2　与客户建立关系

项目的一切都是从客户开始的，如果项目经理在项目一开始的时候没有注意到这一点，那么后面所犯的任何错误都不能被原谅。因为这样太容易让你低头专注于"项目"，但请记住，你的客户（包括你的老板、赞助商或项目总监）都是你项目背后的驱动力，他们想要什么，需要在你的工作优先级列表中得到高度重视。

> ▶ Tips
>
> 　　项目管理系统可以将项目所有的基本信息都保存在一个地方，这样能够简化项目成员的工作。除了在项目初始阶段进行项目规划之外，项目管理系统覆盖了办公室、会议室、电子邮件以及任何沟通方式的各个环节。
>
> 　　收集所有人员的沟通结果及细节，如果客户提出以前没有讨论过的新想法，或者客户期望与初始规划不一致的一些结果，则将这些信息存储在统一的项目管理系统平台中。这样，客户或者其他利益相关者随时都可以全面地观察，从而简化双方的沟通。

1. 学会有效性对话

人与人之间良好的关系是通过对话建立的。最初的时候，大家可能很难开始对话，场面看起来似乎很尴尬。但如果大家注重对方的利益而不是自己的利益，并且寻找机会来提出非威胁性的问题，这就为尊重的交流奠定了基础。

在对话中，不要紧张和焦虑，第一次与人交往时紧张是正常的，大多数人误以为这会让人不舒服，并没有意识到对方也很紧张。所以，通过给定的一个小的话题，比如谈论天气、经济、运动等，彼此能形成一个轻松和舒适的关系。

2. 阅读肢体语言

成功的项目经理已经学会了如何根据客户的面部表情、手势、姿势和眼神的接触，对他们进行"阅读"。一旦项目经理在其他人身上看到身体信号，就可以将其应用到自己身上。例如，轻松的表情和不断的眼神接触可以传达出一种自信和放松的感觉，通过这种方式使双方都处于一种轻松的状态，项目经理能更容易出售产品或服务。

3. 寻求反馈和批评

项目经理与客户对话完成后，要对对话内容进行总结，从开始到交流以及到最后的收尾，看每个环节有没有什么问题，谦虚地寻求对方的意见。只有不断地寻求意见，才能不断地完善自己。

4.2.3　沟通中的固定模式

良好的沟通是项目管理中的一个重要功能，通过沟通能够让双方获得想要的信息。但是沟通也是需要花费时间和精力的，如果你的时间和精力有限，那么首先应该重点关注什么呢？

下面是项目经理需要分析的 9 个重要信息，这些信息是指沟通中的固定模式。这种简化的沟通定式可以让双方有一个明确的沟通目标，让沟通双方都能够按照一定的原则达成一致条件，形成有效的沟通。

1. 我们发现了一个问题，但……

当项目中出现问题的时候，项目经理应该让这个问题尽快被解决并消失掉。然而，项目的高层管理者却往往喜欢了解项目问题，那么你应该告诉他们当前项目出现了什么问题，以及你正在做什么。

所以，如果在今后的项目中遇到问题，你应该及时向项目利益相关者提出这个问题，并同时提供相关的解决方案或者建议。

2. 我们正在赶进度……

在项目交付的各个阶段，项目经理都要向利益相关者通报项目进展情况，让他们知道项目的各项业务都在正常进行，这有助于让他们确信所有的工作都在按照计划实施。这种正常的报告能够减少项目中的阻力，因为当项目中各个利益相关者听不到项目中的声音时，他们就会去想象最坏的情况，而这往往会给项目带来额外的压力。

3. 对不起……

你在项目中可以和别人说对不起，但是希望次数不会很多。实际上道歉可以避免很多冲突，形成较好的组织氛围。当然，这种道歉一定要是真诚而有效的。

4. 当前状态为……

换位思考下，项目的利益相关者们如果不知道项目的状态，肯定会感到不放心，所以你要善于运用常规的项目状态报告，并把这个作为一个有效的工具来进行沟通。这种项目状态报告至少每个月一次，当然对于较为关键的项目利益相关者，沟通的频次应该更多。

5. 我看到了这一点，想到你……

作为一个项目经理，你可以很好地看到各个业务领域正在发生着什么，你需要介绍和传递对其他人有用的信息。同时，你需要将项目中的人员互相连接起来，形成一个重要的沟通网络，从而可以及时地了解各自业务领域存在的变化状态，不断地形成正向的反馈。

6. 谢谢……

在项目中，你需要多和对方说谢谢，如谢谢各位项目成员抽时间来参加会议，谢谢职能经理安排专家资源解决项目中的重大问题，谢谢项目各个利益相关者对项目的支持等。这些人当前和你合作，也有可能今后和你一直合作下去，你需要抓住每一个机会。

7. 这不符合我对……的期望

有的时候必须传达坏的消息，如果你不愿意这样去做的话，就不会让项目得到改善。当项目成员不能按照预期执行任务并达成目标的时候，请与他们进行面对面的沟通。这不是你一个人的事情，你承担着整个项目的成败，当对方没有满足你的期望时，你需要和对方讨论如何在下一次获得更好的结果。

同时，你也要这样对待供应商和分包商，不要去忍受对方提供的差服务，让你得到糟糕的体验。不用担心你说的话会引起新的问题，如果不这样做的话，只会让项目的情况更加恶化而且没有止境。

8. 我需要……

你是否对项目进行评估，并获得成功完成项目任务所需要的资源？如果没有的话，你需要寻求职能经理或者相关的资源管理部门的帮助。不要指望项目的发起人是个善于读心的人，也不要指望他能够了解你当前的困难。

如果你需要更多的人、更多的钱和更加充足的时间，那么就需要大声地说出来。尽管你的需求不一定能得到满足，但至少你尝试过。

9. 如果……那么……

项目经理需要在项目中不停地做出决定，这些决定可能是正确的，也可能是错误的。即使是错误的，那也比不做决定强，至少确定了某个方向是错误的。所以，项目经理要通过相关的解释，来向对方说明决策的结果，以便利益相关者和项目团队成员了解为什么选择这条路线，而不是另外一条。

4.2.4 跨国项目的沟通技巧

当然你已经成长为一个跨国公司项目经理的时候，你所面对的就不再是每天朝夕相处的团队成员，而是跨越五大洲四大洋的各种肤色的人员。他们形成了项目中不可或缺的远端项目成员，被称为虚拟团队。

虚拟团队的管理由于缺少面对面的真实沟通和交流，必然存在着工作效率和沟通成本上的各种问题。因此，将虚拟团队的最大作用发挥出来，是项目经理的首要任务之一。

下面这6招作为提醒，项目经理可以按照这样的思路去进行考虑。当然，也可以按照项目的具体情况和团队成员的个性进行补充和改善，项目管理的精髓在于万变不离其宗，一切为成功完成项目服务。

1. 时刻不忘团队建设

项目的虚拟团队可能分布在全球各个地方，但不管在哪儿，你都不能以距离作为理由不去做团队建设。

团队建设当然没有必要做得非常正规，大家可以开一次远程的研讨会，发散思维进行无主题的讨论，也可以通过在线的团队游戏让大家相互熟悉起来。

2. 鼓励内部人际交往

当然，除了团队整体建设，你也可以鼓励虚拟团队内部自行进行人际交往，如家庭间的相互拜访、野餐和旅游等。这种人际交往活动是有利于项目的，项目经理可以提供相应的经费支撑。

内部沟通交流可以让大家相互间更加熟悉，能够发挥每个人的主动性，并逐步形成一个整体来进行项目实施，避免了项目成员各自为战的缺陷。

3. 每天开个站会

项目经理还需要及时地了解项目上每天发生了哪些事情，可以每天固定一个时间，比如用上十几二十分钟，来和虚拟团队开个电话会议，让对方汇报下当天的进展和接下来的计划，以及项目上出现了哪些新的现象和问题。

这一点非常重要，如果你不这样做的话，你会感觉到项目离你越来越远，不清楚每天的进度，会感到心里极度不安。所以，最好的方法是每天都不断地了解项目的进展。

4. 通过视频电话／网页共享进度

项目的阶段性进展和成果是项目经理较为关注的，通过电话或者邮件会让项目经理没有直观的感受。项目经理可以通过视频电话或者网页共享来展现项目的进度情况，同时也避免了描述上的烦琐和不清晰。

不同的项目可能结果不同，但是尽可能将其清晰地展示出来是最重要的。有些国家可能受限于带宽的因素无法进行视频共享，此时可以采用网页共享的方式来进行，这样可以让各个利益相关者都登录进去，随时共享和观察进度情况。

5. 有效地利用好时差

时差问题是一个难以改变的事实，不管是 5 个小时还是 10 个小时，双方的不同步会影响到项目节奏的一致性。当了解到这一点时，项目经理可以通过各种手段来进行规避。

项目经理在项目的计划阶段就应该将时差问题考虑进来，包括谁来做需求分析，谁来做技术支持，从哪个环节开始做等。把项目中前后的工作流程理顺后，可以按照需求来进行分配。

本地团队当天晚上把相关的材料或问题提交给虚拟团队后，可能在第二天一早就能得到想要的结果，而并不需要本地团队加班或额外地增加人力进行处理。同样的，当对方休息的时候，本地团队可以继续接收剩下的工作流程，你会发现你的团队在连续不断地进行项目的交付。

6. 做好每日总结

项目经理起到连接项目本地团队和虚拟团队的纽带作用，作为项目的枢纽，项目经理需要做好每日总结。

当然这种总结不必非常正式，只需要对双方团队的每日工作内容进行一个简单的梳理，并发布出去。一方面让双方将每日进度进行共享，另一方面让双方保持同步，看看有哪些遗漏掉的地方，随时可以进行补充。

4.3

怎么动员大家齐心协力

会议对于项目而言其实是一个强大的工具，项目经理可以通过会议来动员大家齐心协力地为项目而努力。实际上，如果没有会议，项目可能就无法开展下去，任务也就会无法完成，组织就会松散，业务就会无法维持。人们讨厌会议往往是由于会议糟糕的安排，比如无休止的讨论、不明确的议题、作为旁观者被列席等原因。

4.3.1　好的会议开场白

"我们可以开始了吗？"这是一个很好的开场方式，不需要很用力地敲桌子来提醒大家。另外，如果房间里有嗡嗡的谈话声，你的声音需要再大一些。

由于人们聚集到一起来参加会议，可能他们中有的人很长一段时间没有看到对方，因此他们会在会议内容暂时和自身不相关的时候，或者在会议开始前以及会议中场休息的时候进行低声的讨论。如果这种讨论不影响会议或者其他人的话，可以积极地鼓励他们，你会发现这种非正式的讨论往往会有助于完成更多的工作。

如果你的会议是一个虚拟团队的电话会议，已经通过手机拨入了，你可以用类似的开场白："大家好，我是你们的新项目经理。开会前让我们看看有哪些人已经接入进来了？"然后开始核对与会者。

如果大家还没有到齐，无论是面对面的会议还是虚拟会议，你有两个选择：要么等一会儿，要么下一次再开会。这取决于在等谁和谁在等。比如，一个房间里都是高层管理者，如果等待的某人能够及时赶上，那么就可以准备开始；如果是项目的发起人没有到场，如果他能在接下来的几分钟到达会场，再开始开会。

无论是哪种方式，不要让房间里的人持续等待 10 分钟以上，因为那是不尊重他们的表现。你可以告诉他们："不好意思，我们下次再来开会。"

4.3.2　控制整个会议议程

很多大型的组织或公司对于会议的要求非常高，他们的项目经理会领导大型团队完成软件、金融及公用事业等各种项目。了解他们如何管理会议，对你的项目管理有很大的帮助。

1. 制定基本规则

假定每个人都不清楚项目和会议的目标，那么在一开始就要建立一套规则来管理会议和期望。设置这些规则非常重要，如果与会者都不明确具体的会议目的和期望，那么会议的效率会非常低下。

根据项目经理的领导风格和类型，会议基本规则应该包含以下方面。

- 可以在会议中使用手机／笔记本电脑进行其他任务。
- 允许其他人员通过电话接入的方式参加会议。
- 如果沉默则意味着承认协议或政策。
- 尊重每个人的隐私和秘密。
- 对准备参与会议者的水平和类型做规定。
- 对会议期间每个参与者的专注程度做记录。
- 将人与问题分开讨论。

项目经理采用一组通用的规则，确保团队中的每个人都了解项目会议中的工作如何完成，并将自己设置为领导者角色来控制整个会议议程。

2. 了解会议的目的

复杂、冗长的项目中总是充斥着大量不同类型的会议，如每周状态更新、建议的项目范围变更、风险评估、预算状态、人员配置核查等，每个会议都有自己的目的和预期的结果。

作为会议的领导者，项目经理要确保可以清楚地说明会议希望达到什么目的。当然，在制订会议议程的时候，要根据所声明的目的将会议的每个主题进行细化，会议讨论的任务也需要和每个主题进行对齐。受邀参加会议的每个人都应该对准它的目的。

对于临时性或一次性的会议，在开始时就应该明确地说明会议目的和预期结果，并要让每个人都明确这一点，保持思维一致。对于定期会议，需要进行定期审视会议的目的，不管是哪种类型的会议，确保每个人都记得为什么要开这个会议。

3. 围绕沟通创建节奏

如果你的项目团队每周都要举行会议，那么应至少提前几天发送会议日程，如果议程有更新，要做好标注。

在项目会议上，建议项目经理在正式的小组讨论之前处理可能有争议或者需要额外解释的问题。会议应该在几个小时内完成，过长的议程会降低项目会议的效率。在会议中要注意及时分发材料，对会议进行录音或录像，并做出最终的决定。

4.围绕后续行动设定期望

在会议结束之前，需要形成最终的结论。如果不这样做的话，意味着还要再次举行会议、谈论同样的事情，没有人希望这样做。通过明确这些任务，项目经理可以清楚地知道项目团队接下来需要做什么，项目经理需要持续地对任务进行监控，以表示这些任务很重要。

5.知道什么时候听，什么时候说

在一个团体环境中，人总会有抵抗说话的冲动，而且在讨论中，很容易偏离主题。有的时候，会议中说话太多的领导者很容易帮倒忙。项目团队才是真正冲在第一线的人，他们才是在战壕里获取第一手资料的人，项目经理需要收起自我崇拜的心理，虚心听取他们的建议。

项目经理在会议中的工作是让与会人员充分地讨论和表达他们的愿景，靠团队的集体智慧来形成最好的结论。项目经理在会议中要注意观察趋势，看项目团队是否始终围绕会议目标在进行讨论，一旦出现偏离轨道的现象，要及时进行调整，在控制和指导之间保持平衡。

此外，需要设置"沉默表示同意"的预期。当项目经理做出决定或声明的假设时，如果没有人提供更多的意见或输入信息，那么可据此决定来避免让团队承担责任，也能避免无法获取足够反馈的困境。

4.3.3　让会议沟通更有效

时间通常是项目中的稀缺资源，也是验证项目成功与否的基本标准之一。项目中有很多会议，所以消耗最少资源的项目其潜力是显而易见的。然而，项目会议又很重要，其形成的决定是项目往前推进的助推器。

在大多数情况下，项目经理有着尽量避免在会议上浪费时间的责任，因为大部分会议都是项目经理启动并完成的，精简会议过程中的两个关键因素就是项目经理首先考虑会议是否需要？如果需要，项目经理应该举行有效的会议来实现想要达成的目标。

1.真的应该要开会吗

首先，项目经理要非常仔细地考虑会议的目标，弄清楚为什么要把大家召集在一起开这个会议。会议的目标应该像所有的项目目标一样去进行确定，即按照 SMART 原则创造出会议的目标，而且这种目标是一种可衡量的结果。

一旦确定了 SMART 目标，项目经理必须要问自己是否真的需要举行会议。任何会议都需要以"我需要举行会议，那么我必须决定会议的目标"作为前提开始。想想之前举行的许多会议，大多数是无目的、无用的，浪费了项目中最珍贵的资源，但这种事仍然在继续发生着。

在开会前，项目经理应提出以下问题。

● 有没有一个替代的沟通机制可以做这个工作？例如，电子邮件、电话会议、视频会议、群件、公告板、一对一沟通或互联网？

● 我或其他人是否拥有足够的经验和知识来做出决定？

● 决策是否可以由子项目组自己决定？

● 会议是否会创造新的知识，或者只是重新塑造一些旧的东西？

● 该类型的决定是否需要由团队通过会议集体进行？

● 会议议题复杂，如何要求所有项目团队理解和接受？

● 头脑风暴是否必要？

● 会议中会产生冲突吗？

如果在考虑了这些问题后，仍然认为有必要召开会议，项目经理下一步必须决定谁需要参加。

2. 哪些人来参加会议

作为项目经理，你有义务让每个人都参与会议，包括不必要的与会者。但实际上不必要的参加者可能是一个特别的挑战，因为他们可能知道自己不需要参与其中，导致时间被浪费了，甚至可能会给会议增加不必要的麻烦。

因此，在完成与会者名单之前，项目经理应该问自己以下问题。

● 他们是否拥有实现会议目标之一所需的知识或专业技能？

● 在会议中他们是否会受到任何决定的影响？

● 他们是否有权力来决定某些事情？

● 他们会不会负责执行某方面的决定？

● 他们是否需要重申他们的观点和态度？

● 他们有强烈的意见并且能够形成富有成效的讨论吗？

● 他们会通过参加会议来学习、成长或发展吗？

● 他们能否对其他项目利益相关者产生积极影响？

会议的参加者才是决定这次会议是否成功的关键所在，但很多时候会由于关键人物（如项目经理、关键客户、组织高层等）没有参加会议，导致不能做出会议的重大决定。

会议的组织者需要提前了解这些信息。会议的目的是做出决定并完成工作，而不是简单地分享信息。会议的组织者需要对参加会议的名单进行审核，看是否真正地与会议议程相关，避免邀请那种参加了整场会议最终发现和自己的关系并不大也不需要发表意见的人，只需要会后将相关信息知会到即可。

对于参加会议者，在参加会议前可以找到与会者名单，看有没有陌生的名字，这样可以考虑在组织内部提前收集对方的信息来熟悉对方。

3. 举办有效的会议

项目会议的目的应该是明确的，但其中往往涉及误会的澄清、风险假设、虚假承诺、强制执行、伤害和炫耀等事件。

项目经理作为会议的发起者，要带头对项目进行管理，让每个参与会议的人都在适当的位置上。当然，前提是所有的关键人员都要参加，否则项目会议无法达到最佳的效果。

下面有一些会议管理的相关技巧。

● 提前准备和分发会议的议程文件。

● 尽可能地只召开必要的会议，并只邀请必要的人来参加会议。

● 在开始会议时重申会议的预期目的，澄清任何可能产生的歧义，让会议中的每个人都在同一个方向上。

● 制定基本的会议规则，告诉参与者项目会议要花多长时间，并坚持按照时间计划进行。

● 观察时间，确保会议按照预定的方案进行。

● 如果达成僵局，有必要将问题记下来或安排另一次会议。

● 澄清混乱的言论。

● 确定讨论达成的共同的观点和领域，而不是纠结于差异。

● 对会议的思想和决策进行总结。

● 维持会议秩序，保持每次发言时只有一个声音。

● 给每个人一次参与发言的机会。

● 对贡献者表示赞赏。

● 确保决策明确并被大家接受。

● 不要滥用会议主持人的角色，要关注会议的重点。

● 确保分配的决策和行动记录完整，并跟踪处理完成。

● 结束会议后，不论最终结果如何，都要对所有的参与者和贡献者表示感谢。

会议议程的作用在于，一旦出现偏离会议议题或方向的情形，可以直接快速地进行提醒："对不起，这个不在本次会议议程之内。"通过这种礼貌的提醒，可以让会议正常进行下去。会议的议程一定要在会议开始前就制定好，并提前发给所有与会人员。会议议程可以让每个人都知道会议的目标是什么，并确保每个人都知道为什么要参加这个会议，以及会议最终要形成一个什么样的结论。只有这样才能让会议人员难以破坏一个有着明确和坚定重点的会议，作为会议主持人的项目经理一定要在会议的过程中不断地强调。

4. 提前获得书面议程

当你被要求参加一个会议时，你应该提前问下，这个会议的议程到底是什么，其中哪些是需要自己做好准备的。如果一个会议对一个话题进行模糊的讨论，却并没有形成什么最终的结论，那么这个会议就是无效的会议。

会议的组织者如果刚刚开始使用议程，那么应该建立一个需要讨论的主题列表，并确保至少在会议前一天向与会者提供会议材料。同时，要是有条件的话，会议的组织者还可以提供相应的背景信息。

当然，对于频繁举行的会议，例如项目的每周例会，会议组织者可以创建一个会议模板或者一个通用的会议模式，来节省大家讨论的时间。不管是哪种情况，一旦有了一个会议目标，那么通过制订会议议程的方式就能很好地控制项目目标的达成，避免了会议的言之无物。

5. 按时间计划管理会议

在有效的会议中，把握好时间很重要，当没有人对时间进行管理的时候，与会人员很容易会变得粗心大意和不专心。项目经理需要让人们在参加会议的时候无法去做任何其他事情，要让参加会议的人觉得时间在进行倒计时。

会议组织者要及时开始会议，一般会提前几分钟，这样会让与会者感觉到会议的正式和严谨。如果需要举行的是大型的或复杂的会议，则要考虑安排专门的人员来进行时间管理，出席会议的人员可以提前 5 ～ 10 分钟进入会场。如果是电话会议，则提前做好电话接入的准备。对于不能及时参加会议的，可以请假或者安排代表列席会议。

6. 做好会议的议程管理

会议的议程管理有两个重点：第一，要求会议严格按照议程进行；第二，承认与会者提出的重点。如果想要真正有效地完成会议，必须要有后续的动作，否则在会上形成的结论最终和没有结论是一样的。

关键的几个动作如下。

● 在会议开始时，会议组织者需要解释下，希望大家按照会议的议程来对会议重点进行讨论。这个解释有助于让会议按照规则进行。

● 将会议议程文件放在面前随时查看。

● 每个议程结束进行总结。

● 会议过程中进行监督并贡献讨论观点。

● 当现场有人提出一个与议程无关的观点时，应及时和对方沟通，感谢对方的观点并记录在案，然后告诉对方超出了本次会议的范围，会后再和对方说明在其他时间进行探索。

7. 重大决定需要提前单点沟通

如果在会议上讨论重大决定，很容让会议陷入无休止的状态中。比如，决定哪些项目需要继续增加预算，或者哪些项目不符合组织战略要求需要取消等，像这种严格的决定需要提前和关键参与者进行沟通。

在会议开始前，会议组织者可以一对一地和对方沟通决定，虽然有些耗时，但也增加了会议成功的机会，避免了在会议上出现一些无法应对的意外情况。

8. 好记性不如烂笔头

做好会议记录是会议组织者的一项基本技能，但很多时候会存在还没有做好记录就忘记了会议上讨论的内容的情况，这是让会议失效的重要原因。

其实做好会议记录是有一些技巧的，建议采取纸质笔记本进行记录，而不是采用笔记本电脑、平板电脑或者其他电子设备。就算你有很好的专业技能专注于会议，但通过电脑来记笔记，会让其他人认为你在处理电子邮件或其他事情，而不是将注意力集中在会议上。

会议在告一段落时，可以将记录的会议纪要或摘要发送给所有与会人员，如果时间不足，也可以提炼出重要的段落或关键点，在会议上公布出来。

同时，项目经理也可以提醒会议参加者携带会议议程副本，通过议程副本来进行会议记录，然后和别人的进行比对，看是否存在遗漏以及需要补充的。

9. 会后跟进

一个很好的职业习惯就是要对问题进行跟踪处理，这对于会议同样重要。当谈到怎样让会议有效时，及时跟进会议中遗留的问题和结论是一个好办法。

一个会议结束并非意味着事情的结束。项目经理会后要给所有与会人员发送会议的纪要，纪要中如果有遗留问题需要给出明确的时间点和责任人，会后要及时通过拨打电话、写电子邮件等方式进行跟踪处理。

如果存在非常重要的紧急事项，项目经理需要选择通过日历或专业的任务管理工具进行注释，然后持续跟进直到解决为止。

10. 处理会议的争端

项目中每个人都花费了很多时间在会议上，不论是虚拟的电话、视频会议还是亲自参与的线下会议，所以作为项目经理需要充分利用好自己的时间。当然，会议失败的原因有很多，其中主要的原因之一就是有人转移了会议讨论的目标，偏离了会议召开的方向。

很多时候，当有人在会议上提出不同的议题时，突然间会议主持人就会失去对会议的控制，这个时候就需要一些小技巧来进行应对。

（1）首先找到合适的人

项目经理不要总以为项目的利益相关者时间宝贵，从而不愿意去浪费他们的时间。实际上，项目的交付离不开每个人，所以项目经理需要在会议中找到合适的盟友来寻求支持。如果想要获得支持，那项目经理就要提前向他们介绍自己的行动计划。

项目经理要让盟友知道自己的担心，所以要请他们来帮助自己避免让会议失控，一旦出现这种情况，可以让盟友来尝试将会议带入正常的节奏，比如可以和对方说："这是一个很好的问题，可以让某某先记录下来，会后谈谈具体的细节。"

（2）制订灵活的应对方案

有时候会议出现意外，可能是在组织层级中比自己层级更高的人提出了别的问题，你可以尝试着去进行应对："好的，我会后会马上采取行动。那现在可以继续下面的会议议程吗？"

如果对方是你的同事，你可以告诉对方，这个问题不适合在这个会议上讨论，或者和对方建议另外举行一个会议来进行讨论。

很多时候，对于可能存在的问题，项目经理应该有一个临时的解决方案。并非所有的问题都和议程无关，很多时候这些问题可能有所关联，但关系不是很大。这时也可以尝试先进行记录，有时间再继续进行细节上的讨论，但不要在会上直接进行讨论从而影响到整个会议的进程。

（3）让他们同意行动

如果在会议中确定了任务责任人，但对方不准备去做，那么项目经理就不要轻易地记录下来，而是需要和对方沟通，询问对方是否愿意成为真正的责任人，如果是肯定的回答，这个任务才算是真正获得对方的同意。

如果在会上指定的责任人没有参加会议，那项目经理就要把任务传达给在场的人，让在场的人去安排另一位合适的人员来实施行动计划。

（4）找一个跟进的方法

如果项目经理不打算将同一个问题或者具体的执行细节情况带到下一次的项目团队会议中，并不打算在会议上对每件事情进行审查的话，那么需要找到一种替代方法来跟踪检查上次遗留的会议任务是否完成。

项目经理可以通过 Excel 表格或者任务清单来将遗留问题添加到自己的每日任务中去，确保所有环节中的每个人都可以看到任务进展的最新版本，让责任人每日更新任务进度细节。

（5）不断地督促

不要害怕去督促项目中各个任务的责任人。有些人会很好地主动工作来完成任务，不需要任何提醒；而有些人则需要不断地鼓励和督促，特别是在有更高优先级的其他任务存在的时候。

如果项目经理不去特意要求，那么别人可能不会做出任何动作来完成你安排的任务。所以，项目经理要不断地进行督促，确保对方完成工作。

4.4

做好演讲的几个关键点

在大量的听众面前说话不同于在公司或组织内部举办一个研讨会，或是进行一次培训。实际上，从内部平常的沟通到成为一个公开场合的演讲者，这个过渡并不容易，偶尔还会栽跟头。

但是通过一次次的练习，项目经理可以让自己每次都变得更好。虽然本节给出的几个关键词并不能覆盖演讲者所能达到的要求的方方面面，但是至少可以帮助项目经理在已有的基础上逐步改善。

4.4.1　端正心态，克服恐惧

心态是成功演讲的一个非常重要的因素，项目经理要明白，说服别人是自己的工作之一。

例如，为了完成销售目标，项目经理不仅要展示销售方法，还要让听众相信能完成销售目标。项目经理需要担心的是听众能不能接受，而不仅仅是制作演示幻灯片。

不论准备得多么充分，每个人在演讲前都会存在着一定的担心，那么建议你准备一些物理措施来消除自己的压力。当你感到兴奋而不是焦虑的话，那么你会很容易激发出自己的热情。你也可以谈谈自己的后顾之忧，了解到最坏的结果后，就可以腾出精力集思广益地解决潜在的问题。

4.4.2　精简报告，数据充分

精简报告可以有效降低写报告的工作量。自动化是项目管理需要走的路，如果你还没有意识到这一点的话，可以尝试采取一些项目管理工具软件来管理你所需要的项目数据（如项目估算、时间表等）。你会发现利用工具和自己管理项目数据的效果是一样的，甚至更好。

事实上，基于数据的结论更有说服力。项目经理应该利用数据来告诉大家一个令人信服的故事，但空乏地堆砌数据并不能让人信服，更多的是利用人的例子来证明意义，而数据只是起到一个辅助的效果。

通过自动化的项目管理软件来管理项目数据，带来的巨大好处是你可以通过设置相关的参数或者模版来定制你需要的报告，然后只需要点击一次运行就行了。软件会自动提取你需要的相关信息，这样可以获得更多的数据。软件能帮助你完成技术层面的工作，其他非技术性的环节还是需要你自己去做。

另外，如果客户有特殊需求，你可以定制一个特殊版本的报告。有的时候提供太多版本可能会偏离真实的报告，不过，如果你不得不做的话，尽可能地将这些报告自动化或者整合到一起去。

4.4.3　关注听众，不要读稿

演讲者可以在一小时内完成演讲，输出大量内容，但是实际上参与的大多数人需要对这些内容中包含的大量信息进行处理。这意味着，与演讲主题无关的内容或不恰当的活动会浪费参与者的时间。

演讲者一定要以听众为中心，可以通过工作模拟、示例、问题或游戏等活动方式，将个人与工作有关的角色或团队结合起来，以增强他们的经验。简单的活动仅让听众花费很短的时间，就可以获得更多重要的内容，这样才可以让听众真正地参与进来。

1. 关注听众对象

项目经理不能为了演讲而演讲，更重要的是以听众为中心，鼓励听众进行互动。项目经理的视角不应该关注于技术细节，而应该在通过演讲激发听众内心的情感上，通过听众的行为来进行积极的应对，克服听众不信任的障碍，从而让自己变得更有说服力。

2. 不要读你的演讲材料

大多数人在演讲过程中都需要看演讲材料，这是一个基本的方式。在演讲过程中确实需要依靠书面材料，但成功的演讲往往需要演讲者更加深入地去掌握词与词以及句子之间的停顿，必要时可以自己对自己进行演讲，摆脱直接读稿的形式。

4.4.4　关注环境，确定动机

许多人比别人优秀的地方在于能够注意到大多数人忽视的简单小事。作为演讲者，在做演讲规划时，需要了解整个演讲的全部细节，学会关注环境，并确定动机。因此，演讲者要多次到达现场，以确保一切都准备到位并能够正常工作。

1. 关注环境

为什么环境会成为考虑的因素呢？例如，举办演讲的场所是安全的吗？听众喜欢什么？演讲所面对的听众是专业的还是业余的？会场空间是开阔还是拥挤？在演讲台上，演讲者要如何进行移动？所有的这些都可以称之为环境，这看起来很复杂，甚至可以去做一番专门的研究。

从项目经理自身来说，一般的演讲不需要做到顶级的程度，主要从一些切实的角度去考虑，如幻灯片的外观和感觉、演讲时身穿什么、是否要和观众保持一致的打扮、如何通过组织语言让自己的演讲更加抑扬顿挫来吸引观众、是否要与会议的组织者确认相关的流程避免出现一些低级错误等。项目经理将所有的这些环境因素考虑到位，就会增加演讲成功的概率。

2. 确定动机

项目经理在做一个主题演讲时，需要引导大量的听众，那么演讲中必须包含能够激励听众的内容来保持演讲的平衡性。这就需要了解听众为什么会需要知道这些信息、项目经理输出的演讲信息能够给听众带来什么好处，以及这个演讲话题是不是和他们自身相关。

当项目经理在准备演讲内容时，就应该确定听众来参加的理由，通过利益或其他原因来驱动听众主动参与进来。不论是在专题演讲还是路演中，都必须要考虑到这种因素，想要成年人听众积极地参与到演讲中来，必须要有相应的动机，否则他们就无法采取行动。

有时候，人们无法承诺按照项目经理期望的方式来做每一件事情，这并没有什么关系，只要他们在做，总比没有任何动作要好。项目经理可以帮助某些人高标准地完成任务，又或者降低任务难度。当然，这些是在保证基础的约定质量标准前提下进行的，必须要确保满足项目的利益。

4.4.5 用故事吸引听众

很多演讲者会有一些关于他们个人经历的漫长故事，这也会导致会议的组织者决定将其拉入到黑名单中。演讲者想要将故事放在听众需要了解的位置，那就需要从听众需求的评估开始。一旦张口开始说话，就需要确保将听众的注意力吸引过来，要站在对方的角度思考："他们跟这个故事有关吗？"要将故事和听众的观点结合起来，否则听众就会开小差。

故事的来源有很多，一般讲述项目经理自己的故事听起来会非常单调，那么可以找关于他人的简短逸事或故事，包括客户、同事的亲身经历或听来的故事。人们通常会用"我想告诉他们什么？"来开始规划演讲内容，演讲的内容不应该只是单纯地说出来，而是要通过故事来支撑演讲的内容，简洁、准确地获得听众的心。

不论你是一个项目的小组长还是项目经理，作为团队和项目其他干系人的代表，你都要经常和内部或外部客户进行沟通，而讲好一个故事则往往能够带来意想不到的成功。

1. 能够辅导项目团队

讲故事是项目团队文化建设的一部分。作为一名经验丰富的项目经理，可以用故事来指导和构建团队成员的士气，通过故事来提升他们解答疑难问题的能力。

一个有效的故事常来源于个人的经验或者段子。下面是一个关于项目经理的故事，可以作为某次活动的开场白或者自嘲。

一个项目经理带着一个软件工程师和一个硬件工程师去某个地方完成一个项目。

一天中午，他们决定在饭后去找个海滩散步。在散步的时候，他们发现了一盏灯。当他们擦拭这盏灯的时候，一个灯神出现了，说："为感谢你们把我放出来，我要满足你们每个人一个愿望。"

硬件工程师说："我想要一个巨大的豪宅，然后舒服地住在里面，并且没有金钱方面的后顾之忧。"灯神满足了他的愿望。

软件工程师说："我想要一个高尔夫球场，能够开开心心地打球，并且没有金钱方面的后顾之忧。"灯神也满足了他的愿望。

然后轮到了项目经理。"那你的愿望呢？"灯神问道。

"我希望在下午上班的时候见到他们在办公室里工作。"项目经理回答道。

当你分享你的经验故事的时候，也可以鼓励你的团队成员去寻找解决相关问题的故事。当然这不是强制要求，也不要弄成会议的形式。下面是关于说故事的几个要点。

（1）谈论类似的情况，找出类似情况中的关键点。

（2）谈论过去的情况，并和当前的情形进行比较。

（3）基于过去的项目和当前的解决方案进行映射，看是不是能重复使用。

2. 推广新项目

知道如何告诉别人一个诱人的故事，在你想推广一个新项目时特别有用。当你在推广一项新的技术应用，或者试图赢得一个令很多人羡慕的外部大客户时，无论是哪种情况，你都需要同样的技能。

最好的销售人员往往都是最擅长讲故事的人或者演员，他们不用去什么销售培训班里学习各种所谓的销售技巧，他们只是需要通过不断地练习去掌握。

同样的道理也适用于项目经理，组织可以通过讲故事这个优势去培养项目经理，或者发掘想要的人才。项目经理的故事可以包含下面一些基本要素。

（1）通过更加简单易懂的方式来解释解决方案或者合同条款。

（2）制造吸引客户的话题，也就是故事，如"这个解决方案能够帮你赚/省钱。"

（3）通过在演示材料中添加图像或者动画来吸引对方，或者加入动态图、小视频等流行元素，甚至展示实物模型等。

3. 能够打动听众的内心

作为一个项目经理，你不需要像一个销售人员那样去推广新项目。但是，如果你了解或掌握了讲故事的基本要素，就有更好的机会让你的项目各项业务进行得更加顺畅，并能够有机会得到高层的关注。

项目经理可以花点时间，做一个激动人心的、有故事内容的 PPT 展示，这些故事能够激起听众的热情，打动他们的内心，找到他们的关注点。一个好的讲故事的人会有一些"抖包袱"的技巧，而讲一个好的故事能够给项目经理的展示起到锦上添花的作用。

记得不要再用那些无聊的数据填充 PPT 页面，这些无聊的 PPT 页面到处都是，你可以找到对方了解和关注的地方，用一些好故事的元素来替代数据。

4.创建项目团队品牌形象

公司或组织都是有自身品牌形象的，而作为公司中的项目团队，也需要有自己的品牌。讲故事的关键就是要建立项目团队的品牌。特别是在当前经济形势不佳、大量兼并和收购现象以及其他不确定性存在的前提下，项目团队能够将自己与其他部分区分开来是非常重要的。

笔者曾经在一家大型的电信服务供应商公司工作，最开始在部门内部推行相互支持对方的有偿内部服务，如帮助对方编程、网络开发或者写作等，这通常被称为"内部退款"或"内部咨询服务"，不同的公司有不同的说法。

有些项目经理抵制这种新模式，这意味着他们需要自食其力去争取内部客户，但是也有在这个新的环境中不断成长的新的项目经理。这位项目经理可以通过引人入胜的情节来告诉对方为什么他的团队应该接手一个网络开发项目。他成功地讲述他的团队在过去完成的项目，其中就包括一些故事。

（1）有关技术问题的一个故事，描述他们是如何解决的。

（2）有关他们团队的一个故事，描述他们是如何完成某些类型的挑战性项目的。

（3）他们成功按时交付了一个项目的故事。

（4）他们获得了一些有价值的经验和教训，并能够应用到新项目中去。

这样，通过讲故事，他的同事以及管理者都知道他和他的团队，并且知道这是一个擅长通过讲故事留住客户的项目经理。

5.说出你的故事

有些人天生就会讲故事，而另一些人则只会埋头工作。如果你不擅长讲故事，可以通过下面的一些提示来逐步改善。

（1）谈谈你自己的经验。讲述一个故事，最有效的方式就是来自于你自己的经验。如果你没有经验，那么可以找一些相关的商业书籍或者行业帖子来参考。

（2）在向客户或者管理层汇报之前，多练习一下你要说的故事，找一个值得信赖的顾问、导师、团队成员、领导或者朋友来征求反馈意见。

（3）对历史项目进行回顾和解析，并将这个项目作为你的故事原材料。

（4）持续不断地获取行业的最新消息，如查看行业的博客、业务书籍或者别人对你所在行业的评论等。

可以确定的是，每个人都喜欢听故事，演讲者只是需要找到一种方法说出来而已。

4.4.6　注重优先级和实用价值

演讲的第一步也许是最重要的一步，就是让听众了解你的目的，了解你想用这个演讲完成什么。一旦明确了目标，那么你就可以继续进行研究，制作大纲或思维导图，准备任何图形并撰写你需要的内容，确定好内容的优先级和应用价值。

1. 注重优先级

项目经理可能知道项目中的许多内容，很多话题，正是因为知道得太多，可能会一股脑地在演讲的过程中全部抛出来。笔者建议不要这么做。在演讲之前项目经理要知道听众需要知道哪些内容，项目经理也需要通过对内容进行梳理，找出所要表达的关键点，然后形成初步的讲义，一般是 PPT 文档。

这里的优先级并非事件的次序，而是如何构建演讲的内容。通过 PPT 中的图片、故事、逸事、经验或研究结果，将关键点一步步地告诉听众，让对方听到你不断形成的观点，通过各种讨论来让对方吸收你的观点，同时允许听众在现实生活中分享和使用你的观点和知识。

2. 实用价值

听众参与或听取项目经理的演讲，总是希望获得新的知识，并应用到他们的工作场所中去。听众可能会在现场询问具体的问题来引出新的话题，试图找到演讲内容与自身工作的联系。所以，项目经理一定要积极地应对，不断地分享知识来填充听众所缺失的经验部分。

项目经理需要与听众沟通，通过简单的示例或者复杂的研究强制听众参与进来，要让听众和自己合作解决一些简短的问题，或者告诉对方如何使用演讲中的内容来解决问题，如何去洞察一件事，如何去解决一件事等。

项目人际关系
处理的能力

——

第 5 章

学前提示

如果没有合适的团队，任何战略和规划都有完全分崩离析的可能。正因为如此，核心项目人员、高层管理者和所有利益相关者应该是项目团队中最有活力的组成部分。项目经理不仅要处理好这些人际关系，而且要让所有参与者承担责任、分享愿景，争取项目全面成功。

要点展示

➢ 员工的这些迹象需要注意

➢ 项目经理与员工的关系处理技巧

➢ 项目经理与利益相关者的关系处理技巧

➢ 项目经理与高层管理者的关系处理技巧

➢ 项目领导者最常犯的 5 种错误

5.1

员工的这些迹象需要注意

在许多的企业或组织中，项目经理会发现自己每天的日程表被排得满满的，他们往往专注于项目中各种任务的完成，从而错过或忽视来自项目成员的各种不满迹象。种种迹象表明，当项目成员不快乐且没有受到关注时，可能会对组织的整体表现产生严重的影响。

幸福快乐的项目成员的生产力相对于普通成员必然有更大的竞争优势，而且其工作成果也往往超出预期。项目经理了解以下 5 种迹象，将减轻项目中可能出现的不良影响。

5.1.1　缺乏激情

当项目成员精神不振时，表示对当前的工作缺乏兴趣；当项目进度没有任何进展时，表明缺乏前进的动机。只有当一个项目在实施过程中，人们都愿意分享想法、工作气氛变得热闹的时候，项目成员才能获得激情和动力，否则项目成员不会有很强烈的意愿去完成工作。

如果在项目中没有或很少有创造性的想法被贡献出来，组织中缺少创新的氛围，或者说没有鼓励创新的环境，会导致那些努力的员工没有前进的动机，同时也会导致组织没有动力往前发展。如果你的项目面临增长停滞的情况，意味着缺少某些东西，极有可能就是你的员工在工作上不开心，缺乏能量和动机。只有当员工真正开心地参与到组织的建设中去，并不断地加强客户满意度的时候，客户才会反过来促使组织的不断成长，从而形成一个良好的循环和结果。

5.1.2　工作"走过场"，不关心客户满意度

员工工作只是"走过场"，或者不关心客户的满意度，这其实也是一种不正常的状态。项目成员因为某些缘故，只履行了工作中的最低工作职责，实际上他个人也并没有意识到这一点，这种迹象表明项目成员已经不开心了。

客户是企业的衣食父母，如果发生这种情况，就意味着他们将处于不开心的状

态。在这种情况下，一定要对相关项目成员进行提醒和训练。

5.1.3 离职率和旷工率增加

许多项目成员离开项目或者调整自己的工作，只是因为他们对自己的主管或项目经理不满意。这意味着即使他们对工作抱有很大的热情，士气也会由于领导的原因越来越弱，最终导致离开。

没有人希望在不能获得成长或无法让自己上升的地方工作，人们都希望在有动机、有动力的地方工作。旷工率的增加，意味着他们当初对工作的期望早已不复存在。

5.1.4 员工满意度调查结果持续不变

如果员工满意度调查结果长期保持不变，这其实就已经意味着员工不满意了，他们认为不论怎样去工作，都不会有什么好的变化。就算是已经过去的一切，他们也会感到失望和麻木，导致对于这种形式的调查也不会太关注。

5.1.5 公司很难获得新人才

当组织缺乏新的发明创造，或总是在沿用过去的思路来提供产品或服务时，会让有灵感和天分的员工不开心，他们会选择离开。而即使补充新的成员进来，如果持续保持这种老旧的状态，这些新人才也会很快离开。

另外，当项目经理把所有的责任都推到项目成员身上时，这种负面的事件可能会让项目成员失去工作的动力。一个真正的领导者，会致力于打造积极快乐的员工关系，并取得很好的成果。

5.2

项目经理与员工的关系处理技巧

项目团队成员是推动项目并让项目前进的人，所以他们是非常重要的。除了管理项目，项目经理还负责管理项目中的人员，这意味着项目经理要领导、支持并指导他们，以及给他们分配对应的工作。

成功的企业通常是由伟大的领袖创造的，在项目中，领导者往往也受到团队成员的钦佩，这是因为他们具备某些特征能够激励大家。下面是成功的领导者一些常见的特点，拥有这些特点的领导者总是能够获得团队成员的支持。

5.2.1　改善员工关系的参考问题

在项目的各种场合中，项目成员对于自身的角色定位，与其他成员以及管理层的关系，还有对每个人不同的目标、野心及动机都会有不同的看法。下面这些问题可以作为项目经理的参考，为项目经理和项目成员之间建立积极关系提供帮助。

1. 你喜欢你现在的角色吗

在项目中，项目经理总是要给项目成员分配相应的角色，角色的定位意味着需要承担相应角色的职责。在分配角色之前，项目经理需要和项目成员进行沟通，然后分配角色对应的任务，并设置任务的时间表。如果任务有可挑选的余地，项目经理还可以和对方沟通，看能否为他们提供更多可能的机会，这样可以增加对方对你的信任并扩大自己的声誉。

2. 你喜欢现在的任务吗

如果你能减少对方的工作量，那么你就是他们心目中的英雄；如果你做不到的话，那就可以直接承认。如果你知道员工不喜欢这项任务，则可以和对方进行讨论，看能否通过培训的方式将当前的任务转移出去，或者让对方在新的领域完成当前的任务。总之，项目经理需要向他们展示自己正在尽最大努力回应他们的偏好。

3. 如果你能改变一件事情，那会是什么呢

项目中总是会出现各种各样的问题，没有完美的任务或环境。当你处于项目中的时候，如果可以改变一件事情，那么就试着为自己提供一个探索的机会，表达出自己对于成功的兴趣。通过这种方式，最起码可以找到对方有变化的意愿，而变化恰恰是在项目中经常遇到的。

4. 你的短期和长期目标是什么，我该如何帮助你

这是一个关键的问题，特别是对于有职业抱负的员工来说。许多人在不同的年龄段会有不同的职业态度，有时候项目经理会忽视掉优秀的项目成员，总是自以为

是地假设他们不想成长。由于他们没有被问及这个问题，导致他们会觉得组织不会再让他们有上升的机会，这样就大大浪费了项目中的人才和他们的能力。

5. 你希望如何收到反馈？积极的、负面的还是建设性的

这也是一个非常关键的问题，尤其是当我们的目标是想要提升自己的时候。但在项目中，每个人往往对此都有不同的理解。比如，领导在公共场合给予员工好评，但实际上对方并不喜欢接受公众场合的赞誉，可能会觉得很尴尬，从而导致他再也不愿意做出超出对方期望的结果。对于负面的或建设性的反馈应该在私下里进行，要避免公开场合下的批判，重点在于帮助对方解决问题。不管是哪种情况，你都需要了解对方的想法。

6. 什么激励你每天都努力工作（除了金钱和职位）

如果你明白是什么真正让一个人每天都在努力工作，你将能够创造更多的激励机制。各种研究表明，很多时候高薪并不是员工受到激励的首要因素。事实上，最重要的往往是他们对当前的工作有兴趣，当前的工作具备开放的沟通环境、领导的支持、能够获得成长和进步的机会等，金钱的激励只能处于激励因素列表的中间位置。如果你能够识别和利用每个人在项目中工作的真正动机，那么将会打造出一个高素质的团队，使他们获得激励并和组织一起成长。

7. 你想要什么类型的支持 / 辅导

项目中，一些人想要的会很多，一些人可能只需要一点点就能满足；有些人可以独当一面，有些人却总是需要别人帮忙。尽管项目经理本身并不是一个导师或者教练，但是有责任给他们提供获得成功所需的支持，这样也会让别人更加看好你。

8. 还有什么可以帮助我们一起解决问题吗

如果员工在项目中遇到一些问题，那么你在处理这些问题之前，可以安排一对一的会议，提前帮助对方解决他们对于问题的疑虑，并制订相应的计划来解决这些问题。

9. 及时安抚没有获得晋升的团队成员

项目团队中，如果一个团队成员由于没有得到晋升而展现出不满意的态度，从而失去工作的动力，项目经理则应快速介入。项目经理最好直接提出来，然后问问对方如何看待这件事，是否仍有兴趣提高自己或承担更多的责任。

项目经理的角色就是帮助对方进步，如果有人能响应，那么需要持续地深入

沟通下去，看能否寻找到新的机会。如果这个人表现出负面的情绪，那么要立即让对方知道这种行为是不可接受的，可以通过后续沟通来确保对方的表现得到改善。

10. 能否与前同事合作

如果你升职成为项目经理，那么在同事变成下属的情况下，重要的是要澄清你的角色和关系与以前相比如何不同。这并不意味着你不能和之前的同事继续保持合作的关系，但也不能因为前同事关系的原因，让对方获得额外的好处。比如让对方迟到或提前离开，或者与他们分享一些不能和其他团队成员分享的信息。

5.2.2　开放式沟通，鼓励合作

仔细地倾听和获取外部来源的信息，是项目成功至关重要的一点。所以，团队中保持开放的沟通是绝对有必要的。项目经理在制定具体的任务时间表时，要和项目团队保持沟通。如果想要避免项目中负面问题的出现，项目经理也要和项目团队保持持续的沟通。沟通是防止项目产生风险的最佳方法。

除了在内部保持沟通，当出现一些重大的政策改进或业务流程变更时，如果没有及时倾听外部或其他利益相关者的需求，那么项目团队可能会重复犯已经发生过的错误。

良好的沟通也包括知道什么时候说不。一个项目团队不应该承诺他们无法交付的任务，并且在一开始的时候就要拒绝，这样可以节省不必要的时间和金钱成本。项目经理要永远记住，关于你的团队哪些能做、哪些不能做，一定要诚实。

1. 不断地沟通

信任基础的开始和结束永远是沟通，这已经是"公开的秘密"了。项目经理需要经常和项目团队对信息进行共享，及时更新并透明化项目相关事件的进展。要知道，当项目成员缺乏获得信息的渠道时，往往会自己创造出假设的信息。

当由于某些原因无法和项目团队成员分享相关信息的时候，项目经理需要告诉他们自己在做什么，为什么会出现这种情况，或者让他们知道一个时间计划。这往往比裁员的情况更加艰难，但诚实沟通的态度可以让他们知道你是站在他们这一边的。

2. 积极鼓励合作

一个成功的项目经理会鼓励整个团队成员凝聚在一起，作为一个统一的团体来面对任何挑战。随着项目的不断发展和深入，项目经理不可避免地深入了解项目中每个成员的贡献价值，这将会鼓励和推动项目成员之间进行互相理解的合作。

3. 打造真正的合作

在项目的实施过程中，项目经理要了解谁是计划的合作者，不要等到项目发生困难的时候再去寻求他们的帮助。要在一开始就和对方建立真正的合作关系，并让这种合作成为项目的日常工作方式。

除了加强和团队成员之间的关系，领导者还应该加强团队协作，确保每个人都明白自己的角色，并带动整个团队进步。通过为他们提供工具和基础设施以加强协作，每个成员都知道到哪里寻求帮助和指导，知道如何找到信息和交流思想。

5.2.3　坚守你的承诺

简而言之，项目经理要加强项目团队成员对项目团队的信任，实现这一目标的最好办法就是以身作则、通过沟通了解真相、敢于承认错误并给予及时的反馈。信任将项目经理变成一个真正的领导者，而项目团队不仅仅是向项目经理报告，并且是从内心想要跟随项目经理。

1. 建立强有力的承诺

一个强大的承诺，能够让每个项目团队成员感受到贴心的真诚，也让每个团队成员真正地感到项目的乐趣。领导者必须要和项目团队进行交谈，要让他们知道你很重视他们的贡献。此外，领导者应该给自己的团队成员更多发展的机会，让他们的贡献变得更加显著，而他们也会变得更强大和更有价值。

任何在项目环境中工作的人都知道，和其他的利益相关者相比，我们经常见到的和沟通的都是项目中的团队成员，这就是为什么项目经理和项目成员之间建立相互信任的关系显得很重要。

2. 建立信任

什么是信任？在项目的背景下，信任为团队成员独自一人工作提供了一个安全的空间，并使他们能分享想法，也让他们知道可以彼此依靠。信任也有助于创新、形成高效生产力和自主性的文化，对于项目团队有效地蓬勃发展也至关重要。

项目经理需要和团队进行联系合作才能完成项目，除此之外，还需要和项目的利益相关者、赞助商以及老板建立联系。项目经理要通过了解业务本质、尊重他人、全面实施有效的项目管理来获得各方的信任。

3. 坚守你的承诺

古人云，一诺千金。在项目中，如果项目经理说要去做某件事，那就一定要去做，所以在说的时候一定要仔细地考虑清楚。这也是让项目团队做事的最好方法，项目经理提出期望，然后项目团队也需要坚守承诺把这个期望完成，承诺是对双方都产生效应的。

4. 关注整体项目承诺

项目中的工作可能很困难，这很容易让我们忽视掉我们到底正在做什么，为什么我们要做。所以，项目经理要不断地提醒项目团队、不断提及对项目的整体承诺，以及你如何履行这些承诺。

5. 保持诚信可靠

诚信是个人的选择行为，不断地在项目中磨练这种行为是非常关键的，要让你的行为、道德和原则在每个项目中保持一致。你可以通过日常的决策来进行磨炼。

成功的项目经理往往诚实而忠诚，他们设置项目的基调，并且明确地表明执行哪些规则，所以能很轻松地获取项目团队成员的信任。

6. 获得项目团队的承诺和支持

当获得高层管理者的执行支持后，项目经理最重要的任务是把各项措施落实到位，那么需要知道做什么来持续获得执行支持以及高层管理者的底线在哪儿。在提出新的实施方案时，至关重要的一点是要突出项目在组织中的价值所在，项目经理要专注于项目中的业务目标所带来的好处和价值，才能获得上级管理层的支持。

项目经理需要通过尽职调查，研究项目中的问题并持续保持管理激情，与项目团队沟通并及时传达相关信息，提供权限范围内的所有细节，按照适合项目团队的方式进行交付。这样将在很大程度上让项目成员知道项目经理和他们是在一条船上的。

5.2.4　单独会议，询问并提供反馈

项目经理需要通过安排独立的个人会议，进行一对一的交流，询问团队成员的工作进展和生活状况。这不仅可以让项目成员更相信你，还可以帮助你与团队中的个人建立起更加诚实的关系。同时，项目团队成员也会更加轻松和诚实地进行反

馈，并且会告诉你他们有所保留的事情。

项目经理展示自己信任项目团队的最佳方法，就是要求获得他们的意见和想法，告诉他们你重视他们的意见，听取他们的关注点，与此同时团队成员要诚实地反馈自己的意见。作为一个成功的领导者，其重要特征之一就是能够通过给予建设性的批评来激励项目团队。

5.2.5 以身作则，树立典范

即使是经验丰富的项目经理，也常常难以成功地驾驭整个项目，这是因为每一项任务都有新的挑战和不同的标准。下面这些技巧可以帮助项目经理更好地做到以身作则，从而让自己成为一个具备领导风格的项目经理，如图 5-1 所示。

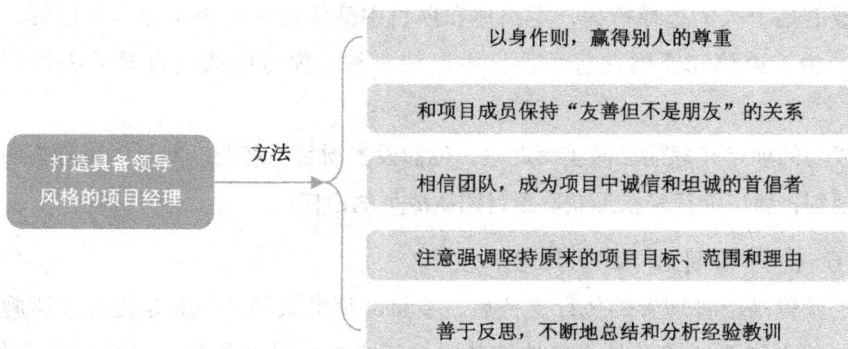

图 5-1　打造具备领导风格的项目经理的方法

通过了解上面这 5 个简单的技巧，你可以避免在遇到不寻常的挑战时感到不知所措，可以将从这些技巧中学到的知识应用于你的个人领导风格，成为一个优秀的项目经理！

5.3

项目经理与利益相关者的关系处理技巧

项目管理在提供了挑战性角色的同时也提供了有趣的职业选择。例如，作为项目经理，你必须处理利益相关者的需求。项目利益相关者有不同的愿望、期望、行为、技能、经验和参与项目等。

项目利益相关者是最终决定你的项目是否成功的人，所以你要积极地了解他们，以便从他们那边学习，并让他们了解项目的进展，在必要时还可以稍微地影响他们使其发生转变。

与利益相关方建立高效、合作和积极的关系可能意味着项目的成功完成与绝对失败之间的差异。如果考虑项目管理的所有责任，项目经理的主要职责就是努力促进这种关系。

5.3.1　识别并接触项目的利益相关者

项目经理一定要记住，利益相关者不仅仅是雇佣你过来管理项目，还要从项目中获得成果。那么你在创建项目计划的时候，就需要确定所有的利益相关者，并让他们知道项目的利益所在。

1. 搜集初始利益相关者

一旦你知道你将成为项目经理，应该立即开始考虑这个项目将包括哪些人，想想项目的目的、完成项目带来的好处，以及可能还会遇到的一些挑战和该项目与其他历史项目的细微差别。

这将帮助你汇总形成一个完整的名单，包括谁参与项目的规划、谁是持续参与项目的人、谁是客户、谁是赞助商等，然后通过询问这些人，了解还有谁可以参与到这个项目中来。

2. 列出可能的利益相关者

在项目启动阶段，你应该发现谁是你的利益相关者，想想谁会受到项目结果的影响，谁会对项目产生影响。正确地识别利益相关者是至关重要的，否则在后面的阶段你将更难与他们建立积极的关系。

同样重要的是看看公司外部，考虑你的外部利益相关者是谁。对项目参与者进行访谈将使你发现更多，列出可能的利益相关者的基本列表，如下所示。

- 项目经理。
- 项目团队。
- 高级职能和资源经理。
- 公司工作人员。
- 供应商和赞助商。

- 产品用户。
- 股东。

3. 考虑项目所有阶段

当你开始在规划一个项目的时候，很容易识别哪些人在一开始就可以参与进来，并了解到可能会有哪些人在项目实施中也持续保持参与。

但是当项目开始沿着特定的路径走下去的时候，不同的人将会在不同的时间点参与进来。除了那些从头到尾都始终参与项目各个阶段的人之外，你还要考虑比如关闭项目时或者涉及法律要求时，你需要去找谁。

4. 纵向深入挖掘

规划项目的过程中，要找到正确的群体，只要涉及规划阶段的人员，就需要不断地深挖下去。比如，你可能需要公司的营销部门参与，营销部门负责贸易展览、印刷广告、网站、社交媒体等诸多方面，你需要确切地知道营销部门的哪一部分由什么人来负责，如果遇到困难需要向哪些人求助。在项目的规划阶段，你要确定适当的观众，否则可能会出现混乱和失望。

5. 完善利益相关者基础信息

现在已经有了各个利益相关者的名字，那么接下来是按照名字和职位来确定每个人在项目中的位置。

项目经理可以通过 Excel 电子表格来完成汇总，其中包括每个人的姓名、部门、职务、电子邮件地址、电话号码。这样的列表一旦形成并组合在一起的时候，可以帮助你识别项目的真正观众以及找到需要补充完善的地方。

6. 横向拉通职能部门

你可能会想，为什么有些人不直接参与项目也要作为观众放到记录列表中去呢？比如组织中的职能经理，就不是直接参与到项目中做具体工作的人。

但这是非常重要的，即使他们当前并没有参与进来，也需要和他们建立非常良好的合作关系。因为通常他们需要对部门的资源获取和调度进行负责，而一旦你发现项目的资源不足，你就需要他们的多方面配合，或者直接获取他们的协助，从而保证项目顺利地进行下去。

7. 确定各个利益相关者的能力

规划项目的过程中，需要确定完成计划所需的资源，包括每种资源能发挥哪些作用，比如一个专家资源可能会起到解决疑难杂症的作用。

项目经理需要根据每个资源当前的职位，以及他们之前的职位，来完成资源能力的输入，避免出现影响效率的重复资源，同时这些资源也要尽可能多地覆盖到所有的任务。

8. 时刻保持更新

资源的需求贯穿项目的整个生命周期，而这个生命周期可能持续数月或数年，这在大多数项目中都会见到。项目经理需要确保各个利益相关者的列表与项目的进展或变动保持同步。

随着项目的进展，会有人离开，有新人加入，会有岗位调整，也会有新的范围变更，你需要确保每个人都能够了解项目当前的进展情况，否则在项目结束的时候，总是会收到不少的投诉和抱怨。

9. 尽可能把不确定的人包括进去

如果有人和你说，他自己不能确定是否参与到你的项目中去，那么宁可包容地把对方加入到你的项目利益相关者名单中作为一名观众，也不要轻易地将其排斥在外。

如果项目经理觉得有人应该包含到项目中去，那么也应该主动地让他们知道，还可以让他们周围的人知道，比如对方的领导，甚至高层管理者。如果做不到这一点，可能会让他们不高兴、觉得自己被忽视，从而无法在项目上获得他们提供的见解。

简而言之，一旦你在规划项目时确定了所有合适的人员，就可以与他们一起进行沟通，包括各种访谈、现场研讨会、网络研讨会和其他能获取他们需求的沟通方式，不断地关注项目风险和问题的应对方法，避免在项目快结束时支付额外的成本。

10. 与你的利益相关者接触

并不是所有的利益相关者都是平等的，项目经理可以选择不同的沟通方法，以节省时间和精力。

● 有高度影响力和对项目非常感兴趣的利益相关者，需要密切和持续地管理，项目经理可以使用项目进展会议或简报的方式有效地与他们沟通，并确保他们知道项目进度。

● 对于那些仍然对公司有很大影响但对项目没有兴趣的人来说，项目经理可以选择使用指导委员会，或者简单地通过董事会会议，来让他们了解项目进展。

● 有兴趣但较低影响力的利益相关者，可以通过电子邮件、视频或亲自沟通等方式，只需让他们知道项目有哪些更新就足够。

● 低影响力和对项目无兴趣的个人也应该被监测到，但你很少联系他们，只需要发送电子邮件或状态报告即可满足他们的需求。

5.3.2 制订计划，确定对利益相关者的影响

每个公司的背后都会存在着巨大的利益相关者关系，简而言之，利益相关者就是对公司感兴趣并且直接对决策产生影响的个人或团体。如业主、员工、供应商以及债权人等都属于利益相关者类别。

一些公司可能优先考虑某些利益相关者，如他们的客户，然而利益相关者的管理涉及被业务影响的每个人，而不仅仅是选择性地和部分利益相关者建立和保持积极的关系。在对利益相关者进行管理之前，需要制订计划确定利益相关者的影响，以便成功交付项目或任务，具体方法如图 5-2 所示。

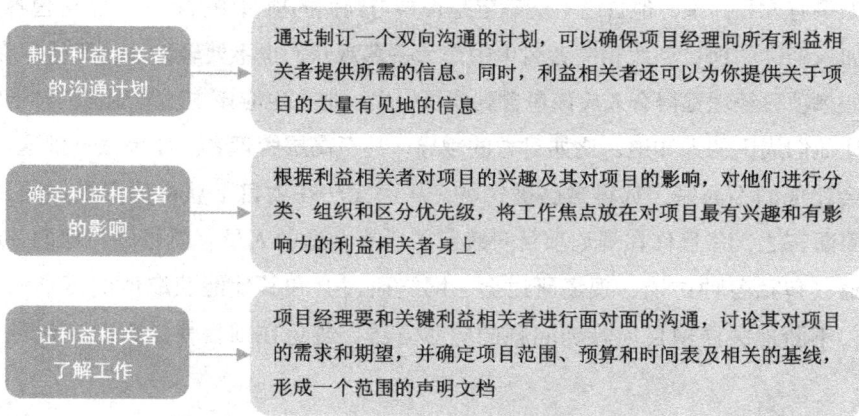

制订利益相关者的沟通计划	通过制订一个双向沟通的计划，可以确保项目经理向所有利益相关者提供所需的信息。同时，利益相关者还可以为你提供关于项目的大量有见地的信息
确定利益相关者的影响	根据利益相关者对项目的兴趣及其对项目的影响，对他们进行分类、组织和区分优先级，将工作焦点放在对项目最有兴趣和有影响力的利益相关者身上
让利益相关者了解工作	项目经理要和关键利益相关者进行面对面的沟通，讨论其对项目的需求和期望，并确定项目范围、预算和时间表及相关的基线，形成一个范围的声明文档

图 5-2　制订计划确定利益相关者的影响

5.3.3 利益相关者的管理要素

项目经理想要管理一个良好的项目，完成更好的交付，就要做好和利益相关者的关系管理。通过和他们的沟通了解，项目经理就会发现，项目中的时间、成本和质量并非都是同样重要的。

随着项目交付逐步进行，项目的时间、成本和质量会依据项目的需要有所偏向，如进度延迟、成本增加或者质量要求调整。当然不可能去掉或一点都不关注某一部分，所有的这些都涉及对于利益相关者的管理过程，缺少某一部分就很难把握住项目的关键点。利益相关者的管理最终分解为以下 9 个关键要素。

1. 与所有利益相关方沟通

项目经理从第一天接触到某个项目，就算是正式开始了。项目经理所做的第一件事，就是和所有的利益相关者沟通项目的目标，包括项目成员、部门经理、项目的赞助商、项目客户以及有价值的用户。

只有通过和各个项目利益相关者沟通，项目经理才能了解项目真正的目标是什么，各方面的诉求和期望有哪些，哪些人对项目有正面的影响和推动力，哪些人可能会给项目带来风险，甚至会阻碍项目的成功。只有把这些了解清楚了，才能对项目有一个整体的概念。

没有和利益相关者进行沟通和交流，就没有信息流动的渠道，整个项目就犹如一潭死水。项目经理要不断地通过公开的流程和利益相关者保持沟通，保证各利益相关方的参与和介入。保持沟通的另一个重要方面，就是避免让项目在利益相关者面前消失或变得无关紧要，没有利益相关者关注的项目，注定是一个失败的项目。

2. 创建关键利益相关者的沟通名单

项目经理首先要清楚，项目中哪些利益相关者是必须要进行沟通的。可以列出项目中所有的利益相关者清单，同时也要整理出项目中那些会影响到项目成功的关键信息。这样可以有针对性地向必要的利益相关者发送即时消息，并和这些关键角色随时保持联系，告诉对方会及时更新信息。如果有必要的话，项目经理可以对名单中的关键利益相关者进行测试，比如停止联系一段时间或者很少接触，如果有人想要获得更多的信息，他们会主动和你联系。

3. 保持项目透明度，维护公共关系

项目的透明度有助于维护项目中的公共关系，并保持与项目中各利益相关者的联系。保持项目的透明度是项目管理者的基本素质之一，通过项目透明度来确保项目严格遵守项目的指标标准并降低成本。由于多项目并行的存在以及项目群的工作方式，这种透明度显得越来越重要。

项目中的一些任务或者活动最初可能会有一些错误或疏忽导致成本增加，但如果不加注意或者没有被揭示出来，随着项目不断进展或者事情变得越来越复杂，最终会产生大量的收入损失和增加额外的成本费用。

项目经理必须帮助所有的利益相关者，了解他们的行为如何影响到项目的状态，通过增加项目信息的透明度来改善项目管理中的问责制，降低项目风险，并有效地促进合作。

4. 定期与利益相关者建立更好的关系

在开展项目之前，项目经理应该知道谁是项目的利益相关者，还应该做一个利益相关者分析，并决定如何与利益相关者进行沟通和联系，如何给他们定期发送通知等。

当有利益相关者进行回应时，项目经理需要对其中一些可能很难处理的问题进行调节。因此，项目经理必须决定沟通策略和沟通频次来获得项目的最佳利益。

其实在项目中真正对项目操有"生杀大权"的并非项目经理，而是项目的关键利益相关者。他们拥有更多的权力，会对项目产生巨大的影响，他们还会增加或减少项目的交付范围，让项目经理的工作变得困难或容易。

同时需要注意的是，所有和利益相关者的沟通都应该是诚实的、没有歧义和不存在欺骗的。如果项目的关键利益相关者和项目经理之间的关系变得更好，那么就会形成更有成效的项目成果和更加积极的工作环境。

5. 获得利益相关者的认同

利益相关者的认同非常重要，他们会认识和理解项目的目标，知道这个项目能给自己带来什么好处。在项目的任何阶段，忽视利益相关者都会给公司带来不可逆的损失。获得利益相关者的认同包括以下几点。

（1）尊重和信任：项目经理通过对每个利益相关者的尊重和信任，建立起与他们之间的双向升值空间。

（2）明确和理解：项目经理要了解利益相关者的背景以及过去的经验，以获得他们对项目的观点和看法。

（3）重视：项目经理不要低估任何一个利益相关者的意见和需求，不论这个利益相关者是高级管理层还是普通的系统用户。

（4）责任：项目经理要确保利益相关者都能够承认，他们需要对决策承担责任。

（5）积极：项目经理要显示出对于信息的兴趣，并需要用积极和正面的态度回应信息。

6. 让利益相关者积极参与

利益相关者的参与是指让他们形成项目主人翁的意识，对即将参与启动的项目要敢于承担责任，项目经理要积极地提供项目信息和进行风险管理。

比如，项目经理对项目中的问题要有可预见性，对于坏消息要主动传达，通过开放和诚实的态度来搭建和利益相关者的诚信体系，要让利益相关者和项目经理之间形成相互欣赏、交流和参与的良好局面。

7. 征求利益相关者的意见和建议

项目的利益相关者可以提供咨询和反馈来帮助项目团队，根据项目利益相关方的意见，展示和建立项目团队和利益相关者之间的信任和关系。此外，当项目发生变更时，利益相关方还可以帮助项目经理让其他团队成员更容易接受这些改变。

8. 及时准确地报告信息

与项目利益相关方的所有会议和讨论应侧重于整体影响和地位，利益相关者依靠项目经理来控制可能引起关注的小型任务和活动，项目经理可以通过对利益相关者进行解释（比如说明项目中这些任务和活动给项目整体带来的效果和好处），来消除对方的担忧。通过不断的结果验证，利益相关者将会相信项目经理的判断，并给项目经理的项目管理提供更多的自由。

9. 保持积极的态度

你有没有对陌生人笑过，或者目睹过陌生人的微笑？在与利益相关方共同参与的同时，保持积极态度，可以减少他们的敌对情绪和不安心理。

5.3.4　利益相关者的谈判技巧

作为项目交付人员，你是如何看待销售人员的呢？当有人试图推销什么给你的时候，你是不是感觉对方在通过夸大事实的方式来让你买单然后获得佣金？实际上，销售对项目管理同样重要，虽然这两个职业看起来没有相关性，但却存在较多的共同点。

1. 学习项目管理术语

项目管理过程中，项目经理需要和各式各样的利益相关者进行沟通，这个时候，每个人都需要保持统一口径，那么首先就需要掌握一些简单的项目管理术语。项目管理中有很多术语，从基线到甘特图，从 WBS（Work Breakdown Structure）工作分解结构到风险管理，通过掌握越来越多新的术语，可以让自己逐步掌握项目管理的知识体系。

2. 把自己作为一个品牌

你可以把自己想象成一个公司，当你这样做的时候，你其实就摆脱了传统的思维定式。你拥有的是一个公司，而不仅仅是一个人。当个人作为公司存在的时候，你需要把自己作为一个品牌来宣传，如果你有创意、设计和营销等技能，那么你可以更好地向其他人进行介绍。

3. 进行思想的传播

在与利益相关者谈判时，项目经理可以出售自己的想法，虽然它不是一个物理项目，但想法是同样重要的。思想的传播是累加的，如果双方互相分享想法，则双方都会有两个想法，而不是一个。

4. 定一个合适的价格

对于买方来说，赞助商或利益相关者想要知道你的产品或项目是值得的，为什么赞助商选择你的公司来执行这个工作，如果他们可以聘请更便宜的承包商的话有什么区别，还是说你的价值更大？此时，你要从项目经理职位变成销售人员，必须开发一个销售宣传手册给赞助商，以确保他们清楚地看到你和其他承包商的区别，证明你值得对方选择，让你的经验、技术、工艺等被对方认可。

对于赞助商来说，可以选择这个项目，也可以选择另外一个项目。你的价格可能太高，你提供的解决方案可能没有超过他的期望，那么你需要提供额外的利益给赞助商，让对方知道这些额外的费用不是没有道理的。

5. 与客户寻找共同语言

项目中不同的人有不同的背景和沟通风格，不要指望使用同样的沟通方式和不同决策者进行协作。作为项目经理，需要确定一种最自然的方式与客户进行沟通，并进行相应的调整。企业或者组织中有些人比较友善，有些人则非常严格，他们在工作时和非工作时会有不同的谈话方式。

6. 形成可以做到的最低限度的信息传递

从个人角度来看，你可以接受的最低限度的信息是多少？这些信息要确保以下事项。

- 各利益相关者能够获得项目所需的必要数据。
- 关键利益相关者知道需要支持的问题。
- 关键利益相关者知道要做出什么样的决策来推动项目。

那么，项目经理可以根据之前设定的关键利益相关者的沟通名单，来和相应的信息进行映射，以此作为项目中形成沟通计划的基础。

7. 说"是"

项目管理的真相是，项目经理面对的永远是"不可能""不太可能""完全不合理"等类似的说法。不论面对的挑战是什么，项目经理的工作永远是提供合适的选项，并确定可以做什么来达成解决方案。

以"是"为应答先导，是克服困难的最有效途径之一。如果客户需要将项目完成时间提前，那么项目经理应该积极地回应，例如："是的，我们可以提前到期，但是我们需要大幅减少项目的范围或增加员工。"提供积极的回应，并提供一些选项和结果，通常会让提问者自己来提出"否"的答案。

8. 适当妥协达成一致

项目中有合同的概念，并且需要对合同进行谈判，才能最终确定。在合同谈判过程中，需要双方做出让步来达成协议，这种妥协是谈判的一部分，很少有谈判双方出现双赢的局面。如果你提出的最佳方案对方不同意，那么你就要去尝试找到双方妥协的点在何处，不断地进行谈判，来达成最终的协议。

5.3.5　将责任分配给利益相关者

项目并非是项目经理一个人的项目，其中包括了所有和项目相关的人，不同的人负责不同的活动，因此项目经理才会去协商各种要求，并重新确定不同的利益相关方，定义出不同的功能优先级。

一个优秀的项目经理可以将混乱的项目理顺，并引导项目朝着目标前进。项目经理需要在项目实施过程中查看谁负责什么，需要了解他们的具体工作内容。如果没有一个指定的责任人，那么项目中很多任务就会被推迟，工作会被搁置，影响项目的进展和收入。

5.4
项目经理与高层管理者的关系处理技巧

项目管理层包括项目的赞助商、指导小组、项目委员会、项目审计师和评估员，以及任何对项目的正确执行负有责任的人。项目经理需要建立与他们的关系，并了解他们的需求和关注点，以正确地满足他们的需求。

如果一个项目经理能够获得项目中一个高层管理人员的支持，那么就能在项目中更容易地克服障碍。有可能重新调整预算，重新分配资源，并可以随时调用各种工具，通过这种支持可以让项目往成功的方向迈进一大步。

5.4.1　项目经理的 6 种领导风格

每个人都有不同的工作方法，项目经理也不例外。在项目中有很多种方法把事情做好，每件事情都做得正确的前提是要始终保持目标一致。如果项目经理想要加强自己的管理技能，并且完善自己的方法，打造自己的个人风格，那下面这几种管理方式可能会有所启示。

1. 权威

权威的项目管理者喜欢倾听项目团队的汇报，他们拥有丰富的管理知识，并且乐于告诉项目团队如何管理一个项目。他们通过自身的能力，来树立自己在项目中的地位，并且团队成员也会承认这一点。

2. 民主

民主管理是最好的授权方法，民主的项目经理很喜欢让大家集中在一起进行讨论，通过这种方式来获得大家的信任，并完成项目管理过程。

3. 强制

对于项目管理人员来说，对项目成员进行强制管理非常艰难，很多时候可能会出现碰撞问题。这类型的项目经理给项目成员的自由发挥的空间最小，项目的驱动是根据项目经理的能力和眼光去进行和完成的，最适合经验不多的项目团队。

4. 附加

附加方式的项目管理很难成功，这些项目管理者提供了明确的指示方案，然后就让项目团队按照计划以及预期的进度进行工作，自己只是偶尔进行几次检查。

这种风格的项目经理对于项目进展没有严格的最终时间计划，项目团队成员也是各自为战，而项目经理总期望自己是一瓶胶水能将团队成员粘合起来，但实际上最终形成的是一个较为散漫的团队。

5. 标兵

标兵型的项目管理者基本上都是掐着时间来进行工作的，特别侧重于完成工作，总是期望在截止时间前完成。

对于复杂项目，标兵型的项目管理者关注质量多过进度；而对于简单的项目，则只需要确保项目成员在正常的范围内朝着项目目标前进即可。

6. 最佳

有时候，没有风格就是最好的风格，不同的项目可能需要不同的方法。在某些情况下，使用特定的风格会做得更好。不断变化的风格不是一种可行的选择，因为这会让项目团队无法始终和项目经理保持一致。

如果你今天用民主的方式让大家集中讨论，第二天又采取附加的方式不管不问，这会让项目团队无所适从。项目经理需要在这两者之间取一个平衡点。

7. 小结

要运作好一个项目最重要的不是项目经理的风格，但是项目经理的风格会让项目成员知道如何和领导者保持风格上的一致。每一个项目经理或领导者都应该保持鼓励、激励和公平的态度，好的项目经理或领导者不会让员工感到困惑或窒息。

不论你的领导风格是什么，放在一个合适的位置上就是一个好的项目管理过程，项目团队也会很乐意持续跟随下去。

5.4.2　如何与新的领导保持融洽的关系

项目中人员的变更很正常，项目团队经常会被分配一个新的项目经理，这种情况下，很多人就需要重新调整思路或者重新面对新的领导压力。项目经理的变动往往意味着项目团队成员工作或资源的重组，同时要向新领导过渡。下面有 6 个关键问题，你可以问问自己，通过询问来制订相应的策略以保住自己的工作并与新的领导保持融洽的关系。

1. 谁在评估谁

项目中，许多人忘记的第一件事就是他们自己会被评估和测试。当然，你可能也在做同样的事情——在评估和测试新来的项目经理。但是与此同时，对方也在对你做出评价，而且他对你的看法比你对他的看法会有更大的影响。一般情况下，项目经理会在前 3 ～ 6 个月进行变更，那么这期间如何处理好关系是至关重要的。

2. 为什么不去工作

做任何一件事都需要客观地对待，如果你遇到了一个新的项目经理，对你来说实际上项目中的任务并没有什么变化，那么你没有任何理由对工作懈怠。

你可以将自己所负责的区域整理出来，要用心地做事情，找出项目中的问题和根本原因，并生成解决方案。将所有的一切都重新整理一遍，并汇报给新的项目经理，要让他看到你所做的重要事情。

3. 应该怎么做

你要先看下自己最近的表现如何。你以前的项目经理对你来说，管理是太强硬还是太软弱？你是否在项目中承担着实现关键组织目标的角色？你的同龄人会对你说什么？你的客户怎么看待你？项目中的其他人怎么看待你？

你的新项目经理会搜集这些信息，同时对你做出衡量。如果有机会进行改进，一定要抢在他对你做出最终的评估之前。

4. 如何有效地和领导合作

每个项目经理都是不一样的，作为项目成员，需要花点时间去分析自己的领导，包括他的工作方式以及他的期望，这将有助于你了解对方的风格和偏好，也便于让自己适应，并获得自己想要的内容或信息。情景模拟是一个双向的渠道，你的领导要尝试采取什么样的方式来激励项目成员，以及如何管理项目成员；项目成员则需要了解自己的领导来适应需求，这样双方才能进行有效的合作。

5. 你是站在新领导一方的吗

当一位新的项目经理来到项目上时，有的人处于观望状态，也有人撸起袖子努力地工作，期待做出好的表现，有的时候这就是一场危险的博弈游戏。新项目经理寻找各方发出的信号，看每个人的站位方向，并将做出判断：谁是可以进行合作的人，谁是可能拖延项目的人，还有谁是反对自己的人。那么在一开始，你就要自己做出决定，否则被定位后就很难再次进行调整。

6. 如何帮助领导

对于项目成员来说，要记住新项目经理也会面临很大的压力，他可能正在尝试一个新的领域，他也需要了解领导对他的目标和期望，也会需要尽快展示出个人的能力和信誉来减轻压力，同时也会想早一点获得项目的成功。

那么，你能做的，可能是一个项目相关信息的汇报或者专业知识的解释，帮助对方迅速上手。展示自己积极的力量，这才是帮助领导的最好方式。

5.4.3　高级管理层的支持非常重要

大量的研究表明，项目中缺乏执行支持是项目失败的一个重要原因。实际上，仅仅提供执行支持是远远不够的，项目经理还必须要与正确的高层管理者保持方向和目标的一致。

例如，可以把高层管理者和想要出售房子的开发商进行对比。当开发商想要出售房子的时候，开发商需要剖析房子（项目）的每一个方面，买方也会分析楼层情况，对价格进行谈判，对颜色进行调整，对成本进行监控，并观察房子的质量。当买方作为业主搬迁到新房后，还会继续修改、补充和改造房屋来保护自己的投资。

那么项目的发起人作为高层管理者也应该像开发商一样，需要深入地介入到项目环节中去，去了解项目的方方面面；项目经理也应该及时通过沟通或定期汇报的方式，让高层管理者深度参与进来。只有这样，项目发起人以及客户的利益才能保持一致，这个项目才有很大的成功希望。

因此，获得高级管理层和执行管理层对项目的支持，对项目成功来说至关重要。如果管理层确信你的项目会取得成功，他们将会不遗余力地支持它。正如前面提到的，利益相关者的分析将帮助你评估高级管理层成员的影响力和决策力。

如果项目经理能够良好地驾驭项目，并不断地给他们惊喜，那么高级管理人员将会给予一定的宽松政策进行支持，所以项目经理应该向他们及时通报项目重大进展，并定期回溯。

5.4.4　项目规划是关键，让专家参与

传统的管理方式仍然认为项目规划的水平决定了项目的成功。如果想要做出真实的项目规划，项目的输入应来自项目各领域的专家。

在项目经理正式宣布最终项目计划开始之前，就应该获得专家推导出的各种相关数据，并根据专家的经验来发现哪些事情可能出错，考虑到所有的可能性，这样才能获得更多合理的缓冲时间。

5.4.5　表现出合作的领导技能

一个优秀的项目经理，只需要优化项目流程和进度，分解并委派任务给合适的人，做好项目预算并控制不要超支就够了。

而真正卓越的项目经理，每一天都需要表现出合作的领导技能，如谈判、评估、灵活机动地制订战略等。他们知道如何持续运作项目，并始终让团队保持高昂的士气；他们清楚自己想要达成的目标，与客户的战略目光对齐，并致力于协调和推动项目团队取得圆满成功。那么，优秀的项目经理和卓越的项目经理，在领导技能方面有哪些区别呢？

1. 区别 1：战略的眼光

优秀的项目经理：关注项目进展、输出和沟通。

卓越的项目经理：深入地参与到项目团队技能建设中去，并用战略的眼光去执行战术。

卓越的项目经理可以适应不断变化的信息，知道如何发挥团队成员的最大作用，他们知道什么时候进行鼓励而不是一味地去督促。

卓越的项目经理能够在飓风中保持冷静，他们知道唯一不变的就是变化。

2. 区别2：创造性的解决方案

优秀的项目经理：按部就班地完成工作。

卓越的项目经理：往往会找出新的路线来，能够创造性地提供问题解决方案。

一个优秀的项目经理知道，项目的首要任务是帮助客户和产品成功，这种成功的定义可能会随着时间的推移而有所不同。卓越的项目经理知道项目管理中的每个细节，并通过细节去形成一个更高的目标，他们会花更多时间去思考项目的计划和进度，并从长远的角度考虑战略和发展方向。

3. 区别3：擅长谈判与合作

优秀的项目经理：考虑通过哪些工作任务完成项目。

卓越的项目经理：合作、谈判和提供解决方案是取得成功结果的关键。

卓越的项目经理具有扎实的谈判技巧，知道如何有效地进行协作和谈判来实现组织目标。卓越的项目经理一般会从以下4个方面进行考虑。

（1）准备：收集当前状态下的文档、数据和证明等。

（2）披露：向团队成员或者利益相关者披露相关信息。

（3）沟通：基于双方共同的利益和目标讨价还价。

（4）关闭：保证所有的利益相关者达成一致意见。

4. 区别4：精于评估技巧

优秀的项目经理：关注结果。

卓越的项目经理：擅长解决问题的技巧，并知道采取哪些步骤形成一个有效的解决方案。

卓越的项目经理知道项目面临挑战的真正意义，他们知道如何评估项目实施过程中的情况，并能够问出正确的问题，如：我们需要一个新的供应商吗？对于当前的项目，是否需要采取不同的方法？如果我们变更交付范围和交付进度，客户会不会更高兴？

卓越的项目经理通过合作和评估最佳的选择，来找出可替代的方案。

5. 区别 5：了解人的艺术

优秀的项目经理：乐于聘请有才华的团队成员。

卓越的项目经理：了解"人的艺术"，他们知道在正确的时间以正确的方式来利用好每一个人的技能。

优秀的项目经理也能够知道如何利用每个团队成员的天赋，让他们能够使用合适的专业技能来解决特定的问题。卓越的项目经理则通过战略眼光，把所有人集中在一条船上，让大家发挥出所有的力量进行合作，通过这种调整形成有效沟通和项目成功的驱动力。

你想成为卓越的项目经理吗？那么找到差距后，努力去弥补吧！

5.4.6　向上管理，管理你的老板

作为一个项目经理，如果想要在商业和项目管理方面都取得成功，就需要管理你的老板。这种做法被称为向上管理。这意味着发展一种工作关系，让你从你的老板的角度来理解世界，并为你获得好处。

如果没有做好这个向上管理，那么很有可能是你浪费了大量的时间进行沟通，不断地产生误会，项目发展受到挫折，甚至可能导致你的职业生涯出现重大危机。项目经理可以看看下面这 5 种管理方法，或许可以助你一臂之力。

1. 了解你老板的观点、优先事项和议程

你的老板喜欢什么，或者不喜欢什么？项目经理可以尝试把自己放在老板的位置上，然后从他们的角度来看企业和项目，你会发现你所做工作的优先级可能不是他们的优先级。要找出他们的优先级到底是什么，什么是对他们很重要的，以满足他们的组织目标。

2. 发现你的老板的优点和缺点

你能帮助老板什么？每个人都有自己的优势和劣势，包括你的老板。也许他不善于创建和跟踪预算，你可以在其中提供一些帮助，这种支持释放了他的时间，能够加强你与老板的关系。如果你的老板要求你为他们完成的工作提供反馈，这个时候则可以从各方面寻找能够改进并创造更大价值的方法，帮助老板成长。

3. 学习你的老板的偏好

你的老板是如何工作的？

你要调整你的工作习惯，以适应他们的首选工作方式。当你和老板在工作上合

不来时，你每天都会感觉到很痛苦。有些老板乐意在办公桌周围举行即兴会议，而另一些则喜欢提前预订正式的议程会议。

所以，尽量让你的工作方式和老板的偏好相匹配，以避免冲突和意见分歧。如果要使老板对你的态度看起来不错，你需要能够按时完成任务，提供高质量的工作成果，保持预算并快速响应问题。

4. 保持忠诚，诚实且值得信赖

你是支持你的老板，还是在背后说坏话？

你可能不会同意老板说的或做的一切，但仍然要保持忠诚。诚实和值得信赖的项目团队是很重要的，而作为回报，你应该也会得到老板的支持。如果你强烈反对你的老板对项目团队的愿景描述，那么你就要考虑是否应该继续做下去。

5. 共同努力实现目标

你的职业进展如何？

老板可能是你职业生涯中最重要的一个人。因此，你以一种正确方式来管理他们，以帮助自己实现自身的目的，这是非常有意义的。

你的老板可以影响你未来的职业前景，并帮助你到达想要去的地方。你可以与他们谈谈你想在短期或长期内去到哪里，请他们帮助你到达目的地。

5.5

项目领导者最常犯的 5 种错误

在当前快节奏的世界中，成为一个伟大的领导者更具有挑战性，你必须快速思考，采取更快的行动，犯更少的错误。

本节介绍的是项目领导者最常犯的 5 种错误，如果想成为一个伟大的领导者，那么就要尽量去避免这些错误。

5.5.1 错误 1：雇佣或提拔错误的人

每个公司里面都会有不良员工，这些人可能会花费公司大量的潜在成本，而这些钱可能足以聘用两个人干同样的工作，其中至少有一个比原来的要好。

当然，你不可能雇佣很多人，但可以避免这种情况。出现雇佣失误有下面 4 种常见的原因。

- 试图迅速填补空缺的工作岗位。
- 不理解一个岗位角色真正需要的技能。
- 在错误的地方找候选人（例如在内部或在错误的网站上）。
- 没有仔细考核候选人的背景。

如果你从外部聘请一个人，你能知道这个人的工作技能和工作经历，但你可能不知道他和企业的文化契合度如何。此外，有时你雇佣的人并非是你面试的那个人，你还需要不断和对方沟通企业文化，看对方是否真正地适应新的企业。

如果你是从内部挑选候选人，你可能知道这个人能够适应公司的企业文化以及他的过往历史表现，但你可能不知道他是否适合新的角色。有很多迹象表明，聘请了错误的人会出现考勤问题，而且他还会不断地犯错，同时会出现经常抱怨以及不服从工作安排等行为。

5.5.2　错误 2：把别人当替罪羊

当项目经理在项目中出现错误的时候，如果把别人当替罪羊，会严重损害到个人的声誉。项目经理要从自身的角度考虑，判断这个错误是不是一个真正的错误，如果让别人来承担这个错误，那么当真相大白时会大大伤害你的名声。

伟大的领导者却反其道而行之，他们通常会保护那些向他们汇报问题的人。他们经常鼓励团队去处理风险，并用积极的方式来纠正错误；他们以身作则，主动承认错误，有问题了就一起制造解决方案，并抓住一切机会立刻采取行动。

5.5.3　错误 3：发出一封愤怒的邮件

一封不正确的邮件发出去就很难收回来，而邮件中承载着的你愤怒的语气往往给你的形象大打折扣。

当你在写完一封愤怒的邮件时，先不要发送出去，让自己冷静下来。从感情上来说，这是一段无可否认的困难时期。当你放弃发送的时候，你就会理解语气的重要性，并能够正确地理解语言的力量，这才是伟大的领导者应该做的。

5.5.4　错误 4：尝试自己做所有的事情

在项目中，领导者需要团队进行合作来完成项目，每一个伟大的领导者身后都站着一支伟大的团队。

你可以在每个位置上都做得很出色，但你不能一个人包揽所有的位置，这就是为什么雇佣合适的人是非常重要的。获取专家和团队成员来帮助你完成目标，是你成功的关键。是的，你可以做所有的事情，但是，你有足够多的时间吗？

5.5.5 错误 5：假装在听

最好的领导者都会听他们周围的专家在说什么，看谁在使用正确的方式去影响谁，谁有远见以及对未来的思路，然后认真倾听他们的意见。

很多人刚愎自用，无视很多好的建议，总是想用自己的见解和想法影响周围的一切。如果你发现自己谈了很多，那么你就应该静下心来，认真倾听，这会帮助你带领团队取得更大的成功。

在大多数情况下，人们是善意的。不要总是怀疑别人，要给他们留出充分的空间，要花时间去听并问问题，去寻求他人的意见，这只会给项目带来好处。当然，对聆听的信息也要进行筛选和确认，一个人是无法对整个项目了解得那么细致的。

时间管理和心态调节的能力

——

第 6 章

学前提示

在项目的工作环境中，时间的本质就是机会。当所有人都在朝着项目目标努力前进的时候，总会有一些人的工作效率会高一些，输出价值会大一些，他们是如何做到这一点的呢？本章主要介绍项目中的时间管理和心态调节能力，帮助项目经理或团队成员提高项目中的生产率。

要点展示

➢ 如何有效做好项目时间管理

➢ 项目时间管理的 5 个技巧

➢ 项目进度延迟的处理方法

➢ 增强自信心和克服焦虑感

➢ 学会适当给自己减减压

6.1

如何有效做好项目时间管理

高效的生产率是智能规划、集中力量和努力工作的结果。本节介绍这5个思路，可以帮助项目经理有效做好项目时间管理。

6.1.1 按时开始，设置截止日期

当项目完工的最后期限逐步逼近的时候，每个人受到的压力会直线上升。因此，项目经理可以设置项目的截止日期，以确保项目按时完成，这样能够让项目成员有动力去完成任务，同时通过及时完成的项目让公司业务持续增长，让组织中的每个人都能从中受益。

1. 按时开始你的每一天

每天早上，项目成员可能会先花费时间喝杯咖啡，和朋友聊聊天，然后再开始登录系统来准备一天的工作。实际上，如果每天能够早来几分钟，提前做好一切准备，那么这一天会更有效率。良好的开始是成功的一半，这种按时开始的习惯要保持下去。

2. 设置超过你期望的截止日期

大多数项目并没有按照你想象的那样按照既定的时间完成，十之八九会有意外出现，所以你需要设置一个合适的项目截止日期。如果你的任务需要在星期五完成，那么你就需要把任务状态设置成为所有人可见，这样可以避免其他的人或事占用你的大部分时间。

6.1.2 列出事情，善于选择任务

项目经理不要什么任务都接，善于选择才是正确的做法。日常工作中，面对需要处理、优先级排序以及跟踪的任务，每个人可能都需要付出很多努力，特别是在项目中，各种各样的任务会通过各种渠道送到项目经理的手上。比如电子邮件、会议、即时消息以及非正式的沟通等，管理这些大量的任务、请求需要耗费很多的时间。而且随着公司规模的扩大，项目业务变得越来越复杂，项目经理就会承受更多的负担，从而难以持续下去。

所以下面提供的这些建议，可以帮助项目经理为即将到来的工作进行秩序性的安排，可以帮助项目经理在重大项目上节省更多的时间，同时也可以帮助项目经理在接下来的工作中有的放矢，避免将时间浪费在不重要的工作上面。

1. 使用任务列表保持专注于项目

任务列表能够帮助项目经理保持专注于项目。对于任务列表的设置要从简单到最难排列，然后按照它们将要完成的顺序整理出来。有了这两张表，你可以开始去做两个最短的任务来热身，然后去专注地完成一个更难的任务。

在此期间，可以通过切换不同难度的任务来让你的头脑保持清醒，不断地进步，这样可以避免你花费大量的时间在一个任务上而阻塞了其他任务的完成，同时可以帮助你按时完成所有的任务。

2. 所有任务请求必须以正确的方式提交

即使整个团队在会议中讨论了一个新的项目，并在喝咖啡的非正式时间里提到过，或者通过电子邮件讨论过，只要没有采取正式的方式提交任务，那这些任务就只能是处于讨论的状态，不会有任何进展和实质性的内容。

项目经理要和团队达成一致，列出可以接收的任务类型以及完成任务所需要的信息，形成一个正式的工作请求流程。然后确保内外部各利益相关者都了解这个新的流程，并确切地知道在什么地方能够查找到相关的请求文档。这样当项目经理坚持采取正式的工作接收流程时，就会知道这个任务的所有细节，从而避免返工和对任务的猜测。此外，项目经理还可以知道谁有什么样的问题，或者可以找谁澄清。

3. 将所有传入的任务请求保存在一个可访问的固定位置

所有新的任务请求应该自动存放在一个中心位置，如网盘、网页或者一个项目管理系统中，这样可以方便所有和任务相关的人以在文件夹中找到相应的任务优先级和当前的任务状态。

当所有的任务信息都保存在同一个地方的时候，想了解任务的人就不用从分散的电子邮件、不同格式的留言或电子表格中去查找任务信息，这样也可以避免任何信息遗漏或丢失的问题。另外，这样做也很容易找到到底是谁在负责每个任务的请求和状态的管理，任何重复的任务也可以轻松地识别出来，并从列表中清除。

4. 对接收的任务进行整理归档

项目经理在完成一个任务并准备好进行下一个任务时，不需要去重新对所有的任务进行审核，而是根据提交的任务优先级来进行下一步的任务安排，这样可以避免精力浪费到非重点的工作任务中去。

当然，对于任务的重要性排序也是要按照一定的原则来进行的，否则都是重要的任务，那就失去了进行排序和整理归档的意义。

通过这种方式，高级别的任务将会始终能够被有效处理，团队也能更加快速地处理单一的任务。因为他们可以确切地看到他们应该关注的工作，而不是靠相互之间的猜测来判断自己的工作任务是不是最重要的，也不需要等待高级别的人来做出决定和指示。

需要注意的是，项目经理要避免有些任务被长期拖延而导致原本低优先级别的任务由于时间的影响成为高优先级的任务。

5. 设置一个责任人进行监控

不论是项目中的小组长、项目经理还是部门负责人，一定要有一个人对以正式方式提交的任务请求进行优先级设置，以保持项目交付团队在任务处理方面的一致性，避免任务出现冲突或混乱的情况。

责任人对于任务的监控要按照一定的原则来进行，根据和当前项目的交付相关度以及关联性来进行综合判定，通过人工的方式来对提交的任务进行调整，而不是过多地依赖于系统或任务提交者对于任务属性的判断。设置责任人可以有效地对任务进行筛选，减少无效任务，同时预防系统带来的误判。

6. 将接收的任务映射到战略目标

项目经理作为项目管理的责任人，也需要为所有任务的最终结果负责，因此需要定期举行会议（按周、月或季度）来审查任务是否符合目标要求，并对未来的工作进行规划，根据任务的优先级和资源请求，找出最符合部门和公司战略目标的任务。

这种映射可以将任务与战略目标关联起来，同时也可以把战略目标作为路标，使项目不断地朝着目标前进。一般情况下，战略目标短期内不会更改，但是任务可能会随着内外部环境的变化而变化。这个时候，就像前面所说的，项目经理要进行定期的审视，更新任务并再次进行战略目标的映射。

6.1.3 不要分心，专注工作

项目中通常会由于分心而错过最后的期限，因此你要知道如何避免分心、如何才能强迫自己更加高效地工作。

1. 避免分心

分心是工作和生活中不可避免的一部分，涉及微信、QQ、微博、新闻推送、咖啡、闲谈等一切因素。这些干扰看起来可能是很正常的，但它会导致你的工作模式发生变化，并导致生产率大幅下降。例如，在工作中听音乐，会很容易被音乐吸引进去。又例如，作为一个财务人员，总是会有人不断地来和你沟通。

既然不能完全忽视这些因素，那就去管理它们。在完成一项重要工作的时候，尽量关上门，学会积极主动地减少这些干扰。项目经理可以每天设定特定的时间来收发电子邮件、查看新闻、回复即时消息，在工作时间段关闭手机上的消息通知，避免冗长的、无效的电话和会议，学会在预定的时间内结束沟通，并对遗留问题进行后续沟通。

2. 保持专注并坚持下去

在实际的交付项目中，每个人很难做到保持专注，这是由于有很多让人分心的东西，比如不停到来的邮件提醒、关键干系人的紧急查询，以及最后时刻被拉去参与的会议等。不管出现任何情况，你都需要坚持做好日常的工作任务清单，并通过计划来完成你的各项活动。如果你有能力做到这一点，更重要的就是坚持下去。

当白天出现让你分心的情况时，尽量通过推迟或授权来保护自己的重点工作，也需要做好说"不"的准备，这样才能确保自己能够完成当天的任务。一旦自己能够保证完成当天工作中的焦点任务，那么就能花费更少的时间来完成更多的任务。

3. 强迫自己去工作，即使这样做很困难

所有的事情都需要时间来完成，当你知道一个任务至少需要 4 个小时才能完成的时候，你可能没有足够的动力去开始。

但是，如果你能够主动出击，通过任务分解来逐步完成每个步骤，它会显得更加容易，并在不知不觉间就已经完成了这个任务，同时开始下一个任务。

6.1.4　持续沟通，保持最佳状态

保持彼此的持续沟通对于在到达期限前就取得成功是至关重要的。项目中每天的会议能让每个人都知道他们当前处在项目的哪个阶段和具体进展。

这些更新将有助于预先发现潜在的或延迟的问题，这样你就会有机会来解决这些问题，而不是在最后一分钟手忙脚乱地把所有的任务都堆叠在一起。要知道，最后一分钟的争夺，将会导致错误率倍增。

同时，项目经理还应该让身体时刻保持最佳状态。有的时候，你能够按时完成工作的原因往往就是一顿饭，这也是让你时刻保持活力的原因。大多数人会觉得难以达到项目的截止期限，于是不停地加班加点，忽略了吃饭和休息，结果往往就是不断地让任务延迟，工作效率低下，而这些其实可以通过正常的休息来避免。

6.1.5 注意时间，不要拖延

一个新项目的实施是由项目团队成员完成的，项目经理的主要工作是对项目中的各种场景进行解释，对项目的交付范围进行说明和澄清，并提供一个如何完成项目的行动计划，进行深入的战略讨论。一个优秀的项目经理通常会集中他的精力解决两个最重要的问题：如何及时完成项目的交付以及如何使用最少的资源。重要的是这二者要同时做到，按时完成项目不仅有助于个人的成功，而且有助于整个团队的成功。

1. 设定一个完成时间

如果没有设定一个完成时间，那么你的项目将永远在你的待办事项列表的最后。你需要对你的项目进行评估，清楚哪个阶段需要完成哪些事情，完成时间要现实可行。如果你设定的目标过于激进，由于你的项目需要依赖于其他活动，结果可能会让人过于失望；同样的，如果设定的目标过于保守，则可能会完全错过项目完成后带来的收益。

因此，你需要通过项目完成的进度情况来进行评估，看看还有多少需要完成的工作、是否需要减少工作范围、是否需要额外的资源等。

2. 不要等到最后一分钟

如果项目经理等到最后一分钟才去尝试和完成一个任务，这是一件非常糟糕的事情。没有任何工作能够在"枪口"底下很好地完成，而且一旦犯下严重的错误，就需要去弥补失去的时间。为了避免将自己置于这种尴尬的境地，一旦接收到分配的任务，就需要马上开始，千万不要等到最后一分钟。

6.2

项目时间管理的 5 个技巧

项目成功三要素（时间、质量、成本）中的一个就是有效的时间管理。时间是项目经理最想要的东西，却经常是最难拥有的。随着商业世界以越来越快的速度发展，对于项目经理来说，其承担的压力来自于比以往任何时候都要更快地交付项目。

高层管理人员和客户判断一个项目的成功与否，不仅要看项目目标是否实现，还需要看这些目标是否在期限内达成，并维持住公司的竞争优势。这样一来，项目经理就需要有效的时间管理技能，来实现一个项目的成功。

6.2.1　创建时间表，预留足够多的缓冲时间

作为一个有抱负的项目经理，应该知道项目管理这项工作的重要性，知道项目中任务的完成能够有助于项目朝着正确的方向前进。但是，有时候我们往往只关注如何完成任务，而并没有去关注完成任务所需要的时间。

项目管理工作确实至关重要，作为项目经理，实际上还有很多任务需要去完成。但是一个人的时间是有限的，因此，如何平衡你的时间并做好时间管理也是很重要的。项目经理一天就只有这么多时间，能够有效管理自己的时间意味着可以完成更多的重要工作，下面给出一些如何去做的提示。

1. 创建时间表

仅仅给出任务列表是不够的，除了确定重要任务和优先级外，项目经理还需要创建时间表，精确地估计需要多少时间来完成。时间表必须包括项目中预留的测试、会议等时间段，如果你有一个远程交付团队，可能还需要考虑时间差。

随着网络和软件技术的发展，现在有很多创建有效时间表的工具，可以根据时间的变化来测量每个活动需要多少时间，如图 6-1 所示。

项目经理也可以通过系统的项目管理工具来创建项目任务和活动时间表，比如甘特图或关键路径法等。这些可视化的方式，能够帮助项目经理看到需要完成的任务，并通过跟踪团队的实施情况来监控整个项目的进展。

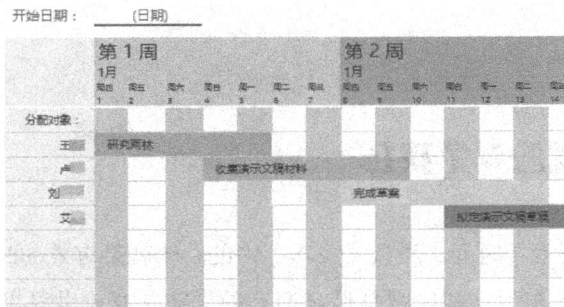

图 6-1　项目时间表

2. 设置任务截止日期

项目经理可以设置任务的最后期限，而项目团队成员也需要为自己的任务设置期限，并对自己的任务负责，这是可以避免遗忘任务的最佳方法。

截止日期的设置是衡量每个人进步的一种方式，如果有条件，项目经理可以给予在截止日期前完成任务的成员奖励。当然，设置完任务截止日期后，并非就完全不管不顾了。项目经理需要和团队成员进行沟通，明确如果任务没有在截止日期前完成会有什么样的后果，特别是一些关键性的任务。对于那些可能无法在截止日期前完成的任务，团队成员需要互相帮助来完成所需的一切。

3. 裁剪要求

裁剪要求有两层意思，一层意思是只做主要的事情或任务中的重要步骤，另一层意思就是不要过于追求完美。这可能听起来不太正常，实际上在项目中如果没有适当的变更流程和关键利益相关者的同意，可能很难减少项目中的任务。

但是，在实际的任务完成过程中，项目经理可以按照最少的步骤来执行，没有必要每一步都去追求完美，否则很容易在无关紧要的细节上浪费大量时间。因为你不是要花上一周的时间来打造一个艺术作品，只要符合任务的目标和标准，那就足够了。

4. 确定时间优先级

接下来，项目经理需要优先考虑花在任务活动上的时间，那些非常重要且紧急的任务应该始终排在任务列表中的第一位，其次是重要的任务。而那些并不紧急的任务，也不要推迟到让它们成为紧急的状态，尽量在截止日期前完成。

重要程度低的任务放在优先级的最后，而那些既不重要也不紧急的任务实际上可以无限地延迟或者取消掉。通过优先级来安排日常任务，使项目经理可以更好地管理紧急和重要的工作任务。

时间管理是需要进行平衡的，你不能一整天都精神紧张地处理工作，偶尔也需要从高强度的工作中脱身而出，花 5 分钟去上网，浏览一天中发生的新闻，或者与同事一起喝杯茶、聊聊天，并谈谈周末的休息计划。平衡时间不是意味着把工作时间和休息时间设置得一样多，而是要通过休息时间来让自己放松，从而让自己更能保持关注度和工作效率。

5. 预留缓冲时间

如果一切都按照计划顺利进行，那肯定是最好的，不过这种理想状态在现实中很少存在。在项目中如果出现很大的突发事件，或有其他人严重破坏你的日程安排，都会影响项目的整体计划。因此，项目经理在创建项目计划的时间表时，一定要记得设置足够多的缓冲时间。

缓冲时间可以提高灵活性，让你和你的团队无论在什么情况下都有一定回旋的余地，可以对事情进行转移或调整优先级。如果无意外发生、一切顺利的话，你可以使用缓冲时间来提前开始下一个任务。俗话说得好，"宁等三分，不抢一秒"，项目计划也是一样。

6.2.2　控制工作量的 10 个技巧，保证时间够用

项目经理常常会抱怨项目太复杂，时间总是不够花。其实不管是在工作还是生活中，只要掌握一些技巧，扭转你当前的局面，并控制住你的工作量，就能多出更多的时间来。下面这 10 条建议，就是专门提供给觉得时间总是不够用的项目经理的。

1. 会前沟通

在正式会议开始前，需要询问与会人员是否参加。这可能需要花费一点时间，但在实际的会议中节省了时间。因为项目经理能够使用收集的信息来消除会议中可能存在的冲突，并使组织更快地做出决定。

2. 信任项目流程

项目经理不应总是担心如何去处理变更，所以要设置可重复的工作流程来进行工作，这样做的优点是可以将相关的工作交给别人，让别人按照同样的流程和步骤来完成所有的工作。另一方面，通过对流程的使用，项目经理可以不断地找出其中可能存在的问题，以进行循环优化。

3. 优先考虑重要紧急的事情

不管是会议准备还是商务旅行，完成不同的项目阶段的任何事情，都可以通过

任务清单来帮助记忆，以完成更多的任务。

最好的方法是，每天早上留出 90 分钟的时间来做一些扎实的工作，而不要利用这个时间来回答电子邮件和处理一些小的项目工作。当你的头脑在这 90 分钟内始终保持清醒和警觉的时候，那些重要紧急的战略性的工作才是你需要重点关注的。比如处理商务问题、制订未来的发展计划、审查项目风险，或者去完成你认为较为困难的而始终没有去做的一次会议。

4. 随时写报告

项目中的各种报告并非都要等到需要的时候才去写，项目经理要搭建好一个报告的框架，突出显示需要增加或更新的文本。在项目工作中，可随时记录想到的内容，然后对报告内容进行添加。另外，项目经理还可使用各种报告模板来节省时间，比如项目计划模板、状态模板、考核模板等。

5. 批量完成相关工作

项目经理在不同的任务之间切换会形成大量的无效时间，因此需要花时间去减少从一个任务进入到另一个任务的次数。批量完成相关工作，是指项目经理采取相同的工具或技能，一次性处理类似的任务，比如集中时间整理多个会议纪要，或者对相关的文件进行分类排序等。

6. 关闭弹出窗口

项目经理在做事的时候，很容易被电脑中弹出的窗口打扰导致分心。那么建议关闭所有可能弹出的窗口，特别是邮箱弹出的新邮件通知这种类型。

这样做的额外好处是，当你在计算机上忙着进行演示某些东西时，不会在屏幕上弹出通知消息，避免被其他人看到而导致你手忙脚乱地去处理这些信息。

7. 站起来打电话

在打电话的时候站起来，这个工作原理是避免让你在舒适的环境下长时间通话。通话能够比电子邮件或者发送即时消息提供更多的内容，但实际上也不需要过多的沟通时间，站起来可以让你更快地完成对话。

8. 取消与工作无关的信息

取消所有与工作无关的消息，这些消息让你在一天中消耗了大量的时间，如果想要继续阅读，建议在非工作时间采取非工作邮箱的方式进行处理和阅读。

9. 使用电子邮件人员列表

在邮箱中分类创建人员列表，给出一个简单的列表名，这样在发送邮件或者需要知道相关的人员名单时，就可以迅速地找到。项目经理也可以通过 Excel 表格来建立人员列表，如图 6-2 所示。有些部门的人员会经常变动，因此需要进行定期更新。而且，在表格中处理要比在邮箱中来得更方便，更节省时间。

部门	汇总
人事部	凌[illegible]、路[illegible]、黄[illegible]、李[illegible]、赵[illegible]、洛[illegible]
财务部	李[illegible]、曾[illegible]、谭[illegible]
业务部	王[illegible]、曹[illegible]

图 6-2　人员列表

10. 严格遵守会议时间

建议会议时间不要安排得过长，会议中只需要专注于重要的事项，并严格按照议程进行下去。项目经理可以尝试着完成一次 45 分钟的会议，长期坚持下去，你的时间也会多出来。

6.2.3　完成更多工作，有效间接地实施策略

能够有效进行项目管理的项目经理，往往要面对不同类型的挑战，同时还要管理和监督团队。但在现实中，由于没有按时完成工作往往会导致项目弄得一团糟。

通过一些技巧可以保证项目的成功，同时克服通往成功道路上的障碍和干扰。如果你想建立强大的项目管理策略，并成为行业的领导者，下面这 5 个有效而间接的实施策略，一定能让你的项目顺利推进。

1. 有项目的所有细节

当你获得用户、客户以及公司的需求时，你需要制订项目的计划，这样你的项目才会被许可开始。一旦项目开始运作，如果想要做出改变就会显得非常麻烦。

项目在运行的时候，客户可能会要求进行变更，聪明的做法是进行开放式的一对一的讨论。只要你了解项目的所有细节，就可以对客户的具体要求寻求一个公平的解决方案，最终可以帮助你确定和执行要求，并且不会超出项目的范围，不会导致项目超出你的控制而失败。

2. 有才华和适当规模的项目管理团队到位

一个项目的成功完成在很大程度上取决于它的团队，这就是你为什么需要得到合适的人和合适的技能来参与到任务中去。

为提高项目中的生产力水平，项目经理也应该了解团队中每个人的特点，以便找到适当的方式对团队进行管理。

3. 设置短期的期望和里程碑

管理者如果设定了过长的目标和里程碑，则会看不清楚项目各阶段的目标，而

且也容易对项目失去控制。

在项目向前推进的时候，项目经理要确保项目在可控制的范围内，所以要创建合适的里程碑和短期的期望。通过短期的审视来确保方向是否正确，资金是否被有效地使用，项目的阶段性交付成果是否合适。

4.要在你的团队成员中明确责任

为了避免混淆，项目经理需要对团队中每个人的任务和职责做一个清晰的说明。按照这个方法，当有任何事情发生时，你都能找到对应的责任人。

当然，你可以通过一些任务管理软件来做到这一点，但更加重要的是，你需要经常和团队成员进行讨论，并确保他们确切地知道什么是他们的责任。

5.当"里程碑"达成时要激励你的团队

当项目中团队成员到达一个里程碑时，进行相应的奖励至关重要，这将激励他们更加努力地工作并朝新的里程碑努力。

庆祝一个项目的阶段性成果是项目管理中对进度进行跟踪的一种方式，同时也是对项目团队成员进行鼓励的绝佳方式。

6.2.4 规避认知偏差，减少工作量，增强效果

在项目管理的过程中，我们总是认为自己能够做出客观理性的决策，但事实是，在某些情况下，几乎任何人都会出现认知偏差导致决策上的偏颇。一个很好的例子就是情感的参与度，当我们感到愤怒的时候，很少会形成良好的决策。在这种情况下，我们需要采取适当的行动，比如试图冷静下来。

项目经理在实施项目的时候，总是会有一堆的事情去完成，从制订项目计划到和各个利益相关者沟通以及获取资源，所以很难有更多时间对项目中出现的问题进行深入分析。下面介绍一些帮助项目经理规避认知偏见、减少工作量、增强效果的方法。

1.小心管理项目的认知偏差

认知偏差的定义是：人们根据一定表现的现象或虚假的信息，在对他人或事进行判断时，很容易出现判断失误的情况。在项目管理中，估计要花费75%～90%的时间在沟通上，这是很严重的时间浪费。项目经理主要是与团队成员和主要利益相关者打交道，下面介绍项目管理中可能会遇到的一些认知偏差，项目经理需要规避这些认知偏差，以节省更多的沟通时间。

（1）规划偏差

问题描述：规划偏差是指低估了完成某项任务的时间，从而低估了实际的工作量，这也就是我们对大多数项目没有按时完成感到很奇怪的主要原因。

解决方法：在规划阶段，估计一个任务需要多长时间最好的办法是查看过去类似的项目，看到底花了多长时间才完成相同的任务。

（2）锚定偏差

问题描述：在决策中，人们往往会把拿到的第一个信息作为锚定信息，一旦这个锚定信息建立，所有后续的决策和谈判都将集中在最初被告知的信息基础上。

解决方法：如果情况允许，在试图卖产品的时候，了解第一个产品报价，通过锚定这样一个价格，可能会让你最后的协议价格不会出现太大的偏差。

（3）确认偏差

问题描述：确认偏差是指在通过搜索信息来印证一个方法时，往往有先入为主的倾向，从而变得不那么客观地接受其他信息。

解决方法：不可"过度自信"，应多咨询其他人的看法。

（4）错误共识效应

问题描述：一个人往往会高估别人分享给自己的信仰和观点的程度。

解决方法：不要假设所有的人都是相同的态度、相同的目标，要不断地检查来确保万无一失，只有意识到这一点，才能让项目运行得更流畅。

（5）专业崇拜

问题描述：一个项目中专家是必需的，因为他们的专业知识能够提供很大的帮助。但如果过于依赖专家的专业知识，一旦出现问题，则很难进行纠正。

解决方法：让来自不同领域的团队成员加入到项目里任何问题的讨论中，这样在策划某些项目活动时，可以获得一个更平衡的观点。

2. 减少工作量，增强项目效果

项目经理需要了解并分析如何减少自己的工作量并推进项目实施，应该在整个项目中不断追踪下面这3类指标。

（1）时间管理指标

项目管理分析必须包括时间管理指标，时间是项目管理中的一切。你需要知道你使用了多少时间、剩下多少时间，以及在不同资源上需要使用多少时间。

也就是说，这周工作了几个小时、平均每天工作时间是多少，这些问题都可用于定义出更好的方式来管理项目中的时间，其中可能包括工作日的更改或资源的分配。

（2）实际完成百分比与计划完成的百分比

时间对于项目来说至关重要，特别是最初制订的项目需要的时间框架与项目紧密相关。因此，项目经理应该不断地跟踪项目完成的百分比指标和完成的计划百分比，通过这些指标之间的可量化差异，帮助自己确定项目是否能够正常交付。

（3）成本指标

项目中的每个任务或活动都有相关的成本，这些成本可能是原材料的实际成本或者劳动力成本。但是，项目范围的不断变化可能会对项目的整体成本造成极大的影响。因此，项目经理需要跟踪项目的当前成本和计划成本，这将有助于确定项目交付过程中何时出现计划预算的偏差以及成本的转移。

6.2.5　应用 80/20 法则，实现事半功倍的效果

没有计划就没有实施，建议每天工作的最后 10 分钟做一个任务计划，列出所有的任务，然后根据其意义和截止时间确定优先级。80/20 法则也称为帕累托法则，这个法则很简单：80% 的努力都是用在了不那么重要的 20% 的任务上，只有 20% 的努力用在真正重要的任务上，带来 80% 的成果。简而言之，大多数人在错误的任务上浪费他们的努力。

1. 计划，优先排序和跟踪进展

项目经理一定要确定好 3 个最重要的目标，找出创造最大价值的 20% 努力的任务，使它们成为你的最高优先级任务。不要迷失在任务的细节上，要从整个大局来看，绝对不要追求完美。实际上所谓足够好的项目在大多数时候确实不够好，需要从基础开始然后逐步完善任务。

很多时候，我们在努力完成某件任务的时候，往往会忽略掉所有其他的必要任务。一定要确保为所有确定的任务分配截止日期，然后要对任务进行进展跟踪，看必要任务的截止日期是不是快到了，然后进行分类并专心处理。

2. 确定事情的紧迫性

并不是每一个任务都必须立即完成，可以采取艾森豪威尔法则（又称十字法则或四象限法则）来识别和优先考虑重要任务，它能标识两种类型的任务：重要和紧急。但是通常紧急的任务并不重要，而重要的任务往往并不紧急。

大多数人往往专注于紧急的工作，因为它们对时间比较敏感。但如果你想要更

有效地工作，你需要留出足够的时间来计划一天中最重要的工作。对于不重要的任务可以进行授权，这样可以让自己有时间专注于重要任务。

3. 每日管理好前 3 个优先事项

项目遇到麻烦的其中一个原因是，项目的前 3 个事项或优先级并没有成为每天的工作。这时就要看项目经理的能力了，通过解决你的 3 个优先事项，定义你的价值和贡献，最终让你的职业生涯更上一层楼。

项目经理可以用一个待办事项列表来确定前 3 个优先级，然后在一个计划周期内成功地解决掉前 3 个优先级事项，再用新的优先级替换掉他们，然后不断地重复。

6.3

项目进度延迟的处理方法

正常情况下，通过良好的项目时间表和关键里程碑，项目经理能够很好地跟踪项目的进展情况。而通过提供的临时可交付成果，项目经理也可以预测出项目的最终交付是否低于预期。

一个合格的项目经理能够从项目的时间表里看到哪些任务应该完成、哪些已经完成，从而避免项目进度延迟的情况出现。

6.3.1　进度不可控？注意这些常见问题

大量的项目交付过程中，经常会出现项目交付的进度与计划有较大的偏差。导致这种偏差的原因往往是多种多样的，排除掉各个项目不同的因素之后，一般常见的引起进度失控的原因是下面这 5 种错误。

1. 错误 1：没有合适的"里程碑"

问题描述：项目经理经常出现的一个问题是没有在时间进度表上设置合适的里程碑，很多项目经理使用最大的时间进度来设置，比如下面这 3 种方式。

● 在项目的结束时刻。

● 临近截止交货日期。

● 在一个新阶段的开始。

里程碑主要是用来作为进度控制和监测的工具，它可以轻松地跟踪项目计划中的关键点，快速可视地查看日程安排是不是在计划中。如果里程碑设置得不够准确，那么项目的进展报告就很难形成。

改进建议：确保项目里程碑在整个项目交付过程中均匀分布，以便定期检查进展情况。

2. 错误 2：不考虑资源的可用性

问题描述：在落实到项目实施的过程中，出现资源不可用的情况，如有人突然去休假，或者有人由于家庭原因无法正常上班等。

改进建议：对于项目经理来说，可以采取相应的人员调度系统来安排资源，同时需要将进度计划及时公开并传达给每个项目成员，提前做好资源风险管理。

3. 错误 3：不使用基线

问题描述：如果没有基线，当项目计划刷新了几次之后，你可能就不会记得为什么要做这些变动。基线存在的真正意义在于帮助项目经理吸取经验教训，达到进行整体监测和控制的目的。

改进建议：每次批准重大计划更改时，项目经理都需要保存新的基线。可以建立变更控制管理流程，一旦出现变更，对原来的基线进行备注说明，包括产生变更的背景、影响范围和相关记录等。

4. 错误 4：没有定期更新状态

问题描述：项目经理觉得做计划没有任何作用的原因往往在于，他们做好计划后就不去做任何状态的更新，一旦出现问题就无法对新事物做出反应。

改进建议：项目进度计划不能只更新任务是否完成，还需要添加更多的细节，需要定期对细节进行了解和沟通。对计划始终保持最新的状态来增加准确性，这样能为其他的模块带来同样的好处。

5. 错误 5：进度计划中任务缺少关联

问题描述：项目经理由于对业务不熟悉或者跨行业操作，导致对于项目中的具体流程不清楚，比如安装设备需要什么样的顺序、需要多长时间等。或者如果项目经理没有参与到项目团队的整体规划中去，那这个进度计划表基本上就是虚构的，没有人会承诺任何事情，也没有人会相信给出的任何截止日期，从而导致在交付的时候碰到一大堆麻烦事情。

改进建议：需要重新再做一遍进度计划表，从项目团队和其他部门同事那里重新获取真正的数据和真正的时间估算。

6.3.2　控制进度，保证项目能获得成功

如果项目经理和各个利益相关者关系不错，一般他们会原谅你的项目拖延 1～2 次，但尽量不要出现第 3 次。因此，项目经理需要确保项目的改进措施纳入项目管理交付框架，规定项目计划、范围和预算并进行有效交付的步骤，保证项目能获得成功。对于小型项目，建议列出在实施期间完成项目所需要的关键任务清单，并记录在案，这样每一次实施完成都会获得相应的经验教训并改进。

1. 解决方案 1：咨询项目的关键利益相关者，商定合理延长时间

当项目中潜在问题和实际问题逐步出现的时候，项目经理要和项目发起人以及客户保持强有力的沟通，这样当项目出现延迟时，他们也不会感到很惊讶。

虽然项目可能在到期之后延迟交付，但强大的沟通将会减少延迟交付的负面影响，降低客户对于到期交付的期望，达成良好的客户期望管理结果。

2. 解决方案 2：通过优化项目来减少项目范围或同意分阶段交付

如果项目需要在特定的日期完成，那么项目经理需要重新对项目范围进行逐一检查，以便减少一些不属于重要组成部分的任务。

在项目到期的时候，项目经理可以选择提供到目前为止形成的关键结果，然后在稍后的阶段提供更新的最终报告，又或者选择性地不提供一些不重要的部分。

3. 解决方案 3：增加资源或延长工作时间（或花更多的钱）

花费更多的预算是保障项目按时交付的一种常用方式，此类解决方案通常适用于较大的项目，特别适合可交付成果明确的项目。

例如建造房子这个任务，可以通过增加更多的工作人员来加快进度；又比如装修 20 个仓库这个任务，可以分解成两个子任务，让两个公司分别装修 10 个仓库。但对于较小的项目，这种方法就可能不合适，因为可能只有一两个人来进行项目，无法通过增加人手对项目起到改进的作用。

6.3.3　恢复进度，解决项目延迟的方案

作为项目经理，其实都希望项目按照制订好的进度计划 100% 完工。但在实际操作中，总会有那么一两个项目会出现进度延迟的情况，这个时候千万不要慌张，

下面这 5 个步骤可以让你的项目恢复到正常的状态。

1. 集合团队成员

项目经理可以将所有的团队成员集中到一起，让大家进行讨论，让每个人都明白问题出现在哪儿、哪儿还有潜藏的风险，甚至找出导致这一切灾难的原因。

项目经理可以把这些东西列出来，仔细地找出这些问题的临界点，看是否和项目的进度有冲突，看最终的交付成果能否按照进度底线达成。

2. 快速地做出"如何做"的决定

找到了这些原因，明确项目陷入麻烦的关键所在，那么项目经理就需要快速地做出决定以便让项目返回正常的步骤。团队在确定如何做的时候，还需要保证不再犯同样的错误。如果不把这些信息传递给每一个人，会导致错误重复不断地出现，项目永远也无法恢复到正常状态。

3. 征求意见

项目团队成员最清楚项目当前的现状，他们是最适合提意见的人。在没有找到更好的解决方案之前，项目经理需要倾听项目团队的意见，其中也包括项目管理层、客户或其他利益相关者的意见，然后把这些建议列出来。

4. 列出优先级

有了这些建议列表，项目经理需要集中精力对这些列表进行分类并给出优先级。项目交付的资源是有限的，所以通过列出优先级，可以让项目资源有效地进行分配，并让大家都知道问题的重点在哪儿。

5. 调整"三角限制"的内容

所谓"三角限制"就是项目受到时间、成本和范围的限制，通过优先级的划分，项目经理可以看哪部分需要进行减少或者调整。比如，可以减少项目的交付范围，延长项目的交付进度等。

6.4

增强自信心和克服焦虑感

焦虑这种情绪会出现在大多数的成年人身上。成年人工作经验丰富，不论是在公司还是在家里，一定的压力可以形成有效的激励，使其面对挑战时能拿出创新的解决方案和伟大的想法。

然而，当焦虑变得过量时，会导致工作相关的压力无法传递，这种压力会持续存在。过度的非理性焦虑会对日常的工作造成干扰，严重时我们称之为忧郁症。也许这种压力来自一个新的工作、新的责任，或者一个大且重要的项目，它不仅影响你的专业，而且蔓延到你的个人生活中去。本节介绍一些简单的方法，可以帮助大家改变这种现象，让大家能够自由地控制自己的工作和生活。

6.4.1　简单 5 步，增强自信心

信心是每个人都有理由渴望获取的。作为项目经理，当对自己的管理能力非常自信的时候，做起事情来就会非常容易，而且也容易建立良好的合作关系，并将项目向着正确的方向进行引导。

同时，当你对你的能力有信心的时候，你就不再过多地关注自己，而开始关注身边的人，这也意味着你会更加擅长团队协作。下面这 5 步能够帮助你建立专业信心，这样你就能够在完成项目管理工作的过程中茁壮成长。

1. 提升你的商业触觉

导致缺乏自信的最重要的因素可能就是和周围的人相比感到职位偏低，或者缺乏相关的知识。当你与客户、同事或者相关领域专家进行沟通时，可能会感到紧张。

为了克服这一问题，你需要学习尽可能多的业务知识和与工作相关的内容，多问问题，多看书籍，或者找到一个导师来帮助自己提升。提高商业触觉，可以对你的表现产生巨大的影响，这也能够提高你的自信心。

2. 取得专业方面的资格证书

系统地学习和研究项目管理知识，并获取一个资格证书，不仅会提高你的能力和信心，也将让你变得更加受潜在雇主的欢迎。不要忽视你觉得缺乏技巧的地方，尽快地采取一些行动，让你自己变得更加完美。

3. 关注积极的方面

过分强调负面因素将会阻碍你的信心。每当你过于苛求和批评自己的时候，最好停下来重新厘清当前的情况，然后挑战自己去看积极的一面，将自己的优点和成就记录下来，并向大家展现出来，同时去发掘和提升在新领域的能力。

4. 经常做一个 5 分钟的冥想

每天上班前，可以做一个 5 分钟的自信心冥想，闭上眼睛，想象着坚强和自信，不要走动，直到你的整个身体感觉到这种积极和自信。

5. 接触正能量的人

项目经理可以多接触正能量的人、导师或者教练，他们都会支持你、鼓励你继续坚持下去。他们相信你独特的才华，并在你感觉到不确定的情况下给你支持。你也可以从日常活动中获取正能量，如鼓舞人心的书籍、激动人心的演讲或者视频。

很多人经过一段时间的培训，或者获得一定的资质证明的时候，当他们再次回到项目工作中，会感觉自己更有能力，也能够带给团队和老板更多的信心。

6.4.2　危急关头表露出强大的自信心

项目中最麻烦的事情就是遇到了风险。风险可大可小，当大的风险转变成为危机的时候，项目经理的作用就体现出来了。项目经理需要确保项目不受这些危机带来的伤害，避免公司的声誉受损，当然，更重要的是不能让自己的职业生涯蒙上失败的阴影。

这个时候，项目经理最重要的是保持自信心，需要向大家表现出这种态度：是的，项目出了点问题，但是我们有信心解决掉。如果项目经理在遇到危机的关头不能表露出强大的自信心，那么所有的人都会认为这个项目已经失败了。

6.4.3　制造仪式感，但不要过于乐观

尽管在开始一个项目之前，大家都定了乐观的基调，但需要注意的是，这不应该使我们看不到事情出错的风险，更不要忽略项目团队成员提出的合理需求。当事情出错时，需要尝试相应的计划来进行调整，而不是放任不管。

1. 制造仪式感

项目一开始，你就要创建一个正式的仪式，这可以帮助你的头脑和身体准备就绪，并保持理想的状态。不要还躺在床上的时候就被手机的闹钟叫醒，然后不停地查看收件箱，这将是一天中焦虑的源头。你可以在起床后进行一次晨跑或者完成一次快速瑜伽，也可以什么都不做，安静地冥想几分钟，然后准备一份健康而营养的早餐。

2. 当心过度的积极性

有时候，过度的积极性会造成伤害。比如，你的项目必须在一个月内完成，那

么你可以每周检查他们的进展，并给予他们所需要的一切帮助，但不要一味地说必须在接下来的两周内完成，然后每天不停地催促。虽然要保持积极性，但面对现实的时候，项目经理还是要按照实际的情况进行鼓励，让对方感觉到你是在真心地帮助他们，也需要给他们留出足够的时间。

3. 保持热情

项目经理在工作中应具有热情，而这种热情可以在项目中随时随地地表现出来。热情的项目经理致力于他们的目标，并通过乐观主义的方式来表达这种承诺。领导力的出现是因为某人对一个项目表达了自信的承诺，其他人想要分享他或她的乐观期望。优秀的项目经理知道：热情是具有传染性的。

6.4.4　保持运动，让自己的呼吸平稳

工作质量取决于你每天的感受，只要你充满活力就会更容易接受工作的挑战。每天的锻炼，不仅会让身体更健康强壮，也会让你的头脑更清晰。通过不断出汗的锻炼，你也会变得更能承担管理压力。

1. 保持运动

定期锻炼或冥想可以保持健康的身心，也可以增加你的耐力并缓解压力。当涉及一个大且紧迫的项目时，你会花费额外的时间来完成一些任务。然而，有时候花时间去锻炼身体会带来更大的好处，因为运动可以降低焦虑、抑郁和压力水平。从另一方面来看，运动能改善认知能力和学习能力，使人们更聪明。

2. 让自己的呼吸平稳

人越着急，呼吸就会越急促，这种感觉会传递给身体，让你越来越焦虑。项目经理可以通过学习更慢更平稳的呼吸方法来减少焦虑。

当你在阅读一封令人沮丧的邮件，或者参加一个令人紧张的会议，或者在劳累的下班途中时，可以使用简单的呼吸技巧让自己的头脑冷静下来。这种平稳的呼吸方式甚至可以帮助失眠者入睡。

6.4.5　间隔休息，养成健康饮食习惯

项目经理要保证足够的睡眠，让自己能够以最佳的能力和状态工作。在饮食方面，用健康饮食代替高脂肪、高热量的垃圾食品，以提供身体所需的正常营养，而不会让人感到困倦。

1. 定时休息，间隔工作

把任务分解成更小的时间间隔，比如每 25 分钟就休息 5 分钟。明智的做法就是站起来，然后花一点时间去步行，通过浏览四周的风景来放松自己的感官。一项研究表明，一个更环保、更自然的环境可以帮助人们解决问题，而不应该一直让自己停留在办公室隔间中。

一个工作周期可以在大约 4 个较小的工作区间和几个定时休息区间内进行。这种方式可以帮助你的大脑得到充分的休息，让大脑保持洞察力，尤其是对于需要持久解决的挑战性问题来说，这非常重要。

另外一个提高生产率的方法是两分钟规则。根据这个规则，如果你确定一个任务应该在 2 分钟内完成，那么立即完成它。

2. 离开办公桌就餐

远离办公室休息片刻，可以让你的头脑有一个暂时喘息和获得补给的机会。同时，离开办公室就餐，可以避免饮料撒到键盘或其他文件上，还可以让你走出办公室和同事一起吃饭并建立关系。

3. 吃正确的食物来持续保持健康

当业务繁忙时，有些人靠咖啡或含糖的食物来维持或提升他们一天的工作量，然而，这种效果只是暂时的。长期的方式是食用均衡健康的营养食物，这样才能保持健康的效果。

长时间的工作需要你有更强的耐力，以及有持续的警觉性和专注力来解决复杂问题。那么你应该吃正确而健康的食物，这些食物将提供长期的能量和营养，蔬菜、水果搭配其他主食会让你保持身体健康。

比如粗粮或传统的茶不仅可以提神醒脑，其中也有抗氧化剂和营养成分，能增强人体的免疫能力。水果和坚果比起含糖的加工食品是更好的零食，因为它们也含有多种维生素和矿物质，而不仅仅是热量。

健康的食物和饮料也可以帮助你更快更深地入睡，所以当你醒来时，即使没有咖啡因的帮助，你也会感到精力充沛。

6.4.6　小心不良情绪，远离负面情绪

项目中最常见的不良情绪包括傲慢、自满和负面情绪。

（1）傲慢。傲慢是一种危险的特质，因此它被直接归结到无形的风险中。项目

经理或者团队成员需要注意到傲慢的存在，傲慢很容易被发现，因为它会使人感觉到规则不适用于自己。当然，如果是建立在事实依据上的自信心肯定没有问题，但随着项目环境的变化而没有不断地重新评估，那么这种过度自信带来的傲慢就是一种错误情绪。

（2）自满。自满和傲慢有点类似，人们停止去质疑项目中究竟发生了什么事情，自己的羞耻感底线在逐步地降低。人们总是对自己的工作感到满意，认为自己当前的知识没有任何欠缺，这也导致了他们对手头上的工作缺乏批判性的分析，从而对项目的风险没有充分的认识。

（3）负面情绪。每个人或多或少都会遇到经常传播负面情绪的人，他们经常形成破坏性的谈话，更不用说和他们协作完成任务了。这些人经常会阻碍正能量的传播，并不断地表现出悲观的情绪，这样很容易让其他人受到这种情绪的感染。因此，项目经理应避免公司出现这样的人，确保工作环境在一个正常的水平。

6.5
学会适当给自己减减压

不仅是生活中，项目经理和团队成员在项目中也会面临着巨大的压力，特别是项目处于冲刺阶段的时候。项目中的压力可以让所有的人都感到疲惫不堪，导致无法及时完成项目中的各项任务。项目经理需要带领项目团队，就项目中存在的压力做出应对。下面这 4 招可以帮助所有人主动减少项目中的压力。

6.5.1　学会坦然、冷静面对项目的压力

在严重的压力下工作，大多数人都无法坚持下去。当优秀的项目经理遇到压力事件时，他们能够坦然面对压力，认为压力很有趣，觉得自己可以影响结果，并认为压力也是一个机会。一个理想的项目经理将始终关注项目中的每个关键事件节点，并做好标记，一旦出现异常情况，就会花点时间来解决它，而不是等到期限到来的时候才开始后悔。

项目中不可能每件事都完美地按照计划去实施，因此项目经理必须在歇斯底里的时候让自己恢复冷静。这样能够专注于重要的事情，快速确定事件的优先级并采

取措施使项目恢复正常状态。

6.5.2 保持灵活，减少项目带来的压力

有时候，你已经简单地概括了项目的计划，但计划并没有按照你喜欢的方式落实。如果发生这种情况，要注意保持积极的态度，并与你的团队成员一起制订灵活的解决方案。如果初始计划的某些部分不起作用，你可以采用替代解决方案。采取灵活开放的态度将有助于你有效地处理项目中的障碍。

当你专注于按时完成任务时，你可能会忘记保持灵活性。例如，你可能要求员工早点来上班或晚点离开，但当他们要求得到帮助时，你却给出否定的答案。你认为其他的一切都不如项目重要，他们应该一起为项目努力工作。

不幸的是，这种不灵活性会产生严重的后果，导致员工对你的领导能力的信心下降，甚至可能会失去一些有价值的合作伙伴。因此，当有人向你提出如休假或者有事离开一段时间的时候，你不要感到遗憾。一旦你选择他成为项目团队的一员，你就要学会信任他，你知道他会弥补回来。你在尊重对方的同时也会获得对方的尊重。

6.5.3 分摊压力，项目授权给团队成员

项目经理对权力部分不需要太过于看重，项目中的任务是需要团队合作完成的，而不是靠一个人单打独斗。因此，对于非核心的工作，项目经理要善于授权给团队成员，一方面可以锻炼项目团队的能力，另一方面也能让自己集中精力专注于重要的工作。

一旦你选择了正确的人为项目工作，你就需要后退一步，让他们做你安排的工作，因为你已经聘请了他们。如果你选择的是合格的人，你想要最大化地发挥他们的技能，就不应该时时刻刻去监控他们。你既然雇他们做某项工作，就需要相信他们能够做到这一点，这样可以极大地减轻你的工作量。

6.5.4 学会放松，建立良好的生活习惯

项目经理要学会放松，不要总是让自己处于紧张的状态中。如果你想要快速地完成一件事，不能一直埋头苦干，中途需要去休息一下，比如出去走走，午餐后睡一会儿；如果要持续保持头脑清醒，你也需要和同事聊聊天、喝一杯咖啡或者去呼

吸一些新鲜空气。

1. 避免多任务

项目中的大量工作常常会使得项目成员同时进行多项任务，然而，经过实践检验，多任务的同时工作实际上会浪费时间、增加压力，并降低生产率。因此，项目经理需要确定一个重要的任务，然后专注于完成这个任务，保持自己在思路和信息上的连贯性，减少任务出现质量问题的风险。

2. 安排好时间

安排好这些工作时间，就意味着你已经承诺了某些事情，所以要尽量地去保护这些时间，不要让别的事情插进来或者覆盖掉它们。除了工作之外，你还需要多休息，可以在休息的时间做个瑜伽、在饭后去散步、读会儿书或者听音乐，不论你想做什么，你都要留出时间来。只有建立良好的生活习惯，你才能控制你的时间，才能真正将时间管理好。

应对项目管理
风险的能力

——

第 7 章

学前提示

　　风险和质量是有效管理项目所需关注的关键点。项目经理需要知道风险影响项目的可能性、影响的严重程度和可用的解决方案。在某种意义上，质量结果是有效的风险管理的直接结果。善战者无赫赫之功，真正优秀的项目经理往往把项目做得滴水不漏，却声名不显。

要点展示

➤ 了解项目风险和管理方法

➤ 项目管理中常出现的 10 个问题

➤ 解决项目中出现的各种冲突

7.1

了解项目风险和管理方法

项目管理是有一定的内容的，比如它有一套项目交付范围、预算、项目计划和进度表，越来越多的公司或组织中的项目管理人员在不断寻求降低项目成本的方法，并提高项目管理的可见度。

项目中却始终有些看不见的风险，这些风险可以成为威胁，也可以通过增加可见度成为更好的机会，也有可能会使项目的计划发生重大的变化。所以，项目经理和项目管理团队需要面对很多风险挑战，并需要知道如何去克服这些挑战，不断改进项目管理水平。

7.1.1　了解项目风险，认识风险类别

很多项目经理在项目运作之前，可能已经形成了项目的计划，在计划实施之前，也已经开始考虑可能阻碍项目目标实现的风险，但问题是，这些风险会是一个长长的清单列表。有了这个列表是件好事，最起码已经确定了许多可能破坏项目的潜在事件，了解这些事件是阻止它们给项目团队造成问题的第一步。

1. 项目风险的主要来源

项目经理和项目成员需要通过主动、积极的行动来迎接风险挑战。项目经理从一开始就需要制定清晰而简明的目标，学习项目管理中对于成功的定义，通过沟通和分享来减少项目计划中意外的发生，创建并遵循标准做法，确保每个人都按照正常的流程工作并推动项目朝着成功的目标前进。

（1）没有考虑好项目的目标

不清楚或未定义的项目管理目标会阻碍项目的成功，没有清晰的项目管理目标，就会造成和项目团队沟通不畅、协作不良等情况。即使项目及时完成，但对于项目的结果不清楚就会导致验收上的偏差，这些问题关系到项目中不同的层面。

项目经理如何做：首先要有一个能设计项目目标的解决方案，在项目开始的时

候就确定项目的整体交付目标和交付成果。项目经理必须帮助项目团队所有成员履行职责，并让他们明显地保持职责的细节和项目的目标一致。

（2）意外的问题破坏了项目的进度

项目中各种事情会发生变化，会产生问题，最终对项目形成威胁甚至导致项目失败。管理项目时出现的这些意外的问题可能无法规避，但项目经理可以通过积极的风险管理来进行改善。

项目经理如何做：项目经理要在早期通过沟通，或者利用对进度的监控来识别项目中的潜在风险。

（3）缺乏标准化策略，增加风险

标准化策略可以让项目中各方面在发生问题时采取具体的行动，如果没有一个标准化的策略，就会增加项目中的风险。

项目经理如何做：项目经理和项目团队成员可以通过创建标准流程来降低成本和提高工作效率，项目的标准化过程必须要有增长的空间并能够适应项目的变化。

（4）整个项目生命周期缺乏透明度

项目管理过程中面临的另一个常见问题是缺乏透明度。当项目团队成员无法获取项目的相关信息时，往往会导致沟通不畅或者机会点的丧失，这些也会引起项目预算和计划的偏差，并导致项目偏离正常的轨道。

项目经理如何做：项目经理可以通过正确的沟通（定期或不定期的例会）、准确的项目状态报告或者通用的项目管理 IT 系统来达到这一点。

2. 项目管理的风险类别

项目中随机出现的风险很混乱并且难以管理。将项目风险进行分类，可以帮助项目经理更有针对性地思考如何处理。比如，如果项目的市场营销方面有一个风险，那么可以将其全部交给同一个风险责任人来进行管理。

（1）按性质分类

所谓性质，就是当前项目中所面临的风险类型，其划分方法如下。

● 纯粹风险：也被称为静态风险，这是项目可能遭受损失的地方。这种风险一旦发生，就只有损失，而不会获得任何可能的收益或新的机会点。典型例子就是自然灾害，如火灾、水灾或者地震等自然灾害导致的风险。

解决方案：对于纯粹的风险，必须要找到完全防止损失的方法。

● 商业风险：也被称为投机风险或动态风险。这种风险发生后，项目可能会失去一些东西，但也可能获得一些东西。比如在股市中的风险投机，或者公司正在推出的新产品，可能会对公司造成损失，但新产品项目也可能会取得巨大的成功，并获得巨大的商业利润，这些风险都是和项目的业务活动相关的。

解决方案：在尽可能减少损失机会的前提下，确保最大限度地发挥出存在的机会点的部分，风险降得越低，那么风险计划就会越容易实施。

（2）通过识别分类

这种风险类型主要基于自我意识和个人所掌握的知识来进行分类。

● 已知的风险：已经发生过并确定下来的风险类型。

解决方案：尽管你可能不知道它们是否会发生，但是可以通过常规的项目风险管理方法来管理这些风险，确定风险应对措施并制订计划，通过适当的预算和安排适当的任务来解决这些风险。

● 未知的风险：这些风险是项目经理或项目团队未识别出来的，它们没有出现在项目的风险列表中。

解决方案：即使你不知道这些风险是什么，也可以通过设置额外的风险应急准备金来进行风险防范，同时在项目进度计划中增加额外的缓冲时间来解决这些问题。

7.1.2　预防项目风险，防止项目失控

魏文王问名医扁鹊说：“你们家兄弟三人，都精于医术，到底哪一位最好呢？”扁鹊答说：“长兄最好，中兄次之，我最差。”文王再问：“那么为什么你最出名呢？”

扁鹊回答说：“我长兄治病，是治病于病情发作之前。由于一般人不知道他事先能铲除病因，所以他的名气无法传出去，只有我们家的人才知道。我中兄治病于病情初起之时。一般人以为他只能治疗轻微的小病，所以他的名气只及于本乡里。而我扁鹊治病，是治病于病情严重之时，一般人都看到我在经脉上穿针管放血，在皮肤上敷药等大手术，所以以为我的医术高明，名气因此响遍天下。”

事后控制不如事中，事中控制不如事前，项目也是如此。一个项目为避免病入膏肓、陷入瘫痪，需要项目经理提前对存在的病因进行分析，避免最后陷入绝境。

1. 确保项目有资源和信息投入

项目要有资源和信息的不断投入，才能有源源不断的产出。项目经理要去了解

项目每个阶段的每个环节是否有人在做事，是否有一定的信息或资源输入。特别是在项目的前期准备阶段，要预先知道项目需要哪些资源。当然，这些资源不一定一步到位，可以逐步地投入到项目中去。

2. 准备好去执行计划

计划做得再好，不去执行也是一句空话。项目经理做好战术计划的每个细节后，还需要对每个计划安排相应的人员或资源去执行。

3. 及时和恰当地沟通

及时对出现的问题进行沟通，可以大大降低项目交付中的问题，同时项目经理也需要注意沟通的方式方法，不能过于简单粗暴。

4. 定期开项目例会

定期会议可以让大家相互监督、统一思想，也可以阶段性地审视项目的目标和方向是否正确，一旦出现偏差，可以及时地进行纠正。

5. 得到准确的报告

项目交付如同一场战斗，信息不准确的话，带来的后果是非常严重的。因此，项目中一定要获得准确的报告。

项目中获得不准确报告的原因大部分是没有明确的报告要求。项目经理在一开始就需要制定报告的模板、报告的频率以及不同级别的报告要求。如果项目经理自己都不知道想要得到什么报告，项目团队如何能够提供所需要的信息呢？

6. 获得变更批准权限

项目和运营的区别在于前者会出现较为频繁的变更。项目经理要有变更的权限，当然如果涉及较大的变更，那么一定要清楚变更的流程以及需要获得哪些利益相关者的批准。

7. 与你的利益相关者合作

项目失败的主要原因是人的因素，当你的项目出现失控的趋势时，你需要和项目利益相关者合作，进行妥善的处理。

8. 与你的团队合作

如果想要项目管理成功，最重要的是帮助项目团队成功，因此项目需要一个好的项目经理来领导团队。

项目工作是艰难的，而要让失控的项目恢复正常则更加艰难。如果项目经理感觉可以恢复，尝试重新开始项目，并与利益相关者、业务合作伙伴、团队合作是帮助项目回到正轨的好方法。

9. 使用流程

当一个项目开始出错的时候，项目经理需要一个正确的流程来对问题进行排序，所以要尽可能提前做好计划。

10. 及时处理问题、风险及变更

项目中存在各种各样的问题和风险，对于这些问题，项目经理要及时地进行记录，按照不同的级别进行分类，定期或不定期地进行进展跟踪。

7.1.3　总结经验教训，做好风险管理

项目管理过程包括风险管理和应对项目过程中可能出现的潜在问题。风险管理是指通过识别、分析、评估控制来避免、最小化或消除不可接受的风险。组织可以在管理未来事件过程中适当使用风险假设、风险规避、风险保留、风险转移或任何其他策略（或策略的组合）。

简而言之，项目经理要对可能导致项目中服务交付中断的情况进行风险管理，将项目调整到可接受的时间范围，或将任何违反初始协议的因素转移出去。下面是项目经理在评估过程中可能遇到的一些风险。

- 将客户端至关重要的可交付成果延迟交付。
- 项目经理中途改变项目交付范围。
- 推迟某些里程碑的付款。
- 要求比预期更多的变更。
- 团队使用的第三方产品的服务器停机或服务中断。
- 团队中出现病人或团队成员家庭出现意外事件。
- 项目里程碑没有达成。
- 项目的执行阶段出现意外的利益相关者介入，需要增加成本和时间。
- 存储的数据受到法律限制。

当然，上面只是列出了一小部分，更多的需要按照项目的实际情况来进行整理。项目经理应该通过"头脑风暴"或者咨询专家的方式，描述出大多数可能出现的风险情景，并据此进行风险应对。

7.2

项目管理中常出现的 10 个问题

项目的成功可能会找出无数个因素，但我们往往更加关注是什么导致了更多项目的彻底失败，很多项目失败都是出于同样的原因。本节分析的 10 个原因在大部分项目中或多或少都出现过，这些问题在某种程度上影响到项目的成功交付，严重的时候就会导致项目出现重大危机甚至失败。

7.2.1　期望过高，设定不可能达成的目标时间表

项目经理在做任务估算的时候，往往会根据经验或者时间来简单计算任务量，这种瞎猜的方式可能会正确，也有可能会是完全错误的。而一旦出现错误，必然会导致时间表出现缺陷和增加风险。这个时候，建议一方面可以参考历史项目的记录，另一方面要做好项目的过程数据，便于下一次进行纠偏。

如果你不了解项目的整体情况，不了解项目团队的工作量，那么项目将永远不会在最后的时间期限内达成。项目经理要能够了解项目团队中每个成员的能力，并通过正在进行的项目来预测结果。如果错误地估计了工作量，据此得出的项目最后完成期限可能成为项目团队的噩梦，而由此导致的项目失败可能会影响到公司的声誉。

尽管你知道你需要足够的时间来提供超过客户期望的工作，你也需要知道从哪儿获取这些时间，你需要分配任务、设定期限、估算完成的时间，并让项目成员自己来进行评估，通过周期性的报告来判断是否高估（或低估）了整个项目的时间。必要时，可以采取项目管理相关的 IT 系统来进行辅助管理。

项目计划进度表的重要性毫无疑问是不能被低估的。项目经理创建一个过于乐观的项目进度表很容易，可以获得客户的欢心，但是在实际的交付过程中完全不可行。项目经理不仅仅需要通过输出优质的成果来完成项目，还需要满足项目对于质量、成本和进度的要求，从而使得项目脱颖而出。

7.2.2　恐惧项目评估，导致时间和预计的偏差太大

项目进度计划用于指导项目组对其任务的时间和地点有一个清晰的了解，对于

客户来说，则需要显示出项目中重要的里程碑和关键可交付成果的到期日。因此，项目经理的重点在于要协调项目团队和其他利益相关者来对项目中的工作和时间进行估计，得出一个满足团队、管理层和客户期望的时间表，这样才有可能让整个项目团队有动力去完成高品质的项目。

1. 没有去考虑项目的变化

计划中的项目和实际交付的项目往往是不一致的，可能是某个组件产生了变化，或者是需求可能存在变更。良好的项目管理和有效的变更控制有助于缓解项目交付范围的蠕变，但实际很多项目在基于要求锁定在预算和时间表上的时候，项目将被迫严格按照要求增加额外的时间满足这些承诺。

2. 不抬头看方向

大多数项目团队努力工作，并希望成功。当有问题出现时，有一个令人钦佩的项目经理倾向于加倍努力地工作。这种行为应该受到鼓励，但你如果没有在出错的过程中抬起头去判断下方向正不正确，就会做得越多，错得越多。

3. 对项目评估的恐惧

善于对项目进行评估的公司，能够通过组织学习来识别自身的能力和模式，并了解自身的优势和弱点。但不幸的是，大多数组织缺乏正式的对项目交付的评估能力或计划，而正是由于缺乏对自我的认知，这些组织不断面临着项目交付的风险。

4. 错误估计未来的期望

有时，项目经理会计算团队的最终结果，然后问自己以下问题：项目的计划是否适合团队中每个人的价值观？如果不是，我应该如何进行调整？这种结果必须是多样性的，这样才能照顾到团队每个人的想法。

当输出初步的结果后，项目经理需要和项目团队进行确认，通过他们反馈的信息进行评估，然后重新得出符合项目现状的计划的详细信息。否则，当项目结束的时候，你仍然会感到失望。

5. 项目时间和预计偏差太大

这里所说的偏差可不是说提前完成，而是项目时间已经延迟非常久了。可能项目中存在太多的变量导致项目工作没有及时完成，如没有计划、没有一个真正可以获取的项目变更工作列表清单、没有相应的解决方案、对工作的努力程度估计不足、项目交付团队缺乏正确的方法、没有按时完成工作等，没有按照原定计划达成的原因可能无穷无尽。

那么需要做什么才能让它回到正轨呢？如果发现得太晚，或没有在发现该迹象的第一时间就做出纠正的话，那么很难有正确的纠正措施，通常只能继续前进完成这个项目，但却没有办法按时完成。

7.2.3　错误应对，不能准确估计要完成的工作

不能准确估计要完成的工作，这也是大多数项目中一个常见的问题。通常，初始估计由客户经理或销售人员执行，并且让项目经理、业务分析人员和技术主管参与到原始估计工作中来，因为它是定价的基础。

如果这些原始的估算不准确，而且也没有在合同中进行说明，最终形成的项目即使按照计划执行，没有足够的时间和预算来达到要求，这个项目也会失败。

当项目有可能超出预算或时间表时，只有下面 3 种可能的行动方案。每个工作都是在有限的可能性范围内，并伴随成本进行变化。

（1）调整计划来降低项目交付成本。对于成本较低的项目来说，可能存在较多的缺陷。调整计划不能被频繁使用，比如法律或合同可以规定在某一日期交货，逾期交货可能会被罚款或导致客户的损失。此外，组织可能已承诺项目人员会在某一时间参与其他工作，一旦调整计划，则可能会产生更大的影响，有的时候可能更多的是不愿改变和不愿"失去面子"。

（2）减小交付的范围。将非关键功能推迟到更高版本（或完全消除）可以使项目在时间和成本限制范围之内完成，但额外的成本是显而易见的：交付少于承诺或预期。

（3）添加项目成员。在确定的范围内，增加工作人员可以加快进度，但这个进度实际上并不是特别明显，并且成本相当高。

7.2.4　超额分配资源，交付团队没有合适的资源

当项目在某一时间段内出现资源缺乏的情况时，很多项目管理者似乎并不关注项目资源具体在做什么，只是一味地要求增加资源。这种无节制的超额分配资源，会导致项目成本偏高。优秀的项目经理则可以通过每周的会议讨论资源使用情况，并通过表格或其他工具进行跟踪处理。

当项目开始时，如果没有合适的团队，会让项目的进度受到影响。随着项目进

展到了后期，项目中具有正确经验或技能的项目资源可能是非常稀少且昂贵的。最好的办法是永远不要在没有合适的团队准备的情况下去启动项目。

7.2.5　需求不明确，项目需求缺乏必要的细节

项目需求是项目实施的命脉，必须是完整的、详细的以及可以理解的。良好的需求需要进行估算和定价来制订计划，为客户构建正确的解决方案。不明确的项目需求会导致不断地返工、范围变更、需求变更单不断增加以及错过最终交付期限。如果项目需求是有问题的，项目经理则不要轻易地启动项目，而需要了解更多的细节和投入更多的工作，回到项目计划阶段，重新开始功能设计、技术设计、用户验收测试。

项目计划是项目成功的基本要素之一，但在项目管理过程中却往往是被误解得最为严重的一个。项目计划不仅仅意味着项目时间表，真正的项目计划要从项目立项开始，为预算、进度和质量指标的规划过程提供更深层次的信息。

当项目计划完成后，项目团队就会按照项目经理制定的路线开始实施，在项目的实施过程中，找到项目计划中的不足部分。实际上，如果项目计划制订得过于粗糙，细节部分提供不足，很容易让项目团队在任务的时间和完整要求上产生混淆。

所以项目经理一定要做好项目的计划，确定计划中所有的活动和相关任务，以满足项目的需求和达成可交付成果，确定项目计划中每个任务的持续时间和资源分配方案，确保每个任务都有人负责完成。尽管一开始创建的计划可能并不完美，但随着项目不断地向前推进，项目的计划也需要滚动刷新，并逐步完善项目细节。

7.2.6　项目和客户脱节，客户还未做好准备

如果客户不在你的身边向你提出问题，让你感到没有客户来延缓团队交付进度，这种情况看起来似乎很美好，实际上却并不是一件好事。

项目需要客户的参与，同样项目经理需要去回答他们的问题，在他们遇到可疑区域的时候要进行澄清，解释客户不太了解的业务流程，并负责分配与他们相关的项目任务。尽管客户除了管理项目之外还有许多其他职责，但是你也要把客户拉进来为自己所用，以便做出关键决策，并且让项目按进度和预算进行下去。

有时客户还没有准备好开始，客户对项目的业务流程以及解决方案没有深入的了解，也不清楚如何形成项目的真正需求，对最终实现的产品的功能设计没有明确的概念。这个时候，项目经理就不得不停止项目，给客户进行一些相关培训了。

同样，有时客户说他们已经准备好了，但他们仍然在做一些项目范围的定义，甚至在处理与手头项目完全无关的一些问题，并且要求项目组必须首先解决这些问题。这种情况在项目中经常发生，最终的结果是时间、精力和预算都浪费在和项目无关的额外工作上，这些额外工作和项目正常的工作夹杂在一起，会让项目看起来更加混乱。

很多人在项目中可能都没有直接和项目经理做过沟通，实际上他们可以采取多种手段，比如通过电话或写一封较清晰的电子邮件来进行非正式的沟通。同样，对于项目经理来说，如果没有一个清晰而明确的沟通，那么项目的混乱和无序将接踵而至。

7.2.7 团队不了解项目，产生消极行为

如果你的团队不了解当前的项目，结果就是高层管理人员、项目经理和公司创始人之间缺乏沟通。作为公司的创始人，需要确定高层管理团队和项目经理的职责，并为他们配备可以获得项目准确信息的项目工具，确保他们有完成项目需要的一切，同时确保他们可以访问相关的文件、发票、合同、预算信息，并和客户进行及时的沟通，让他们及时地获取项目的所有相关信息。

为项目选择合适的领导者很重要，同样重要的是选择合适的团队成员。项目经理要花时间去了解团队成员的特定技能或者技能组合，这样才能更好地适应项目的交付范围。一个优秀的项目经理应该善于分析项目的需求，并利用项目的需求和项目团队的属性进行最佳匹配达到一致。

如果不能确定项目团队成员的经验和能力是否满足项目的交付范围，建议项目经理和团队一起进行讨论，看有哪些具体的问题，而不是仅仅通过纸面上或别人的介绍来了解他们。项目经理要善于筛选出团队成员的优缺点，这样才能在项目实际交付过程中相应地优化他们的工作量。

7.2.8 不同的项目管理水平导致复杂程度不同

很多项目经理认为，一个给定的项目与他们已经管理或正在管理的其他类似项

目大致相同。但最终他们发现，目前的项目存在一个潜在的复杂性问题，而且这个问题无法避免，让整个项目团队感觉非常痛苦。

通常情况下，当我们在事后发现这一点时，整个项目将面临返工，并错过了项目交付的最终期限，还超出了预算。

通常这是与需求相关的，也可能是不准确或不完全评估项目客户的环境所造成的后果。作为项目经理，需要有足够的经验，能够对项目中的重大问题和潜在风险进行评估，而不是等到项目后期才发现。如果这个问题足够严重，可以拖垮整个项目导致失败。

7.2.9　未知数超过已知数，项目严重超过预算

在项目启动期间，最好与项目客户讨论假设和未知数，包括他们是否知道当前的项目环境，他们是否知道驱动项目的真正资源，他们是否真的确定了真正的项目需求，他们是否了解这个项目对其他组织的影响，以及如何推进项目和制定解决方案。

如果答案都是否定的，可能会让每个利益相关者都非常痛苦。所以，项目经理要认真地分析项目中的未知数和已知数，如果项目客户提出更多的是问题而不是答案，那你可能需要将计划阶段的时间和预算增加 1 ～ 3 倍，否则你会感到后悔的。

在项目问题的未知数中，大部分都是项目严重超过预算的情况。10% 以内的预算超额通常是可以接受的，如果有增长的趋势，那么尽可能在相对短的时间内保持住。超过 50% 的预算超额几乎是灾难性的，并且可能不会被利益相关者批准，从而导致项目无法正常进行下去。

解决问题的关键是每周保证项目预算不要超过警戒线。每周审查、分析和重新预测项目预算，将有助于项目财务人员和项目经理保持预算的可管理性，并且意味着负责项目财务的人不会因为项目预算变动而感到意外。如果预算超额一旦达到 50%，他们将意识到，这已经是一个重大的问题了，必须要及时采取适当的措施来纠正。

7.2.10　项目管理不合规，没有得到组织的适当支持

同一种项目管理方法不一定适用于所有的项目，虽然这种方法以前可能在某个项目上取得了巨大的成功，但是想在所有的项目上都能取得成功是不可能的。如果项目经理忽略每个项目之间存在的变量差异，这是一个很危险的现象。

现在大量的项目都是 10 人以上的团队进行交付，如果项目的某一部分跨国家或跨区域，沟通就会因为较大的项目架构而缺乏清晰的流程，导致项目管理出现瓶颈。建议项目经理对每个项目进行单独评估，通过调整沟通策略和各种报告要求来适应新的项目需求。

另外，任何缺乏组织高层支持的项目都不可能长期保持其可行性。资金和人员配置将是项目交付中的一个问题，如果项目没有受到组织管理层的大力支持，那么客户的信心也会受到影响。导致这种情况的原因，可能是组织认识到该项目的目标与自己的核心目标不一致，或者可能与未来项目规划方向不一致。

7.3

解决项目中出现的各种冲突

项目中的冲突不仅仅局限于成员之间的问题，项目中的不同部分之间也可能会出现冲突。比如前后搭接关系的任务涉及不同的部门，可能会出现任务时间上的冲突。项目经理或成员的冲突解决技巧可以通过对原因进行评估，确定冲突双方应该需要考虑的问题，以及采取什么的措施来进行处理。

7.3.1　了解解决冲突的重要性

没有不存在冲突的项目，项目中的冲突是一件自然而然的事情。但有的项目经理不善于管理人际冲突，总是试图忽视它们，期望冲突能够自我解决，这是一种"惰政思维"。

项目中出现冲突可能是一件好事，这往往意味着事情并未达到完美的程度，通过冲突能够将其中的问题暴露出来。项目经理要善于从中找出冲突的关键点，而不是一味地去躲避，这样只会让冲突越来越严重，小问题变成大问题，从事情本身无限地蔓延到整个项目甚至拖垮整个项目。

7.3.2　主动寻找可能出现的冲突

项目可以说是"冲突的温床"，那些希望项目成功的利益相关者会由于交付成果的分歧在项目工作场所不断地制造冲突。项目经理必须要非常重视，主动出击，去挑战重要的利益相关者，去讨论项目中的风险和可能出错的地方，通过对项目的监控和控制，把那些表现不佳的人淘汰出去。

1. 概念阶段

首先，在概念或启动阶段，或者是在项目的开始准备阶段，可能存在以下冲突风险。

- 赞助商和用户之间。
- 赞助商和项目投资组合管理。
- 关于项目需求或成本。
- 关于项目中的问题和解决方案。
- 关于项目实施计划。
- 关于流程审批决策。

在上面提到的所有例子中，项目经理需要根据自己在项目中看到的情况，思考可能出现的冲突。

2. 定义阶段

在这一阶段，该项目正在全面规划，项目经理要重点关注项目内部的冲突风险。

- 项目经理和项目管理层。
- 项目经理和分包商。
- 项目经理和供应商。
- 存在对于规划的不同意见。
- 关于角色和责任的定位。
- 关于项目中的授权范围和授权对象。
- 项目的范围审查。
- 项目中的商业协议。

3. 发展阶段

这是大部分项目工作完成的阶段，在这里最有可能发生冲突，项目经理需要重点关注下面这些方面。在这个阶段，项目经理需要快速地处理冲突，如果让冲突维持太久，会大大影响你的项目进度。

- 项目经理和赞助商。

- 范围和任何关键决策点的变化引起冲突。
- 项目经理和项目团队。
- 围绕资源或任务分配。
- 项目经理和项目管理层。
- 项目经理和职能经理。
- 项目经理和用户。
- 质量控制和检查结果。

4. 移交和关闭阶段

项目经理已经完成了一个项目，现在需要把项目移交给负责维护和运营的团队，然后关闭项目。这里可能有以下冲突风险。

- 项目经理和用户或赞助商。
- 交付的时间点。
- 项目经理和运营团队。
- 维护和运营团队可能不想接受移交或承担责任。

项目经理在离开项目之前，应整理项目最后阶段任何可能发生的冲突情况，不要让人感觉到你遗留了很多没有完成的工作。

5. 项目团队内部冲突的原因

作为项目经理，经常需要处理项目团队内部的冲突，除了上面提到的一些冲突原因，大多数项目内部的冲突根源在于团队成员之间的关系，尤以下面的几点较为突出。

- 角色定位的清晰度不足。
- 性格不合。
- 太过于自我。
- 缺少尊重。
- 行为古怪。

项目经理要把这些冲突风险找出来，降低项目团队产生冲突的可能性。

6. 项目管理导致的冲突原因

项目管理过程本身也可能存在冲突，最大的问题是缺乏战略方向和领导力，其次是团队中的误解，最后是预算和不断的变更导致的冲突。其他可能的冲突如下。

- 激进的时间表。

- 缺乏福利。
- 缺少知识。
- 没有项目管理方法或结构来巩固成功。
- 混乱的要求。
- 客户期望。

7.3.3　掌握处理冲突的方法

不论我们喜欢还是不喜欢，冲突都是工作和生活中的一部分，但更多还是在工作场所。项目交付团队存在压力，主要是项目交付产品要严格合乎标准以及越来越近的最终截止日期，这造成了无休止的斗争和争论。

如果涉及更高的层面，可能会导致无休止的法律案件。如果冲突没有得到有效的解决，很大可能会导致项目失败，不管哪种方式的冲突都会导致公司或组织损失大量的资金，这就是为什么一个好的项目经理是无价的。

1. 面对面

"面对面"是一种优秀的冲突处理方法，可以防止未来的任何冲突。"面对面"涉及双方的合作，并达成一个满足双方均关切的协议。例如，如果项目团队成员对项目执行的一部分有不同的期望，那么项目经理最好安排一次会议，自己从中进行调节，并帮助他们找到冲突中的共同之处。

"面对面"是一种经过试验和测试的好方法，但是这种风格的方法需要项目经理能够快速开放地直接沟通，同时也需要提前建立好信任和权力的基础。

2. 妥协

妥协可以说是在执行中的一个相当艰难的方法，但如果有一个正确的心态，项目经理可以让大家都感到开心，同时能节省时间和金钱。妥协通常也被看成是一种奉献的行为，基本上是通过给予冲突方一些利益，达成一个让整个团队有利的决定，也让双方都有一定程度的满足。

3. 适应

项目经理在使用适应的方式时，需要突出项目中具体的冲突事项，并且可以对一些有争议的领域做淡化处理。当然，并不是所有的冲突都可以使用这种方法解决。项目经理可以牺牲部分关注的目标来满足对方的利益和目标，由于项目范围有限，建议只在满足最低利益情况下使用。例如，项目团队成员的团队建设需求，可以采取小范围、减少次数的方式，避免大规模的全面覆盖。

4. 强制

强制是最难使用的方法之一，并且经常在没有选择的情况下才使用。作为项目经理，这种方法需要你有自信、主导和有权力。但有时候，强制是遏制冲突的唯一方法。如果团队成员的行为威胁到整个团队的完整性，项目经理需要执行某些规则，以确保项目团队成员之间的协作得以保存，这样将以牺牲对方的方式赢得冲突。所以，只有当基本原则受到威胁时，才应该做好强制的准备。

5. 避免

避免或撤销，是一种在项目早期使用较多的方法，可以保持一定程度的中立。避免意味着项目经理将冲突推迟到以后或将其完全移除，但它本质上只是一个临时解决方案。

6. 诚实

不管项目经理的初步规划和应急计划做得如何好，项目的实施过程中总会出现问题，如果总是要试图隐藏这些问题，那么一旦它们被暴露出来再去和客户协调，就已经太晚了。

每当发生问题的时候，项目经理要搜集涉及各方的所有信息形成报告，让项目中的每个人都清楚问题的存在，而客户也会了解项目的运作情况。所以，不要让问题潜伏起来，让客户对项目组失去信任。

● 如果你的团队由于计划不完整而需要更多时间进行功能调整，应告诉所有相关的人。

● 如果你遗漏了在规划阶段的重要组成部分，应与客户联系并安排会议。

● 如果项目的首席专家不再可用，你需要一段时间来进行人员调整，应与你的客户联系。

7.3.4 快速解决冲突的技巧

随着项目中各种各样有着不同态度和信念的人聚在一起，差异就表现出来了，随时出现的冲突会影响到项目的交付效率。如果你面临着这种情况，不要担心，下面的 10 点提示可以助你快速解决这种冲突。

1. 让事情先冷却下来

当你在一个团队中工作的时候，发现有人没有履行自己的职责，冲突很快就可能发生。应对的关键是在冲突发生但并未扩散时，把这个问题消灭在萌芽状态。

就算是冲突已经发生或者变得更加严重，此时也不要太着急，你在试图解决这个问题之前，要让情况冷却下来。如果有人始终不冷静，那么项目经理可以直接进行处理，或者直接解雇掉不清醒的那个人。

2. 保持积极态度

在一个保持激烈竞争的紧张工作环境中，想法或思路被窃取的现象相当频繁。一旦出现这种情况，要避免愤怒的指控，而是以清晰、平静的方式来表达自己的疑虑，同时给对方一个以诚实、建设性的方式来回应的机会。

如果有必要的话，项目经理可以在非正式场合，如喝杯咖啡或散步的情境中，和对方积极沟通解决问题，而不是一味地对已经发生的事情生气或始终保持强烈的敌意。

3. 采用"主动倾听"

如果你的主管没有答应你的提案或者工作计划，此时也不要头脑发热冲进他的办公室去进行争辩，而是要保持冷静并愿意去听他所说的话。

你要真诚地倾听，并提出你自己深思熟虑的问题，尝试从对方的角度去看待它，并同时考虑双方的感情，要专注于达成一个平静、合理的决议。千万不要将沟通变成一个人格和意志的战斗，如果你将对方当成敌人，那只会使事情变得更糟。

4. 交换特许权

如果需要一个复杂问题的快速解决方案，那么采取折中的方法可能是最有效的。这种方法迅速考虑不同人的意见，用来调解并结束冲突的根源，争取各方的承诺，并设立一个后续会议。

记住，当冲突开始时，通常是一个小问题，如人格不匹配。但是当你推迟处理这个问题时，就会有问题逐步升级的风险。所以要及时处理早期冲突，防止冲突变成更大的问题。

5. 避免对抗

在某些情况下，项目经理需要避免对抗，去忽略团队中出现的冲突。如果团队成员之间的冲突问题不严重，他们仍然可以专业地保持工作效率，则可能不需要项目经理的关注。

6. 组织员工会议

项目是各种各样的价值观碰撞的地方。例如你发现有一个同事在中午休息的时候大声地打电话，或者在非吸烟区吸烟，如果你是一个有洁癖的人，可能会和对方产生冲突。项目经理可以通过安排一次会议来讨论一下日常行为准则，确保每个人能够理解预期要达到的内容，这样就可以避免任何直接的一对一对抗。

7. 尝试从对方的角度看过来

事实上，很多冲突的发生是由于双方的误解，比如你自己没有说清楚个人意图，或者你的同事不清楚你需要什么。

这时，你需要保持平和的态度，冷静地问对方是否知道他们在做什么，并仔细倾听他们的反应，这样很可能会让他们反思自身的行为。

8. 走正常投诉流程

有的时候，一个问题可能超越了简单的人格冲突，如涉及年龄、性别等。这种情况下，你希望和你的领导以及 HR 进行沟通，并通过正常的渠道来提交正式的投诉。你需要以书面的形式提出来，要说清楚发生的具体情况、发生的时间，以及自身受到的影响，并说明希望如何解决冲突。

9. 协作

妥协和适应（牺牲自我）涉及一方或多方人员，在合作中，想要找到一个相互满意的结果需要项目经理的努力。重要的是与发生冲突的人一起坐下来，对出现的问题进行讨论调解以达成合作的结果。

10. 反思

项目经理唯一能真正控制的人是自己。当其他人激怒你的时候，最好的武器是控制你的情绪。生活中的冲突是不可避免的，你需要让自己在精神上做好准备。如果在工作中发生了令人不安或紧张的事情，你需要考虑一下你反应的方式。

是什么让你感到失望，为什么会发生，如何应对会更好一点。通过反思，你会意识到自己能够做更好的准备来应对未来的冲突。

7.3.5　学会把人和问题分开

一般情况下，一个公司或组织中项目的失败率在 60% ～ 70% 之间，也就意味着项目失败是一种很常见的现象。虽然现在项目管理专业人才的逐步增多，以及越来越多的公司采取 IT 的方式来进行项目管理，项目失败的趋势会出现逆转，但除了建立和梳理项目流程之外，项目管理者还应该接受软技能的培训，如沟通、团队建设和冲突解决技巧，来巩固项目流程。实际上，在高级别的项目管理中，如果流程建设已经完善，那就应该重点关注项目中的冲突管理。实际项目交付中通过沟通来解决冲突主要有 4 个步骤，如图 7-1 所示。

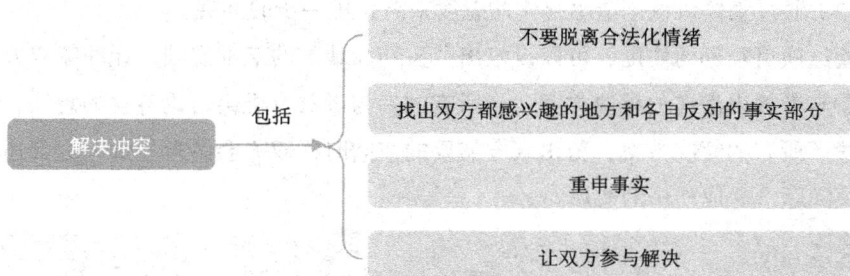

图 7-1　通过沟通来解决冲突的步骤

1. 步骤 1：不要脱离合法化情绪

在项目中出现冲突的时候，项目经理的第 1 步是让双方的情绪合法化，要表明双方是为了应对工作环境而爆发的冲突。情绪化的人很容易被标记为不专业，一旦出现这种情况，对方会更加生气，会导致冲突升级变得更加严重。所以，要承认双方出现情绪化是正常的情况。项目经理不应该有过多的反应情绪，而是在冲突双方失去控制之前，让双方关注到问题点，而不是陷入对情绪的批判。

2. 步骤 2：找出双方都感兴趣的地方和各自反对的事实部分

接下来，项目经理要试图找到冲突双方的共同利益。一般情况下，虽然利益相关方在冲突事件的某些方面存在差异，但基本上都是建立在让任务完成的基础上。所以，项目经理的目标是要让双方回到这个共同的点，这就是要找出所谓的双方都感兴趣的地方。有了共同的兴趣点，接下来，再一条条地找出双方各自反对的点，列出各自的事实部分。

3. 步骤 3：重申事实

重申事实很重要，因为重申你听到的内容，表明你正在积极听取。在利益相关者相互竞争的情况下，让每个人的想法都被听到是非常重要的。

重申事实能够让自己明确并提高对问题的理解，可以让你找出冲突的事实部分。一旦各方确认了事实，那么就可以开始将事实部分带入到解决方案中进行逐一审查。

4. 步骤 4：让双方参与解决

到了这一步，项目经理要尝试并鼓励双方通过集体讨论来解决问题，这种集体讨论会通过微妙的方式改变双方的态度。在双方的情绪和兴趣得到承认以后，要讨论出解决方案，实现下面两个目标。

（1）解决方案的出现是基于事实而不是基于情感的。

（2）通过集体讨论创造出合作的态度来防止进一步的冲突。

通过项目经理的协助，可以设定出"头脑风暴"的基本规则，让冲突双方或者其他参与者找出潜在的解决方案。当所有的参与者都有机会讨论各自的想法，并充分描述了所有的解决方案，留出双方需要的空间时，双方会各自找到一个舒适的点来解决问题，达成初步的协议。

▶ Tips

　　将人与问题分开是一项有价值的技巧。通过执行这些步骤，项目经理将会越来越好地降级和解决困难，协同寻找解决方案，并为防止项目冲突采取新的交互方式提供舞台。

项目的员工和团队管理

——

第 8 章

学前提示

在项目管理中，最重要的步骤是选择合适的团队来完成这项工作。一个合适的团队可以在项目的交付期间为你避免很多不必要的挫折和压力。项目经理不仅需要确保项目团队拥有专业的知识和技能来完成他们的任务，还需要确保他们具备一定的软技能，同时能够与其他团队成员进行良好的合作，让项目朝着正确的方向前进。

要点展示

➢ 项目员工的招聘与管理

➢ 项目团队的建设方法

➢ 项目团队的管理技巧

8.1

项目员工的招聘与管理

很多行业的公司都会有招聘项目经理这一需求。项目经理这个职位横跨各个领域，如各类技术领域和建筑领域等。项目经理将带领团队按照约定的时间期限来完成各项任务，并满足各个利益相关者的要求。如果你的公司有下面一些迹象，可能需要一个项目经理。

- 员工在工作上有困难的时候无法获得帮助。
- 某些事情需要在某一个截止日期前完成。
- 内部对任务的优先权产生分歧。
- 没有人去跟踪和反馈已经完成的工作中产生的问题。
- 客户以及其他团队成员无法获取项目的状态。

8.1.1　获取人才，通过展会认识人

作为一个项目经理或者一个项目管理层的人员，你会经常参与一些展会或者宣传会议，此时需要抓住任何可能的机会去推销自己，或者展示自己公司的外在形象。下面有 5 点提示可以让你提前做一点思考和规划，帮助你在展会中抓住更多机会来建立自己的联系网络。

1. 带上有你姓名的徽章

如果想让人们在会议上和你轻松地开始对话，那么你可以带上有自己姓名的徽章，名字尽可能大一些。可以制作一个胸牌挂在身上，或者做成纸贴贴在衣服上，要把姓名放在显眼的位置，让别人一眼就能看到，这样有利于让对方直呼姓名展开对话。

2. 可以编辑你的徽章

项目经理可以给徽章增加一些特色，比如写一些格言，或者添加部门名称及岗位名称，不一定非要和名字一样大，但也必须让对方看得清楚。这样做的目的是方便人们聊天，并让他们看看是否与你有共同语言。

3. 小心使用你的名片

其实现在很少有人用名片了，但是名片还是存在于各种场合中。所以有可能的话，项目经理还是要尽量准备一些名片，当对方需要你的联系方式的时候，可以提

供给对方。现在，人们更多的是使用手机，可以拍下对方的名字徽章，然后通过网络查找到对方的相关信息，如微博、博客、微信号等。

4. 对收到的名片做好注释

如果项目经理收到很多名片，过一段时间后，会很容易忘掉这些名片。所以建议在这些名片背面写上一些具有识别功能的话，如记下对方所说的话，以及这个人的主要特征，这样当你对名片进行整理时，能够快速地回忆起对方的形象。当然，如果你对对方有过什么承诺，比如和对方联系、提供相关材料等，也要记下来，这是和他们建立信任关系的基础。

5. 做好会议任务的优先级列表

项目经理应该提前列出参加会议的厂家名单，这可以节省宝贵的时间。当你到达会场的时候，如果会展中心很大，可以先去参观你所重点关注的公司会场。

8.1.2　筛选简历，注意匹配招聘要求

任何公司寻找和雇用一个好的项目经理的基本，是确保该人具有以下素质，如图 8-1 所示。

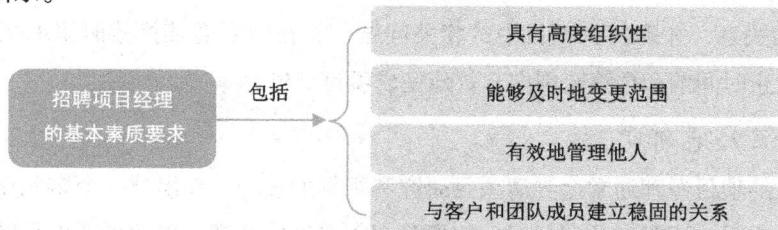

图 8-1　招聘项目经理的基本素质要求

经验丰富的招聘高管在审查潜在的项目经理的简历时，通常会寻找关键的线索和凭据。项目经理要培养以下 5 个属性，这样简历才会得到潜在雇主的积极回应。这是招聘高管在寻找的强大的、专业成熟的项目经理的重要指示线索。

1. 公开演讲和有效的言语交流

无论你是在项目中与项目内部成员介绍任务的截止时间，还是向高级管理人员和关键利益相关者介绍项目进展，或是向客户解释项目中存在的变更，有效的公开演讲技巧可以让你明确地、平静地阐述自己的想法，对于完成工作至关重要。因此在简历中突出个人有效的沟通技巧非常重要。

2. 保持即时沟通

在这个即时社交媒体和移动电子设备盛行的时代，项目经理需要知道保持即时

沟通的重要性。项目经理需要对项目负责，如果不能立即对项目中出现的紧急状态进行回复，那意味着项目经理不太可靠。

良好的沟通是必需的，因为沟通可以帮助项目经理真正地看清项目的真实情况。通过高效会议，项目经理可以做出某些决定或者解决问题，通过发送相关的项目报告或电子邮件，让别人通过阅读来了解项目进展。

3. 团队合作的能力

现代项目的复杂性使其已经无法由一个人单打独斗来获得成功了。项目经理在简历中要证明自己有可以加强项目团队合作的能力，并且是那种喜欢建立终身关系的类型，这样可以让你的职业生涯走得更长远。

项目经理要善于通过组织项目实践为项目成员提供许多有益的服务，通过帮助别人来建立一个强大的团队，并实现自己的职业目标。

4. 果断地决策

很多时候，我们在说"不要只见树木不见森林"，但往往有些经验不足的项目经理迷失了细节，只考虑项目整体而不去承认项目中的各种阶段性里程碑。

越是复杂的项目就越需要去理清楚项目内部的逻辑联系，项目经理只有弄清楚这里面的关系，才能找到项目中的相关问题，并在需要迎接挑战时采取果断的措施，在截止时间前和预算范围内有效地完成项目交付。

5. 深入地研究

成功的项目经理通常会弄清项目研究和规划的技巧，在组建一个多元化的团队来解决一个艰难而复杂的项目时，需要具有创造性的智慧，以此表明你是做过深入研究和创新的。优秀的项目经理能够节省资源以实现更有效的"三重约束"，因此可以在简历中向雇主展示自己的聪明才智，呈现出对方所需要的线索，以表明你有实力为当前的团队带来好处。

8.1.3 面试员工，掌握正确评估方法

按时完成项目需要找到合适的人，每个项目都需要寻找合适的人员组合来创建项目合作团队，这是一项具有挑战性的工作。在一个理想化的项目中，每个人都会互相配合协作，没有任何摩擦，但这种情况发生的概率极低。

1. 面试找到合适的员工

一旦你确定了面试人员的名单，那么在雇用他们之前，建议使用下面的方法来

帮助你做出更明智的决定，如图 8-2 所示。

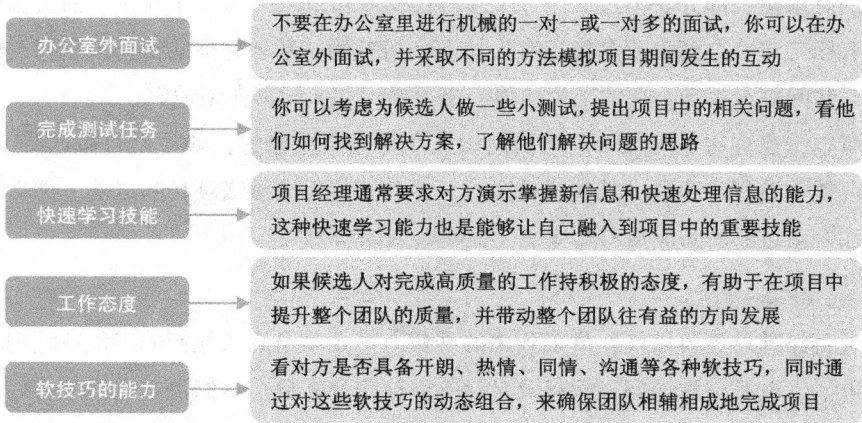

办公室外面试	不要在办公室里进行机械的一对一或一对多的面试，你可以在办公室外面试，并采取不同的方法模拟项目期间发生的互动
完成测试任务	你可以考虑为候选人做一些小测试，提出项目中的相关问题，看他们如何找到解决方案，了解他们解决问题的思路
快速学习技能	项目经理通常要求对方演示掌握新信息和快速处理信息的能力，这种快速学习能力也是能够让自己融入到项目中的重要技能
工作态度	如果候选人对完成高质量的工作持积极的态度，有助于在项目中提升整个团队的质量，并带动整个团队往有益的方向发展
软技巧的能力	看对方是否具备开朗、热情、同情、沟通等各种软技巧，同时通过对这些软技巧的动态组合，来确保团队相辅相成地完成项目

图 8-2　找到合适员工的面试方法

2. 全职项目经理的评估方法

在项目中，客户或者 HR 会提出的常见问题就是：如何对全职的项目经理进行评估？需要从哪些方面来着手？项目管理的能力需要硬技能和软技能，而"适合"恰恰是一种难以判断的衡量标准。下面推荐几个方法，通过一些属性或者技术，能够对一个项目经理进行评估或者作为面试的参考，以找到一个好的项目经理候选人，如图 8-3 所示。

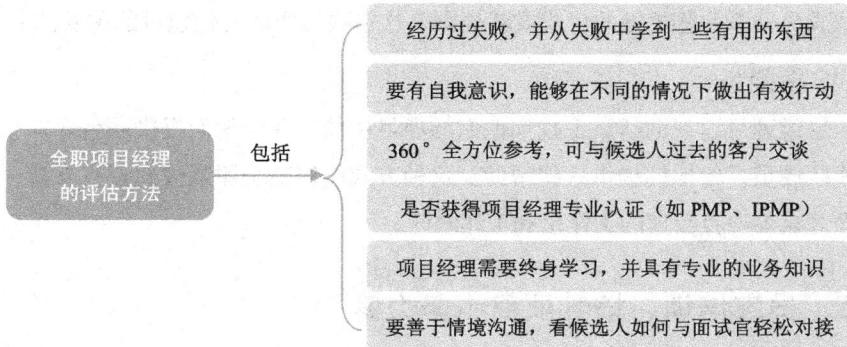

全职项目经理的评估方法	包括	经历过失败，并从失败中学到一些有用的东西
		要有自我意识，能够在不同的情况下做出有效行动
		360°全方位参考，可与候选人过去的客户交谈
		是否获得项目经理专业认证（如 PMP、IPMP）
		项目经理需要终身学习，并具有专业的业务知识
		要善于情境沟通，看候选人如何与面试官轻松对接

图 8-3　全职项目经理的评估方法

8.1.4　员工入职，做好人力资源管理

当项目中增加了新的团队成员时，其重要性是毋庸置疑的。他们的到来可能会

缓解当前项目交付资源不足的难题，项目经理可以把手头上繁杂的工作进行分解，让他们来承担一部分。不过，当一个新的团队成员加入到项目中时，还需要做好员工的入职工作。办理入职是指当有人加入公司时的一系列完整的活动，需要提供新人系统访问权，找到合适的工位让他们坐下来，并向同事介绍他们。

所以，当现有员工加入新项目时，入职是至关重要的，如果没有做这些工作，他们可能会感觉与团队中其他成员脱节，并且可能无法承诺项目的成功。那么，对于新加入项目的团队成员，具体要完成哪些入职步骤呢？

1. 准备

项目经理首先要做好新员工到来的准备，需要确定属于他们的工位、笔记本电脑、电话、电子邮件访问权限以及名片等，这些都需要在他们加入之前准备好。项目经理要让新员工觉得他们的加入并不意外，提前通知团队中其他成员，帮助新员工找到一个合适的工位，并确认他们拥有访问项目文档和其他应用程序的权限。

2. 介绍

项目经理需要将新员工介绍给项目的客户和所有团队，他们将是团队的一分子，和其他人的地位都是平等的。

3. 欢迎

项目经理可以举行一个小型项目会议欢迎他们，并利用这个机会做一些团队建设活动，以加深团队对于项目愿景的关键信息的理解。同时，项目经理可以让现有的团队成员分享一些关键的仪式或者规则，这是项目团队文化建设的重要部分。

4. 导师

项目经理可以帮助新员工找到他们的项目伙伴，并给他们提供一名导师或有经验的团队成员，给他们提供一些帮助。这种方式能使整个团队彼此相互支持，同时也将大大减少项目经理的工作量和工作时间。

8.1.5　员工培训，培养项目中坚力量

一个领导者的成功要依赖与之共事的人的进步，领导者应尽可能地培养组织中的人才，并提供给他们成长的机会。而当对方成长之后，他们也会形成为别人着想的思路，最终也会成为你的好帮手。

1. 团队成员需要进行培训的预兆

对项目团队成员进行项目管理培训对于项目的成功来说至关重要，项目经理必

须要知道哪种情况下需要进行额外的项目管理培训。下面这6个预兆可以帮助项目经理确定这一点，如图8-4所示。

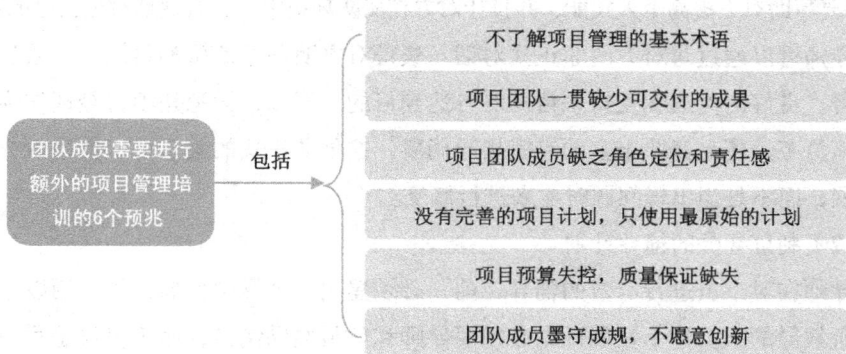

图 8-4 团队成员需要进行额外的项目管理培训的预兆

2. 项目经理和项目成员的能力要求

项目经理对整个项目来说是非常关键的，项目成员也是一样的，两者缺一不可。对他们的基本能力要求如图8-5所示。把一个优秀的项目经理和一个出色的团队结合起来，这样才能使得项目更加高效地运作并增加成功的概率。

图 8-5 项目经理和项目成员的能力要求

3. 善于当好导师培养中坚力量

在项目的实际管理过程中，项目经理尽管已经意识到团队成员在项目中所起的重要作用，但关注的往往是项目中最优秀的10%和最差的10%的人员，这并不是一种良好的方式。

项目的成功或失败不能仅仅取决于所关注的20%的项目成员，而应该是中间的80%。项目经理要善于成为导师，帮助他们发展自己的技能，提高团队的整体绩效，这才是一个优秀的项目经理的正确职责。

（1）导师着重于发展，而不是修复

导师和所带的成员之间的关系是一种流畅的关系。导师的重点是发展，而不是"修复"，要帮助对方提高个人技能，并且让对方在团队环境中更加有效地贡献自己的技能。

导师可以通过与对方的非正式对话，获得对方明确的期望和目标，并通过及时的监督、良好的沟通和支持来帮助对方达到目的。所以，无论是项目经理作为导师指导新员工，还是经验丰富的专家指导同事，这种非正式的关系可以促进双方的共同发展，而不是当出现问题时才来进行修复。

（2）制订导师的辅导计划

导师在对学员进行有效的辅导之前，必须建立一个导师发展计划，用以指导你和你所教导的人。这个发展计划必须要导师和学员共同制订，而不仅仅是写一个计划，然后置之不理。导师和学员双方需要共同确定一套目标和活动，共同确保双方对计划的成功实施。同时，共同制定的方式也使双方远离老板和员工的关系，并向同伴的辅导关系迈进。

（3）建设导师长期发展规划

如果项目经理刚刚组建团队，或者重新组建了和团队之间的关系，那么建设导师的长期发展规划并不意味着对方缺乏某些关键技能或做错事需要进行纠正。事实上，导师制度意味着看重另一个人未开发的潜力，通过投资来让对方在项目工作中取得成功。因此，建设长期的导师发展规划要注意以下4点，如图8-6所示。

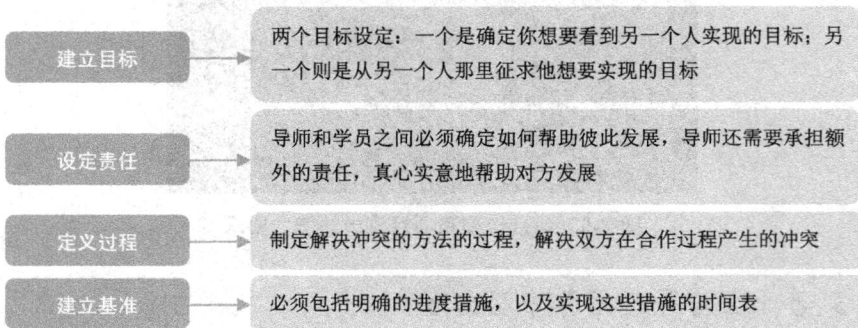

建立目标	两个目标设定：一个是确定你想要看到另一个人实现的目标；另一个则是从另一个人那里征求他想要实现的目标
设定责任	导师和学员之间必须确定如何帮助彼此发展，导师还需要承担额外的责任，真心实意地帮助对方发展
定义过程	制定解决冲突的方法的过程，解决双方在合作过程产生的冲突
建立基准	必须包括明确的进度措施，以及实现这些措施的时间表

图 8-6　建设长期的导师发展规划需要注意的地方

8.1.6　员工辞职，做好离职处理工作

当项目成员决定要离开项目时，项目经理需要尽一切可能来了解他们为什么要做出这个决定。这对于公司或组织来说是至关重要的，这样做有助于确定项目中目

前存在的问题，以及发现员工失去工作动力的原因。

离职沟通类似一个面试或调查，或者只是一个人在离开项目时进行的一次普通的谈话。这种沟通并非强制性的（不像求职面试那样以获得工作机会为目的），但可以用来解决很多问题，其涉及的内容如图 8-7 所示。如果项目经理真正地关心项目团队以及合作的其他成员，离职沟通将成为一个很好的项目管理实践。

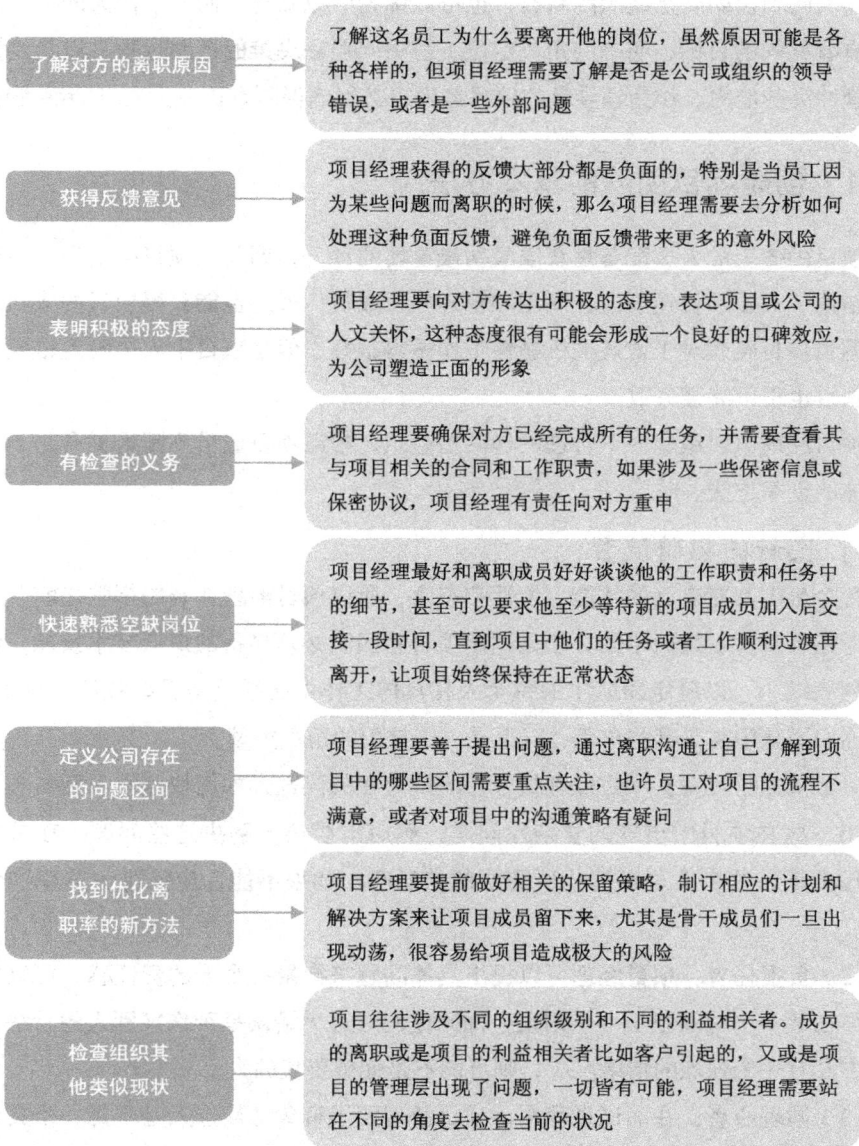

了解对方的离职原因	了解这名员工为什么要离开他的岗位，虽然原因可能是各种各样的，但项目经理需要了解是否是公司或组织的领导错误，或者是一些外部问题
获得反馈意见	项目经理获得的反馈大部分都是负面的，特别是当员工因为某些问题而离职的时候，那么项目经理需要去分析如何处理这种负面反馈，避免负面反馈带来更多的意外风险
表明积极的态度	项目经理要向对方传达出积极的态度，表达项目或公司的人文关怀，这种态度很有可能会形成一个良好的口碑效应，为公司塑造正面的形象
有检查的义务	项目经理要确保对方已经完成所有的任务，并需要查看其与项目相关的合同和工作职责，如果涉及一些保密信息或保密协议，项目经理有责任向对方重申
快速熟悉空缺岗位	项目经理最好和离职成员好好谈谈他的工作职责和任务中的细节，甚至可以要求他至少等待新的项目成员加入后交接一段时间，直到项目中他们的任务或者工作顺利过渡再离开，让项目始终保持在正常状态
定义公司存在的问题区间	项目经理要善于提出问题，通过离职沟通让自己了解到项目中的哪些区间需要重点关注，也许员工对项目的流程不满意，或者对项目中的沟通策略有疑问
找到优化离职率的新方法	项目经理要提前做好相关的保留策略，制订相应的计划和解决方案来让项目成员留下来，尤其是骨干成员们一旦出现动荡，很容易给项目造成极大的风险
检查组织其他类似现状	项目往往涉及不同的组织级别和不同的利益相关者。成员的离职或是项目的利益相关者比如客户引起的，又或是项目的管理层出现了问题，一切皆有可能，项目经理需要站在不同的角度去检查当前的状况

图 8-7 离职沟通需要解决的问题

8.2

项目团队的建设方法

伟大的项目团队是组织的基石，也可以称为中流砥柱。而一个伟大的项目团队一定有着共同的目标、明确的角色定位、解决问题和决策的透明过程，以及建设性地处理冲突的能力。作为领导者的项目经理，必须确保所有这些元素都能够到位。

8.2.1　创建项目团队的基本方法

项目中齐全的人员配备是获取成功最重要的部分，即使在项目中出现一些流程上的错误，只要项目经理擅长雇用和管理项目成员，最终也能获得项目的成功。相反，哪怕项目经理对于常规的机械性工作做得很好，但是项目中人员配置错误，那这个项目也很可能会失败。

项目经理可以组建一个合理的梯队型组织，帮助项目成员不断地提升，下面介绍具体的创建方法。

1. 良好的招聘流程

每个员工都有自己的技能、个性和态度，所以项目经理在开始招聘之前，应该多思考招聘条件。最简单的方法是列出项目新团队必须具备的最低技术技能，然后将该列表缩小，以确定团队中的每个人在具体工作中必须具备哪些技能。接下来，想想你们团队中需要哪些角色，以下是一些常用的角色类型。

（1）快速学习者：项目经理很容易测试潜在的候选人如何快速学习新概念，比如找出一些在项目中出现的复杂性问题，然后请候选人解决这些问题。在求职面试的压力下，这个人可以消化所需的信息吗？如果不能，应该避免选择这个候选人。

（2）负责任者：项目经理可以提出具体问题来衡量一个人的责任感，可以告诉他们你在某一个时间犯了一个错误，询问他们对这个错误是否伤害别人的看法。如果对方没有一个强烈的情绪反应，则可能不是你想要找的人。

（3）同理心者：在面试过程中，项目经理要了解参考候选人是不是一个具备同理心的人。具备同理心的人往往比其他人更加同情别人，更适合处理项目中各种复杂的情绪沟通。

（4）好奇者：在项目中，成员很多时候解决的都是技术问题，这种工作最适合有好奇心的人。因此，项目经理在面试时需要了解一个人是否具备好奇心，看他们是不是对什么新东西都想要进行尝试，好奇者就不会让项目经理感到失望，因为他会通过他的内部驱动力来解决技术问题。

（5）逻辑者：有逻辑的人能够处理复杂的问题，善于通过找出事情的原因形成解决方案。他们能够在项目中找到更有价值的东西，而且善于抽丝剥茧地排除笼罩在项目上空的迷雾，能够清晰地给出任务的各个脉络。如果面试者对于问题不善于条理分明地解说，那么就没有必要去雇用他们。

（6）值得信赖者：项目经理必须能够相信项目团队中的人员，因此在面试过程中，可以问问自己是否能够相信他们搜集的项目信息或材料，如果做不到，那项目经理就不应该雇用他们。

2. 训练你的团队

项目中出现问题的时候，不能总是增加额外的人力来解决问题，项目经理可以通过良好的培训，培养有能力的内部人员来解决问题。如果项目经理不能准确地做到这一点，就是完全浪费了自己团队人员的能力。当前项目团队中的人员可能训练有素，但如果在推出新的事物之前，在面对新的系统、新的流程以及新的产品时，想要打造一个能带来胜利的团队，那么就应该将持续培训作为优先事项。

3. 设定目标和边界

项目经理为项目成员设定目标很简单，只需使用 SMART 原则（具体、可衡量、可实现、相关性和基于时间），具体方法可以参考第 3 章。

设定边界稍微复杂一些，需要知道一件事情的信息背景，比如有没有涉及其他部门的时间计划以及问题。这不是一个信任度的问题，而是如果你没有时间去了解一切，那么就不应该对一切负责。只有了解了事情的详细背景和过程，当被要求跨界时，才可以做出正确的判断，决定是否需要对这些事情负责。

4. 倾听和帮助他们

在很多项目中，项目经理往往把项目团队成员单纯地当成资源来管理，形成一种非正常的主仆关系。但是，项目管理的目标恰恰是与此相反的，它是为了帮助人们更好地做工作。所以，项目经理不要总是认为自己一个人就能代表或完成整个项目，要将办公室的门敞开，让每个团队成员都知道自己做的事情。

5. 不断地评估他们的表现

当项目中每个人都知道他们在做什么时，项目经理还需要给团队成员一些赞美和纠正。一般来说，赞美应该是公开的，纠正应该是私下进行的。项目经理应该定期对团队成员的业绩进行绩效评估，并制订每个人的发展计划，用以保证项目团队成员是最佳的人员。

项目经理可以通过定期举行会议来促进沟通，让项目中的每个人都知道他们是如何形成一个团队的。对于出现的问题，项目经理应该进行公开的讨论，而不是去责怪任何人。在项目团队成员遇到困难时，项目经理要确保他们的操作流程是正确的，并就如何改进提出相关的意见和建议，这种方式才是打造胜利团队无价的输入方式。

6. 相信你的员工

当项目经理已经完成了前面所有的准备工作，剩下的就是放心地让团队成员按部就班地完成他们自己的工作。同时，项目经理要给予项目团队充分的信任。而要持续做到这一点，项目经理就要善于通过一些细节性的事件表现出来，比如经常为项目团队订餐，鼓励进行团队建设活动，不断地提升项目团队的士气，让每个人都保持快乐的心态。

8.2.2　打造高绩效的项目团队

在项目实施中，高绩效的项目团队是每个项目经理所追求的方向。

但是，要如何引导来自不同区域、不同部门、不同性格的一群人形成一个全面合作、表现优秀的项目团队呢？其实了解下面这 5 个步骤，项目经理就可以帮助项目团队快速成长起来，如图 8-8 所示。

当成员在个人层面上都能够彼此认识，并发现在项目中都相互较为满意的时候，作为项目领导者的项目经理，可以建立项目外的非正式团队，促进大家的凝聚力。

项目经理可以单独找一个房间或空间，用作项目团队成员的休息室或会议区。大家可以在这里举办社交活动，也可以参加聚会和郊游。让你的团队离开办公室将有助于他们更多地了解彼此，创造共享的美好记忆，并给每个人一个机会去享受工作之外的乐趣。

	在团队成立阶段，将项目各个成员聚在一起，可以让他们了解彼此对项目的潜在贡献。项目经理可以将每个人看作单独的个体，并了解他们给团队带来的专业知识
成型	

	在震荡阶段，项目经理可以深入地了解项目中的每个人，可以很好地了解项目团队成员的长处和弱点。通过这个阶段的经验总结和分享，也会使项目团队变得更加强大
震荡	

	在团队的规范期，整个项目团队熟悉了项目的整个流程，进入了项目的工作节奏，团队成员之间建立起信任并开始在工作中体现出来，整个项目朝着未来成功的方向前进
规范	

	在执行期间，项目团队会相互信任，而且工作状态是最佳的。项目经理需要鼓励他们进行创新，通过创造性和灵活性的工作帮助项目团队的绩效达到最好
执行	

	当一个高绩效的项目团队解散时，对于所有人来说都是一个非常困难的时刻，项目经理需要帮助团队成员过渡到新的角色和项目中去，并鼓励他们学习成功的经验和吸取教训
解散	

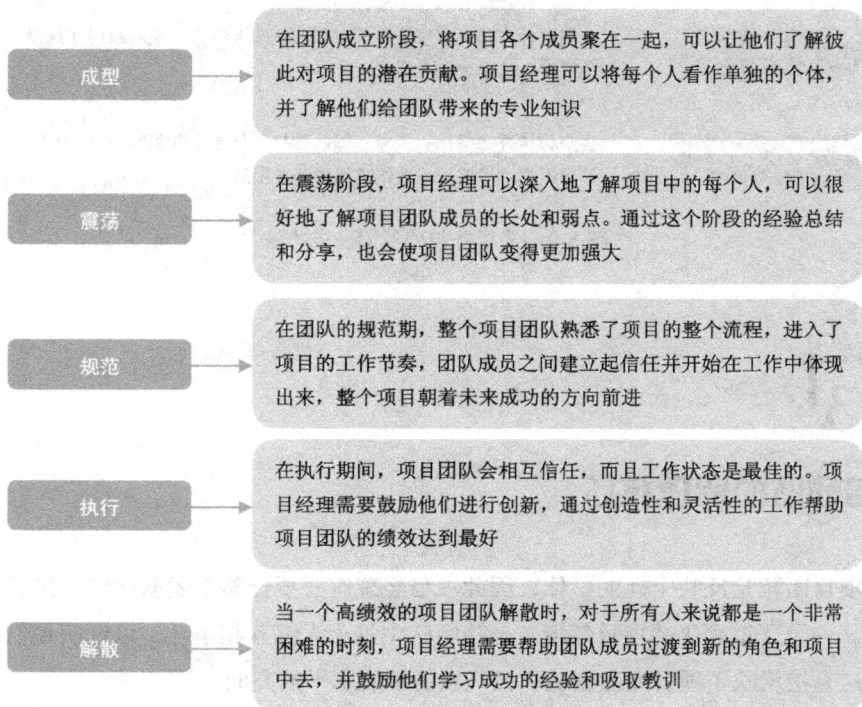

图 8-8　建立高绩效团队的步骤

8.2.3　找个优秀的外包项目团队

当外包软件项目开发时，客户自然也希望对项目成功有信心，并对最终交付结果满意。但是与内部开发团队不同，客户不能关注到外包团队，项目团队的日常工作可见性较差。成功的项目开发，除了要看外包团队的技术经验外，还应考虑以下因素。

● 沟通技巧是外包团队的核心要求之一，彼此的误解可能会导致迭代失败，甚至导致整个项目失败。

● 每个团队成员的个人软技能对整个团队可能有相当大的意义。

● 能够在分布式环境中工作是外包商的另一个核心要求。

● 自律并按时完成令人满意的工作，而不需要天天进行监督。

● 能够找出和理解问题，找出导致问题的原因并且能够克服它。

上面这些素质是外包团队中每个开发人员所必需的。当你的项目需要聘请外包团队的时候，公司和客户会选择最便捷的方式来形成开发团队，主要有以下两种方法，如图 8-9 所示。这两种方法被广泛应用于各个需要组建分包团队的项目或组织中。

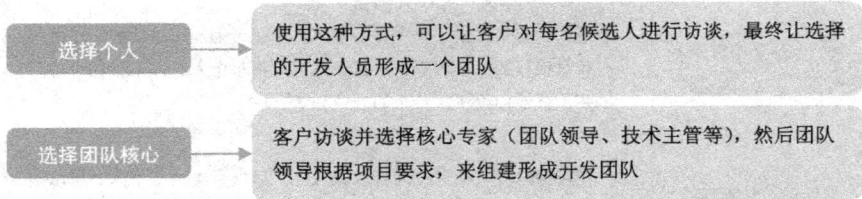

图 8-9　选择外包项目团队的方法

8.3

项目团队的管理技巧

项目团队是反映个性的整体，因此项目经理有必要让整个团队始终保持轻松的气氛。一个严重恶化的项目环境，会让团队中每个人都互相争斗，以证明他们的表现，这直接反映了项目经理创造积极气氛的技能水平的高低。

一个好的项目经理不仅是一个在后面鞭策的导师，更应该是一个关心学生的有经验的老师。像所有教练一样，一个成功的项目团队领导需要一本手册来指导团队。如果你正在领导一个新的团队或想提高现有的团队的性能，本节介绍的这些技巧肯定能让你达到目的。

8.3.1　创建系统，帮助团队快速成长

项目经理需要创建一个让团队新成员可以轻松接受的系统，帮助团队快速成长。这里所说的系统范围很广，比如标准的项目模板、标准的项目流程以及项目的一些基础信息共享社区等。成功的项目领导者会通过一系列项目上特有的标准化流程和方法来让新成员快速地接受。

项目经理可以花点时间来准备好关键的政策和流程宣讲，并要求新员工按照项目要求执行。通过这种方式，可以让他们更好地融入团队。

作为一个团队领导者的项目经理，必须要找到好的方法和系统让项目团队做好。只有项目团队做到最好，项目经理才能得到最好的结果，项目才能获得成功，工作过程才会快乐无压力。这里有 5 个技巧可以帮助项目团队快速成长，如图 8-10 所示。

避免微观管理	每个人可能都有自己的工作作风，在领导角色中，项目经理必须习惯与和自己不同风格的人一起工作，如果自身不习惯这种团队工作方式，那么就很难完成任务
共享项目愿景	项目经理可以通过相关的系统工具将项目愿景分解成为简单的图表，帮助团队成员了解项目在组织中的位置，以及项目目标是如何与公司或组织的战略目标保持一致的
设置标杆行为	项目经理如果想要看到团队成员的良好行为并希望其遵循项目的流程，那么就需要从自身做起，把标杆行为树立起来，展现出自身的态度，让团队成员看到灵活性和开放性
提供合适工具	项目经理不一定能够完全满足所有团队成员的需求，但是可以通过确定统一的目标，给他们选择合适的工作，并制定统一的工具模板来达成这个需求
感谢成员付出	如果你的团队成员得到赞赏，他们将会更加有针对性地做出好成绩。项目经理可以通过电子邮件、即时通信工具在休息间隙去完成这件事，表达对他们的努力的赞赏

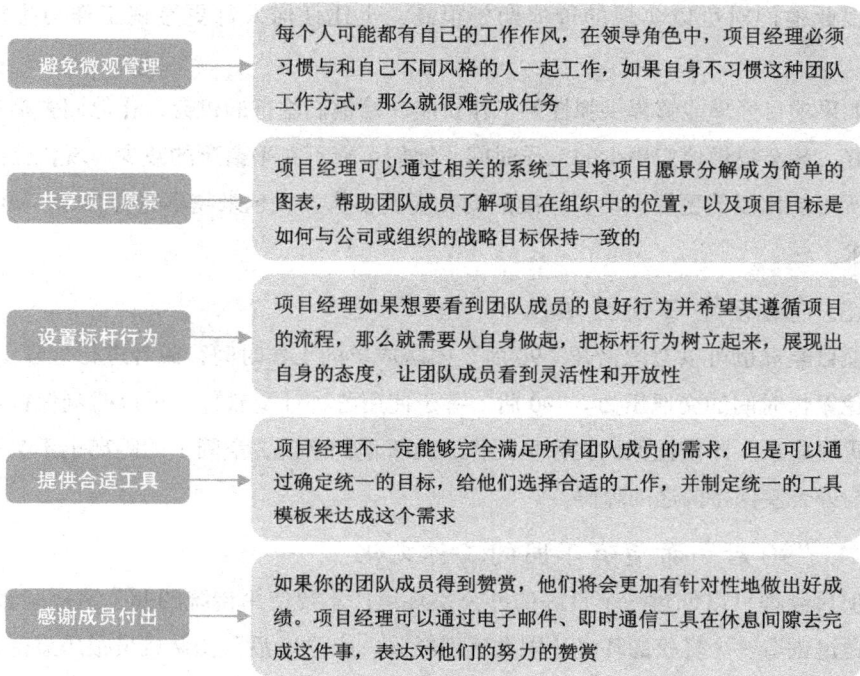

图 8-10　帮助项目团队快速成长的 5 个技巧

8.3.2　有效管理，"90 后"的项目团队

随着"90 后"逐渐成为项目团队中的中坚力量，管理者需要不断地调整的方法来领导团队。这一代人是在一个技术和社交媒体构成日常生活重要组成部分的世界中长大的，这影响了他们对于工作和学习的态度。所以，想要有效地管理你的"90 后"项目团队，必须去了解他们的真实想法。

1."90 后"有不同的态度

这一代新人对待工作的态度和他们的前辈们是完全不一样的。"90 后"不会为他们的工作而牺牲个人的生活，他们始终会保持个人生活和工作分开。

当项目经理要求他们多做一些事情的时候，需要给予他们在团队工作时间之外的一些额外承诺。"90 后"很少会参与到项目的额外工作中去，比如长时间的加班，当然，如果他追求在个人专业领域的发展则另当别论。

2."90 后"的期望很高

"90 后"的另一个问题是他们已经成长起来了，并意识到自己面临的许多机

211

会，因此他们对可以实现的价值期望很高，也比任何人都更重视工作与生活的平衡。

如果项目经理能够提供弹性的工作机制，给他们旅行的机会，让他们去享受个人爱好，甚至提供他们更少的工作时间，他们可能不在乎薪酬的减少。现代化的工作场所可能比以前更加灵活，标准的朝九晚五工作方式越来越不符合当今"90后"的需求。

3. "90后"喜欢灵活性

项目经理也可以考虑错开"90后"团队成员的工作时间，或者进行远程工作，以避免繁忙时间的交通压力。"90后"善于使用各种社交软件，可以时刻保持与他人的重要联系，即使让他们在家里工作，对于他们来说，空间上的距离也不会形成他们与办公室保持沟通的障碍。

4. "90后"希望有不同的工作文化

项目经理可以创建一个良好的办公室环境，不要使用传统的办公室隔间布局，而是通过创造一个轻松的环境让别人感到舒适，让"90后"团队成员很乐意待在里面。当然，工作文化不仅仅是一个物理环境的创建，项目经理也要重视他们并倾听他们的意见，感受他们的工作文化。

5. "90后"希望得到认可

由于"90后"习惯频繁地更换工作，如果能让他们感到受重视，可能更有希望留住年轻的员工。所以项目经理要给他们提供发展的机会，让他们觉得自己可以做一些有价值的工作。

6. "90后"需要培养

反馈和挑战对于"90后"十分重要，可以鼓励项目团队取得进步并往更好的方向发展。他们喜欢制定目标，并知道自己什么时候做得最好。项目经理可以定期和他们谈谈职业生涯规划，看他们究竟想要什么，定期给他们反馈。

"90后"喜欢开放的工作场所，喜欢社交，项目经理要允许他们提出想法并确保他们不会感到无聊。避免他们感到无聊的最好办法，就是给予他们许多不同的任务和目标，来满足他们这种挑战性的喜好。

8.3.3 跨越时空，管理虚拟项目团队

随着全球化格局越来越明显，虚拟的项目团队（与非本地的同事合作）已经覆

盖到了不同的国家和地区，而且已经成为职场中常见的情况。如果这种工作环境的趋势继续下去，虚拟工作将会越来越多地影响到项目的运作方式，有效的虚拟团队管理将会是一种有价值的资产。形成虚拟团队的一个主要优点，就是可以以最大化地发挥成本效益的方式来利用不同地点的广泛人才。

这里所说的虚拟团队主要是指在特定的办公室（如家庭或固定的客户指定的工作地点）工作，并且可能一周只工作一天或几天的人。大多数项目经理都会管理一个或若干个团队成员位于远程的项目，这时项目经理需要考虑管理虚拟团队和本地团队有什么不同，是否需要考虑额外的风险。如果应对得不正确，虚拟团队的成员可能会比其他成员更加感到孤立感。虚拟团队更加需要进行自我管理，并以特定的方式集中精力。为有效地管理虚拟项目团队，项目经理要做好下面 5 个方面的努力，如图 8-11 所示。

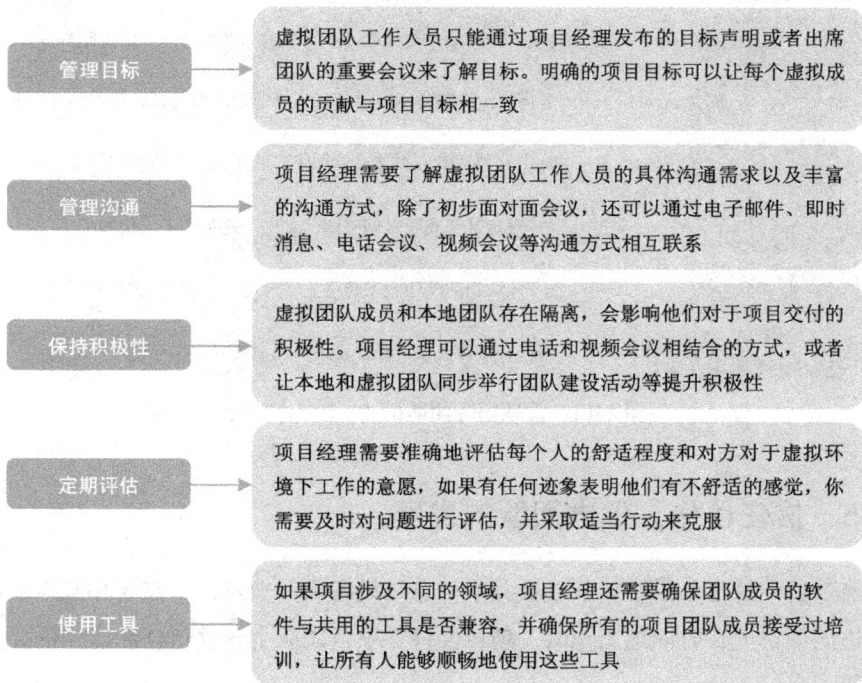

管理目标	虚拟团队工作人员只能通过项目经理发布的目标声明或者出席团队的重要会议来了解目标。明确的项目目标可以让每个虚拟成员的贡献与项目目标相一致
管理沟通	项目经理需要了解虚拟团队工作人员的具体沟通需求以及丰富的沟通方式，除了初步面对面会议，还可以通过电子邮件、即时消息、电话会议、视频会议等沟通方式相互联系
保持积极性	虚拟团队成员和本地团队存在隔离，会影响他们对于项目交付的积极性。项目经理可以通过电话和视频会议相结合的方式，或者让本地和虚拟团队同步举行团队建设活动等提升积极性
定期评估	项目经理需要准确地评估每个人的舒适程度和对方对于虚拟环境下工作的意愿，如果有任何迹象表明他们有不舒适的感觉，你需要及时对问题进行评估，并采取适当行动来克服
使用工具	如果项目涉及不同的领域，项目经理还需要确保团队成员的软件与共用的工具是否兼容，并确保所有的项目团队成员接受过培训，让所有人能够顺畅地使用这些工具

图 8-11　管理虚拟项目团队的技巧

上面讨论的要素都是有效沟通的一部分。项目经理应该评估虚拟团队成员的工作能力，并能够评估其他团队成员。只要项目经理做好了虚拟团队的沟通工作，即可实现高绩效的项目团队合作。

8.3.4　跨国项目，国际团队的管理

项目经理终究是需要逐渐成长起来的，从小项目到中项目再到大项目，从一个城市到一个省份再到一个国家，逐步迈向国际化的领域。这个时候，项目经理就应该考虑如何去管理一个国际团队，如何在虚拟的而并非时时面对面的环境中一起工作。下面介绍管理国际团队的 10 个合作技巧，如图 8-12 所示。

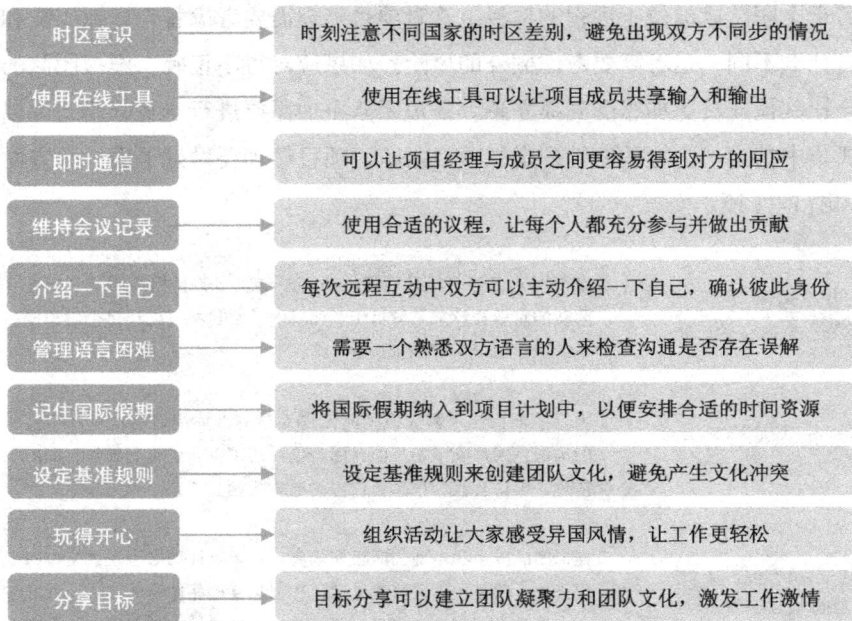

时区意识	时刻注意不同国家的时区差别，避免出现双方不同步的情况
使用在线工具	使用在线工具可以让项目成员共享输入和输出
即时通信	可以让项目经理与成员之间更容易得到对方的回应
维持会议记录	使用合适的议程，让每个人都充分参与并做出贡献
介绍一下自己	每次远程互动中双方可以主动介绍一下自己，确认彼此身份
管理语言困难	需要一个熟悉双方语言的人来检查沟通是否存在误解
记住国际假期	将国际假期纳入到项目计划中，以便安排合适的时间资源
设定基准规则	设定基准规则来创建团队文化，避免产生文化冲突
玩得开心	组织活动让大家感受异国风情，让工作更轻松
分享目标	目标分享可以建立团队凝聚力和团队文化，激发工作激情

图 8-12　管理国际团队的 10 个合作技巧

8.3.5　信任协作，促进团队的发展

当项目中的任务需要团队成员共享信息、设备和其他资源，需要相互帮助以及在紧迫的项目上长时间地工作时，项目经理在项目团队中建立信任和协作的关系至关重要。

如果一个团队缺少这些元素中的任何一个，他们离成功就会越来越远。缺乏信任可能是新成立的项目团队中常见的问题，项目成员对工作相关问题有不同意见，项目领导者就必须要加强团队合作。要知道相互信任是项目走向成功的必要条件。

项目中信任的建立可能需要很久，但打破只需要几秒。项目成员在项目中输出高质量的成果是通过信任来驱动的，随着信任度的增加，项目成员的参与度就更

高，输出的成果就更好。

8.3.6　合作竞争，提升团队的效率

在项目中，基于个人绩效的激励方法主要是鼓励人们相互竞争，例如基于团队绩效改进的奖金，或者使用非正式的自发奖励来强调团队服务的重要性。同时，项目经理必须要将合适的人分配到项目的各个方面，并确保他们能够很好地合作，以提升团队的效率，具体方法如图 8-13 所示。

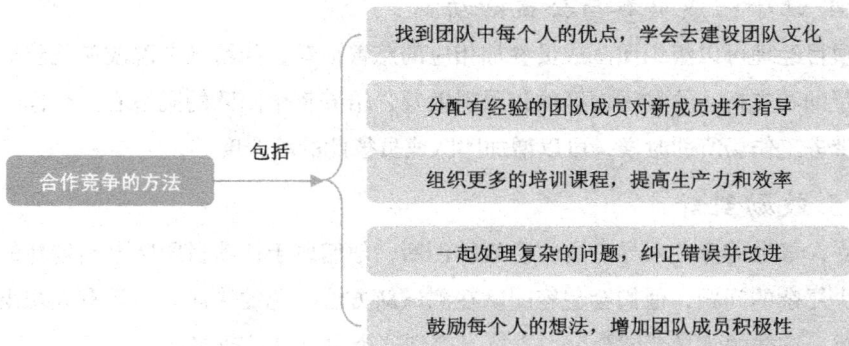

合作竞争的方法　——包括——

找到团队中每个人的优点，学会去建设团队文化

分配有经验的团队成员对新成员进行指导

组织更多的培训课程，提高生产力和效率

一起处理复杂的问题，纠正错误并改进

鼓励每个人的想法，增加团队成员积极性

图 8-13　合作竞争的方法

8.3.7　激活团队，保持动力和激情

项目经理处在激励团队的最佳位置，下面有 10 种方法用于激活团队，让项目团队每天都是神采奕奕、充满激情。

1. 提供日常精神小激励

项目经理可以和团队成员分享有趣的事情，如一个笑话或者一段鼓舞人心的话语，这种做法表明你把他们当成平等对待的人，并通过这种方式来鼓舞人心。

一个鼓舞人心的故事可以用来保持动力，当项目开始变得艰难的时候，通过一个个激励的事迹展示，能够激发团队的热情。当然这些事迹要真实可靠并令人信服，同时树立项目中的荣誉角色，让别人来记住他们。

2. 学会做一个"仆人领导"

所谓的"仆人领导"是指领导者要真正地为项目成员服务。仆人领导要确保团

队成员拥有完成工作所需的资源，不会经常介入团队成员具体的工作任务中去，只是问团队成员有什么样的需求，并为处于困境中的团队成员提供帮助。当团队成员理解到项目经理不仅仅是希望看到项目完成，更多的是希望他们作为个人能够实现成功时，他们工作的动机会更强烈。

3. 找到经常在一起玩的时间和机会

定期安排相关的集体社交活动可以让团队工作更加协调，团队成员之间也会更加相互支持和相互帮助，最终体现的效果是项目更加成功地完成。

4. 让小组成员参与公益活动

项目经理可以组织团队成员参加相应的慈善活动，如给敬老院或孤儿院提供相应的帮助和支持、给贫困山区的孩子捐助等，培养整个团队的同情心。当你将这种情绪带进工作场所的时候，可以增加团队成员彼此的配合度。

5. 鼓励创新

受人尊敬的企业领导者通常会鼓励创新，他们敢于让项目团队拿出创新的思路来解决复杂的问题，他们会包容团队在测试新方法时犯的错误。一旦有人想出一个好主意，这样的领导者就会全力支持，直到这个主意变成现实。

6. 提供专业发展机会

专业发展被认为是最有效的非物质奖励的动机策略之一，可以让员工在他们的领域得到更进一步的发展机会，并有机会让工作做得更好。

7. 激发共同愿景

一个优秀的项目经理通常善于描述项目的方向和项目的愿景，他们具有远大的目光，能够让项目团队成员不断地提升，让每个人都明白他们在项目中存在的理由，保持项目成员的高效动机。

8. 一起庆祝

当一个项目在预算内按时完成的时候，这是一个伟大的胜利，项目经理可以将聚餐、提供购物券、比赛门票或最新的电影票作为庆祝的方式。当然，项目经理也可以选择阶段性的庆祝方式，每当完成一个重大里程碑的进展时，让大家在一起庆祝一次小小的胜利，以让团队保持动力。

9. 激励团队

每个人都需要适当的动机，才能成功地完成工作。项目经理不要总是频繁地向对方提出任务的最后完成期限，因为这可能会影响对方的工作表现。相反，项目经理应鼓励团队成员，并称赞他们的工作（如果值得称赞的话），当对方遇到问题的时候，应及时提供有用的建议。

10. 倾听和验证

项目经理需要倾听和验证所有人的想法，无论你认为这些想法是否有效，千万不要嘲笑他们的想法是不切实际的。然后你们需要去进行讨论，对这个想法进行分析，找到实现这些想法的途径。

8.3.8 建立品牌，强调共同价值观

当项目经理组建一个新的团队或者与新团队合作时，要帮助他们创建项目团队身份，鼓励他们创建团队名称、口号、徽标或徽章，从而为自己的项目团队打造品牌。创建团队品牌是实现团体识别的强大方式，特别是在团体成员同意佩戴或显示团体符号时，效果更为明显。

建立品牌可以更好地强调团队成员的共同价值观，让团队成员就目标、战略以及合作努力的方向达成一致，极大地促进团队的强烈认同感。伟大的项目领导人强调的是共同的利益，而不是让项目成员们分析各自目标的分歧在哪儿。

8.3.9 提升自我，成为高价值成员

项目中的团队工作往往是一系列的挑战，当你把一群人放在一个房间里并要求他们一起实现同一个目标时，就会发生各种各样的冲突，项目团队成员会有不同的观点和工作作风。但这并不意味着必须接受这些困难，项目成员可以通过自我检查和一些良好的行为习惯，让自己成为一个更好的团队合作伙伴，增加个人对于团队和项目的价值。下面是 5 个让个人在团队中能有效发挥作用的技巧。

1. 可靠

没有人喜欢和一个不可靠的团队成员一起工作，因此项目经理需要将自己承诺的事情制订一个计划并写在一张纸上，这样会更有信心去交付。注意，这个计划需要包括备份方案，如果计划在执行过程中出现了偏差，可以让项目团队其他成员都知道。当然，可靠还在于保持专注，努力实现目标，然后让你所说的话都变成现实，这样会有更多人看到你是值得信赖的。

2. 灵活并愿意改变

项目成员不能过于循规蹈矩。当出现意外的时候，如果想要继续推进项目，就需要以积极的态度来执行项目中出现的变更，通过变更来实现和各个环节的配合，满足项目的需求，让灵活性成为个人的最大优势之一。每个团队都需要一个这样的团队成员。

3. 与团队分享信息和资源

有些人认为，如果他们拥有所有的信息，会增加他们在项目中的职业价值。实际上这取决于你如何对待已经囤积的资源，你只有选择在适当的时间发布，这样你的聪明才不会让别人感觉到疏远。自由分享个人的所有信息、知识和资源，可以使自己成为团队的必要组成部分。

4. 尊重别人的工作方式

每个人都有所不同，都有自己的工作作风。如果你不明白队友在做什么或说什么，可以直接提问，直到找到共同点，再清理项目的流程差异，将帮助项目更加流畅地前进。

5. 要乐观

当项目经理得到建设性的反馈意见时，应试着用积极的态度来看待。当然，如果反馈是无效的或者无关紧要的，那么项目经理就不要过于关注，只关注可以学习的部分即可。

8.3.10 成就团队，保证成功的要点

项目中为了最大限度地发挥项目团队的贡献，项目经理需要认识到一些方法和手段的重要性。实际上，让团队成功的关键点不是很复杂，不需要大量的资本或费用支出，也不需要新的砖石和砂浆进行黏合，唯一面临的最大挑战是：实现团队成功的关键需要改变行为。

项目团队成功的 5 个要点如下。

1. 要点 1：团队组成和角色

关于团队组成的一个最重要的关键点，是有效合作。团队包含 5～7 个关键成员，如果更多的人被添加到核心团队，协调和沟通问题会呈指数增长。项目团队中必须出现的角色包括领导、协调者、技术专家、演示者，以确保团队保持集体目标的一致性。一个人可以扮演多个角色，或者各个角色也可以轮流更换或共享，但是

每一个成员必须完成每个角色的职责，少了任何一个角色，团队都会受到影响。

2. 要点 2：团队目标和期望

为团队建立具体、可衡量、可实现、和现实相关以及有时间要求的目标，是成功必不可少的元素，有了这样的目标，才能为衡量后面项目的进展和贡献提供基础。

3. 要点 3：团队的资源

任何团队，如果想要达成组织要求的目标，重点都是要知道时间和人才的重要性。少了这两个资源，项目团队获得成功的概率不会很大。

4. 要点 4：团队的赞助商

项目团队的赞助商需要高度参与项目，定期积极主动地参与到项目团队中去，同时还必须不断地吸引高层领导的关注，这样才能够更好地推动团队向着目标前进。

如果能够做好这些工作，项目团队就会获得成功的真正机会。当然，如果没有做好这些工作，项目团队也有可能成功，但可能需要更长的时间，且项目团队会显得更加无效和缺少激情。

5. 要点 5：团队认可和奖励

研究表明，在项目工作中最重要的两件事情是：被认为是一个有价值的项目贡献成员；项目团队对其所做成就的认可和奖励。

项目中每个成员都会想得到组织的认同，他们想知道怎么做才会在市场上有价值，才会对他们的项目或组织的成功有价值。项目经理必须传达"项目中的每个位置都很有价值"这样一个观念，尽管有一些人的价值可能比其他人更加明显，但通过对"我们都是一个整体"的方法和工作理念的传达，会让整个团队表现得高性能。

认可和奖励可以有多种形式，团队项目的成就需要被宣传，通过宣传团队中的个人成就，能够确保团队参与到让项目成功的行动中去。关于奖励和表彰的另一件事，是需要定期进行审视，至少每月一次，以确定谁应该得到认可和奖励，并使它成为一个公开的仪式。

项目经理要善于识别团队的努力工作和成功，特别当他们有大的成就时，需要做一些事情来表彰团队的成功。比如可以通过在公共区域放置海报来庆祝，也可以奖励团队免费午餐或半天休息时间。

打造卓越的项目推动力

——

第 9 章

学前提示

在项目实施中，高绩效的项目团队是每个项目经理所追求的，人人都希望在一个积极高效的专业团队中工作，而不想与一个不关注工作、不做沟通的团队为伍。总之，项目管理需要在计划中持续规划和改变，通过项目管理让工作更有效率，才能打造卓越的项目推动力，增加成功的机会。

要点展示

➢ 衡量项目状态的重要性

➢ 使用工具推动项目管理

➢ 推进项目的方法与技巧

➢ 做好复杂的多项目管理

9.1

衡量项目状态的重要性

项目管理知识体系指南（A Guide to the Project Management Body Of Knowledge，简称 PMBOK Guide）中指出：项目是组织在非正常运行范围内解决活动的一种手段，因此，项目通常被用作实现组织战略计划的手段。项目是组织的一种重要投资方式，也是组织发展和改进的关键。关于那些重大项目的决定，通常是在组织的年度规划周期内进行的，一般需要经过高管批准预算和资源来进行预定的交付。

那么组织的高管如何知道当前的交付是他们当初同意的呢？如果项目的交付周期出现问题，管理层如何做出决策？在保持高优先级项目上如何形成一致性意见？要解决这些问题，了解项目的状态是关键。关于项目状态有以下示例问题。

- 项目是否在按照我们当初的期望进行？
- 是否有足够的预算完成项目？
- 项目形成的成果是否是客户所期望的？
- 项目最终产品的质量是否满足客户要求？

而通过项目状态的反馈，所形成的一些示例决策支持如下。

- 确定项目不会达到预期的投资回报率，从而取消它。
- 决定项目需要额外的投资，因为可以满足预期的投资回报率。
- 改变项目的资源。
- 决定要保留或改变的范围。

因此，了解项目状态就是要了解哪些信息应该被收集、被整合和形成报告，以便组织管理层提供更好的支持。

9.1.1　为什么要衡量项目状态

为什么要这么麻烦地对项目的状态进行衡量？

收集项目的状态信息是项目的额外工作，需要产生额外的费用，也会分散项目团队成员的工作注意力。同时还需要由专人进行监控，确保跨项目状态的一致性，避免出现项目究竟是处于"正常交付"还是"有风险状态"的分歧。

在项目方面，正在衡量的事实可以推动项目活动的完成，还可以提醒团队成员和管理层应该注意什么。所以，尽管对于团队成员来说，这些都是额外的工作，但是通过适当的衡量，我们可以知道已经完成了很多的工作。

衡量项目状态的重点是采用科学的方法，使组织获得新知识，整合和纠正以前的知识。它使组织能够做出基于事实的决定，而不是依靠意见。

衡量是一组观察结果，可通过其减少不确定性，其结果表示为数量形式。不同的衡量具有不同的信息值，包括错误机会相关的信息价值以及错误的代价。通过减少不确定性，高管们才能知道如何最好地继续分配资源，才能对他们所做出的决定有信心。

9.1.2 如何衡量项目状态

所谓项目状态，就是项目在各个维度正在进行的事情，这往往意味着需要对所期望的目标进行定义，然后才能进行衡量。另一个需要考虑的就是衡量项目状态的采样频率，也就是说需要间隔多久对项目的状态进行衡量，在项目中不同的衡量频率，得到的结果可能并不一样。

衡量频率的决定，通常是衡量成本与取样信息价值之间的折中。例如，如果要求项目团队成员每天都花费时间对任务状态进行更新，这会导致额外的开销，从而提高项目交付成本。有的信息不用每天更新，每周更新与每天更新没有什么太大的区别，也不会影响任何决策。

所以，为了了解当前项目状况，项目经理需要将项目中关键利益相关者的期望与实际情况进行比较。对于每次衡量，都需要具有预期值或目标值。衡量项目状态可能有多个指标支持目标。理想情况下，会有一些衡量标准，通过与目标和主要指标的对比显示结果，并提供相关的问题指示。

9.1.3 究竟要衡量什么

项目的时间表、预算和项目范围（也称为项目的"三角限制"）是项目一开始就制定的基本限制，并得到所有利益相关者的认可。项目中各项任务也是基于这些要素展开的。

项目管理者根据分配的项目资源确定了项目的交付预期，因此，这 3 个因素就是项目中需要重点衡量的对象,它们是达成各个利益相关者的满意度和完成各项任务成果的主要贡献因素。

项目在进行过程中最常提出的问题是:"我们能准时完成吗?""我们是否有足够的预算?"但一个项目就算是按时、按预算完成,也可能是失败的项目。比如,某项产品按时间和预算完成了交付,但实际投入市场后发现有质量缺陷,导致全部召回。所以,项目的交付质量也是需要重点衡量的对象。

下面是衡量这些不同状态维度使用的目标和指标的详细信息的框架。

1. 时间表的衡量

(1)时间表目标:符合与利益相关者约定的里程碑日期。

(2)计划指标:目标日期和预测日期之间的差异。

(3)衡量频率:每周衡量一次。

(4)构成时间表的组件有:工作估算、外部依赖(如设备订单)、风险和问题解决速度等。

(5)组成部分的指标包括以下几条。

● 完成任务的工作量估计精度。

● 平均解决问题的时间。

● 公开问题的平均时间。

● 当前用时最长的公开问题。

2. 预算的衡量

(1)预算目标:满足利益相关者商定的财务项目成本。

(2)计划指标:目标成本与预测成本之间的差异。

(3)衡量频率:每周衡量一次。

例如,IT 项目预算由硬件、软件和劳动力组成。

▶ Tips

　　硬件和软件的大小根据项目负载而变化,示例包括用户数量和交易数量。如果没有正确地衡量项目负载状态,则会出现预算问题。

　　劳动力成本通常与工作量挂钩。劳动力成本和时间表是相关的,因为通常时间表的延伸会导致劳动力成本的增加。计划指标可以帮助我们实现劳动力成本的降低,从而帮助我们控制整体预算。增加预算的另一个可能是新功能的要求。监控与功能有关的更改请求是预算可能上升的指标。

---

3. 范围的衡量

（1）范围目标：提供商定的功能。

（2）衡量标准：由于功能更改请求而导致的计划和预算差异。范围的测量机制是项目变更请求。计划和预算显示该项目的变化影响。

（3）衡量频率：每周衡量一次。

通过与功能有关的更改请求的数量可以观察到功能的变化，衡量要求的目标签约日期与实际签约日期之间的时间变化是可能存在范围挑战的主要指标。

4. 质量的衡量

（1）质量目标：提供没有未解决缺陷的产品。需要注意的是，所用的术语是"未解决的缺陷"，而不是"零缺陷"。所有缺陷都有一个层级或程度，这些缺陷可以通过提供相关的解决方案来缓解或逐步解决。

（2）衡量标准：未解决缺陷的百分比。

（3）衡量频率：每周（也有可能是每天的质量检查）衡量一次。

产品中的缺陷可能只有等待测试用例时才能发现。测试覆盖所有功能对于达到指定目标是很重要的，每个要求应至少有一个测试用例。因此，使用的度量是测试用例的需求百分比。

9.1.4　项目整体状况究竟如何

项目的总体目标是：提供一个符合利益相关者期望约束条件下的预期质量水平的项目。衡量项目整体状况是棘手的，因为整体状况是其他各项状态的逻辑组合，可能有以下几种组合方式。

1. 选择最差状态

项目的整体状态取决于某一维度最差的状态。例如，项目的财务状态是有风险的，而所有其他的衡量对象都是正常状态，那么项目的整体状态就是有风险的。

这种方法容易引起各利益相关者的关注，把项目整体推向正常状态，是最彻底的方法。但这种方法无法区分出各个项目之间的相对优先级，比如在一个项目中某一个维度有风险，和另一个项目中所有的维度都有风险的时候。

2. 加权卷积

每个维度的状态按照其重要性提供了相对的权重。例如，在衡量时项目经理可以更加重视项目的预算、范围、时间表和质量，或者按照关键利益相关者对它们的重视程度进行调整排序。各个维度衡量的结果通过加权卷积后形成项目的状态，这时可能需要更多的衡量指标来确定项目的整体状态。

3. 项目趋势

如果一个项目的状态不正常，那么组织的管理层需要做出一些决定来纠正与项目状态有关的问题。一旦行动展开，项目管理层就需要知道这些行动是否有效，这时需要对项目的状态形成组合趋势。所谓趋势，就是项目状态从一个报告周期到另一个报告周期的变化，主要考虑的是报告期的颗粒度大小。这可能需要多层次的报告期，因此也会形成多个趋势。

趋势报告期的指导原则是：预期的行动将对项目现状产生影响。例如，改善财务状况的决定和行动，可能需要一两个月的时间才能生效，因此不会反映在每周趋势指标中。事实上，如果每周的变化对总体趋势没有贡献，那么采取太小的粒度就会产生误导。下面介绍一些趋势周期的示例，如图 9-1 所示。

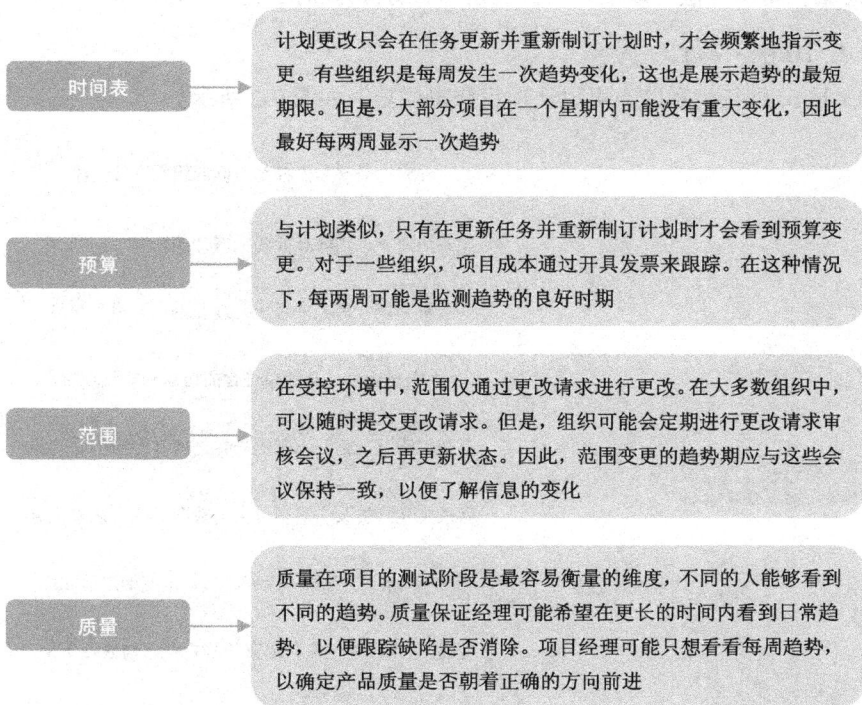

时间表	计划更改只会在任务更新并重新制订计划时，才会频繁地指示变更。有些组织是每周发生一次趋势变化，这也是展示趋势的最短期限。但是，大部分项目在一个星期内可能没有重大变化，因此最好每两周显示一次趋势
预算	与计划类似，只有在更新任务并重新制订计划时才会看到预算变更。对于一些组织，项目成本通过开具发票来跟踪。在这种情况下，每两周可能是监测趋势的良好时期
范围	在受控环境中，范围仅通过更改请求进行更改。在大多数组织中，可以随时提交更改请求。但是，组织可能会定期进行更改请求审核会议，之后再更新状态。因此，范围变更的趋势期应与这些会议保持一致，以便了解信息的变化
质量	质量在项目的测试阶段是最容易衡量的维度，不同的人能够看到不同的趋势。质量保证经理可能希望在更长的时间内看到日常趋势，以便跟踪缺陷是否消除。项目经理可能只想看看每周趋势，以确定产品质量是否朝着正确的方向前进

图 9-1　趋势周期示例

9.2

使用工具推动项目管理

成功的项目往往会获得令人难以置信的回报，但需要项目经理有端正的态度、丰富的项目实践经验、优秀的软技能和行业专长。作为企业的领导者想要获得突破性的成长，需要由项目管理人员来达成业务预期，并确保以最佳方式交付项目。团队领导和项目经理可以使用一些辅助工具来推动项目，取得最佳成果。

9.2.1 帮助项目成功的一些行为和工具

一个令人兴奋的项目想要迅速成功，离不开一些诀窍。笔者通过对大量项目的经验总结，得出一些可以帮助项目迅速成功的行为和工具。

1. 10 种 "行为武器"

以下 10 种行为和能力可以让项目获得成功，如图 9-2 所示。

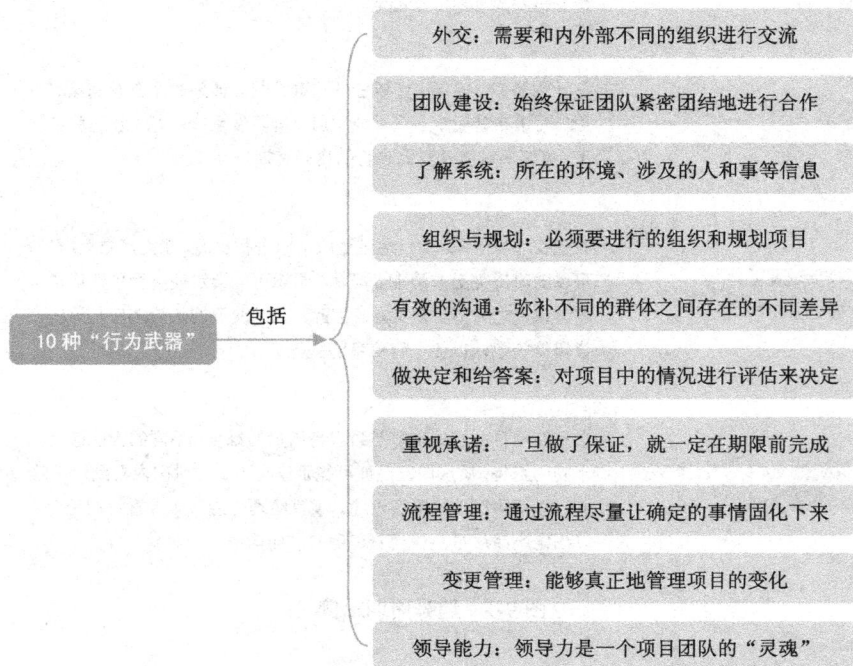

图 9-2　让项目获得成功的 10 种 "行为武器"

2. 4 种辅助工具

这里的辅助工具可作为以上"行为武器"的补充。下面这 4 项工具没有优先级，都是同等重要的。

（1）方法论：一个项目或者一个系统需要有一个合适的方法论，通过方法论，项目经理应该知道有哪些方法可以应用在项目上，可以知道如何去做这个项目，以及如何让人们去获得胜利。一般情况下，一个有经验的项目经理会通过和项目团队进行沟通来确定项目的方法论。

（2）技术：技术是项目经理在项目管理中不断重复使用的工具。随着时间的推移，可以增加技术方面的经验并进行分享。

（3）软件：不论是大规模还是小规模项目，都有很多管理软件可以使用，各个领域都已经通过管理软件实现项目协同工作。

（4）模板：通过统一定制或者软件内置的模板，可以使项目实施更加快速有效。模板能节省很多的时间和精力，并使关键的东西都形成比较一致的标准。模板可以形成统一的语言，可以告诉项目团队项目需要达成的目标和成果。

9.2.2　使用有效的项目管理软件系统

当项目经理开始承担一个复杂的大型项目时，一定会有很多想法，此时使用一个有效的项目管理软件，可以让你如虎添翼。

下面介绍一些获得所需要的项目管理软件的技巧，帮助你实现你的目标并让项目获得成功，如图 9-3 所示。当然，如果是好的项目管理软件，也会为未来的项目提供服务，一次投入，循环复用。

9.2.3　RYG 方法论：用颜色来做项目管理

项目管理的技能之一就是监视和控制项目，以确保项目能够按时、按预算和所需范围进行交付，以及达到项目客户或赞助商设定的其他质量要求。我们在分析业务项目的状况时，通常会用到 RYG 方法论来监控其状态。

1. RYG 描述

在项目管理方面，RYG 是红色（Red）、黄色（Yellow）和绿色（Green）的英文首字母，与项目状态有关。RYG 状态是确定项目状态的缩写，但缩写之后必须有实质性的东西，具体内容如图 9-4 所示。

成本	如果想要选择高质量的项目管理软件，那么不能舍不得花钱，应根据预算来选择真正物有所值的那一个
安全问题	选择一个高度安全和完善的软件，可以有效避免被黑客入侵、资料被盗窃或者数据被损毁等情况
在线访问	基于云的技术对于分布于世界各地的项目团队来说至关重要，可以让项目团队成员或其他利益相关者轻松地访问共享和存储信息
协作机会	寻找提供真正协作机会的项目软件，并且可以由所有人同时使用，让大家容易分享想法和一起工作
直观的用户界面	在使用过程中，能够感到用户界面的易用性和舒适感
功能特性	项目管理软件应该提供你真正需要的功能
定制的机会	可以要求添加一些额外的功能，或进行一些额外的调整
实现兼容一体化	项目管理软件是否需要和其他系统或项目过程进行集成
尝试和比较	多尝试几种项目管理软件，综合比较并做出一个好的决定

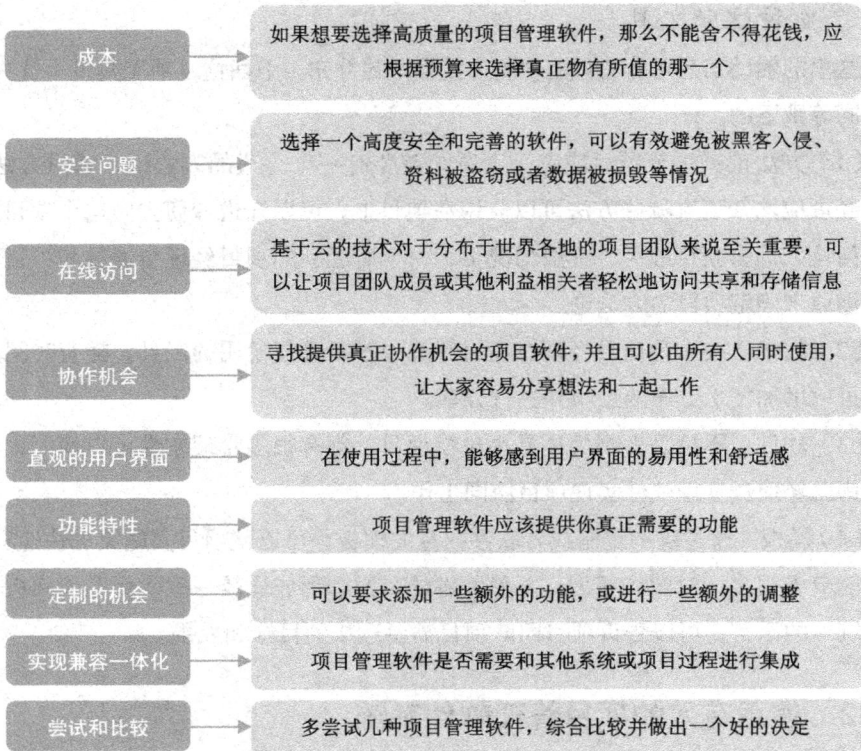

图 9-3　选择项目管理软件系统的技巧

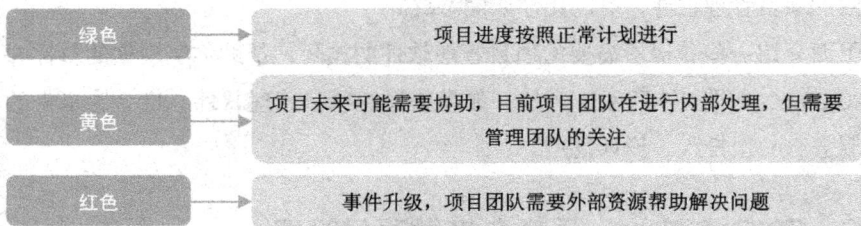

绿色	项目进度按照正常计划进行
黄色	项目未来可能需要协助，目前项目团队在进行内部处理，但需要管理团队的关注
红色	事件升级，项目团队需要外部资源帮助解决问题

图 9-4　RYG 状态的具体内容理解

当然，RYG 状态中也可以添加其他维度，例如下面这样的维度。

● 绿色：项目在容忍范围内。

● 黄色：项目预算或时间偏差为 ±10%，适用范围在可控范围之内。

● 红色：项目预算和时间尺度为 ±10%，或项目预算与项目时间尺度为 ±15%，或范围正在承载计划外出现变更。

2. RYG 应用

事实上，项目经理可以进行任何对项目有意义的分类。当然，有些项目中可能采用相当复杂的矩阵结构，指定不同大小和类别的项目目标、违规标准范围。但过于复杂则不便于理解，采用的方式越简单就越容易让人一眼记住。

RYG 状态可应用于下面这些场景的分析。

● 整个项目。

● 项目的工作流程。

● 风险（或项目风险）。

● 一个问题（或项目累积的问题）。

● 项目变更。

● 其他任何事情。

最简单的使用方法就是将 RYG 分配给整个项目，但是在较大的项目或项目群中，项目经理可能需要将 RYG 状态分配给每个元素（如项目预算、范围、资源或时间进度等），然后对这些进行汇总，以提供项目整体级别的状态。

有时，项目经理可能会看到 BRYG 的缩写。其中，"B" 代表蓝色（Blue），蓝色是表示已经完成的项目（或项目中的任务）。这样当项目利益相关者在查看项目列表时，就可以很方便地过滤出已经完成的项目，从而更加明确地查看哪些项目需要管理层关注。所以，当项目中各项任务出现在状态或优先级列表中且被标记为蓝色时，不需要项目经理担心。

3. RYG 风险

RYG 有一个主要问题，它没有明确的行动计划。换句话说，一个项目即使被标示为红色，也并不意味着问题能够迅速得到解决。当然，一些项目赞助人是会完全参与项目的，并且将自己全部工作精力投入进去。但一般来说，对于红色状态仅仅"增强意识"是不够的，项目经理需要采取一些行动，否则就不能继续保持项目的进展。尽管有限制，但 RYG 方法论还是一个非常有用的状态工具，让大家扫一眼就能知道项目当前的状态。

9.2.4　使用甘特图工具展示项目管理进度

一个规模合理的项目活动周期可能只有几个月，只包括几个任务。通常情况下，一些任务依赖于另一个任务，也就是说，某些任务在其他任务完成之前无法启动。

对于这些任务，项目经理可以用文字进行描述，但有时候其他人可能很难理解文档的含义。这样的项目可使用甘特图来处理。在项目管理中常用到的一种技术就是甘特图，这是一种通过图形化的方式展示管理项目进度的方法，如图 9-5 所示。

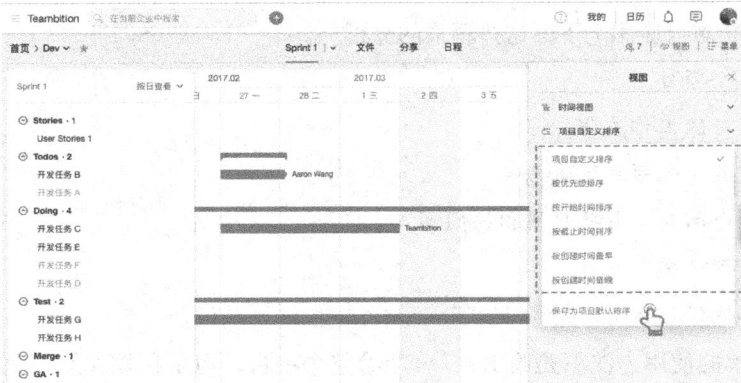

图 9-5　甘特图工具

这种图形化的方式可以呈现更加复杂的项目状态，使项目中涉及的人更简单、更清楚地了解项目进度。甘特图可以列出项目中所有需要完成的事情，这可能是一个很长的列表，项目经理需要将这些任务分组放在特定的标题下。对于要定期查看用以了解项目中发生的情况的甘特图，图表只应该保留高级标题，而负责具体交付项目的人可以保存更详细的版本。图 9-6 所示为甘特图的优点和缺点。

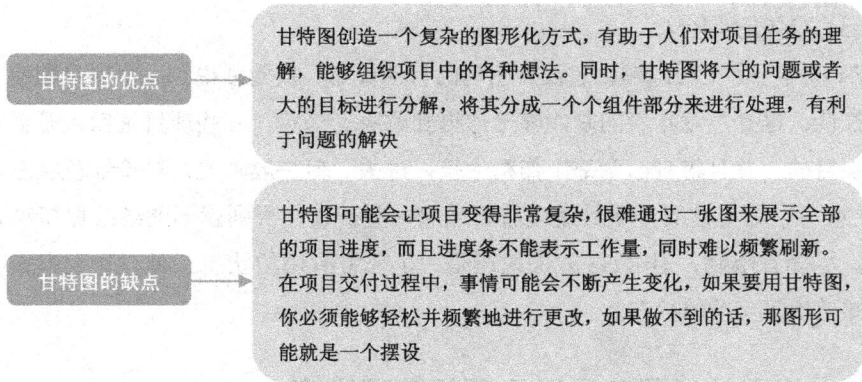

图 9-6　甘特图的优点和缺点

9.2.5　通过关键绩效指标工具做决策

在项目和投资组合管理领域会产生大量的数据，然而没有项目经理可以通过筛选数千甚至数百万条记录来确定他们应该做出什么样的决定。对这种情况的解决方案是众所周知的，就是组织应该选择关键绩效指标（Key Performance Indicator，简称 KPI）工具，通过 KPI 来做出对业务影响至关重要的决策。图 9-7 所示为一个年度 KPI 考核指标表格模板。

指标名称	单位	时间进度	完成进度

图 9-7　年度 KPI 考核指标表格模板

KPI 指标可以用在项目的不同阶段，如项目的启动过程、实施过程、优先级配置过程以及项目审查流程等。KPI 可以衡量的领域和流程没有限制。例如，在项目范围中，可能会使用项目范围变化或更改作为 KPI；在项目进度中，可能会用项目计划是否延迟来作为 KPI；在项目成本领域，可以看资源成本或投资回报率；在资源领域，可以看资源是否过载或不足；在风险领域，可以看风险数量以及严重紧急程度；甚至在整个项目中，可以看项目状态的更新及时性以及项目报告的状态是否正常。

9.2.6　掌握高级系统化的头脑风暴工具

在会议讨论期间，项目经理可以使用一种非常传统的方法，那就是利用随机的和非结构化的技术方法，将大家的想法转变为高级系统化的头脑风暴形式。下面这 8 个步骤能够让你脑洞大开，并通过创新和高效的方式形成自己独特的头脑风暴，如图 9-8 所示。

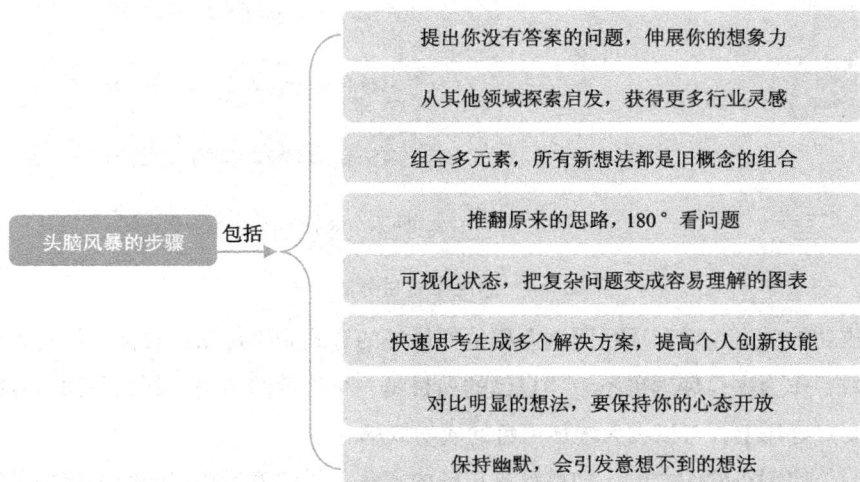

图 9-8　运用头脑风暴工具的 8 个步骤

9.3
推进项目的方法与技巧

完成一个项目往往需要管理者付出大量的精力，并需要一个高素质的团队，所有的工作都朝着同一个方向努力。但是，在漫长的项目交付过程中，如何推动项目朝着正确的方向进行，并奇迹般地达成令人惊叹的项目成果呢？本节介绍的这 6 个方法技巧，能够助你一臂之力。

9.3.1 强调项目目标，增加项目成功概率

做项目最重要的是将主要目标作为重点放在前面，然而在一些团队中，这些主要目标在一次又一次的会议中丢掉了。项目团队必须尽快、安全、合理地推进项目，确保每个会议都对齐项目目标，以便将项目向前推进，即使每天的进步只有一点点，具体方法如图 9-9 所示。

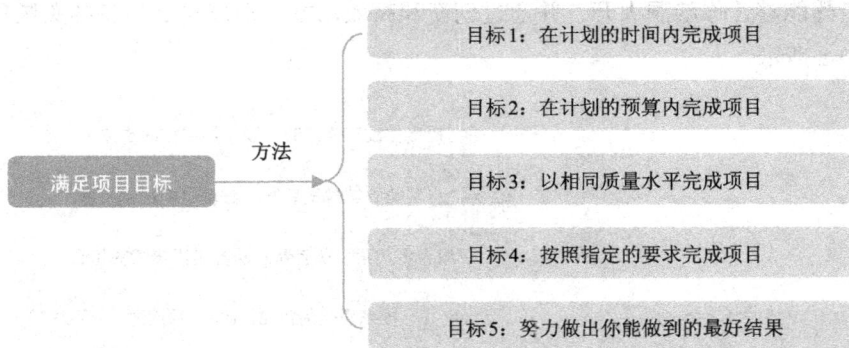

图 9-9　满足项目目标的方法

成功的项目经理和项目团队会用他们最好的方式来满足项目目标。没有人会喜欢失败，作为项目经理更不希望自己的项目是一个失败的项目，那么下面这 4 招你一定要好好用上，可以大大增加项目的成功概率。

（1）使用正确的方法。如果没有正确的方法，你的项目在实施的过程中很容易会被大量的返工和纠错所拖累。同时你也要记住，不同的项目可能需要不同的方法，不要生搬硬套、死记硬背。

（2）找到你能找到的最好的团队。要保证一个项目成功，光靠一个人的努力是

不行的，项目经理需要依赖于整个项目团队。所以，有可能的话，确保你的团队是最优秀的团队，确保每个人都是最好的，这样团队才能足够强大。

（3）做好风险防范。项目经理需要把项目风险识别出来并做好记录，在项目的交付过程中需要不断地进行监控和刷新，去掉已经消失的风险，并增加新的风险记录，同时向所有人进行通报。

（4）保持目标一致。项目经理需要把团队集中到一起，向他们传达每个人的任务，确保每个人都同意并了解当前的工作内容，并说出你的期望。

9.3.2　确定优先级，更高效地做好项目管理

当项目经理在实施一个特别大并且复杂的项目时，需要明确项目中各项工作的优先级，这也是项目管理者面临的最大的挑战之一。如何在日常工作的基础上确定工作事项的优先级，这个往往需要大量的练习，下面有 5 个步骤可以帮助你管理好项目团队的工作量并按时完成任务，如图 9-10 所示。

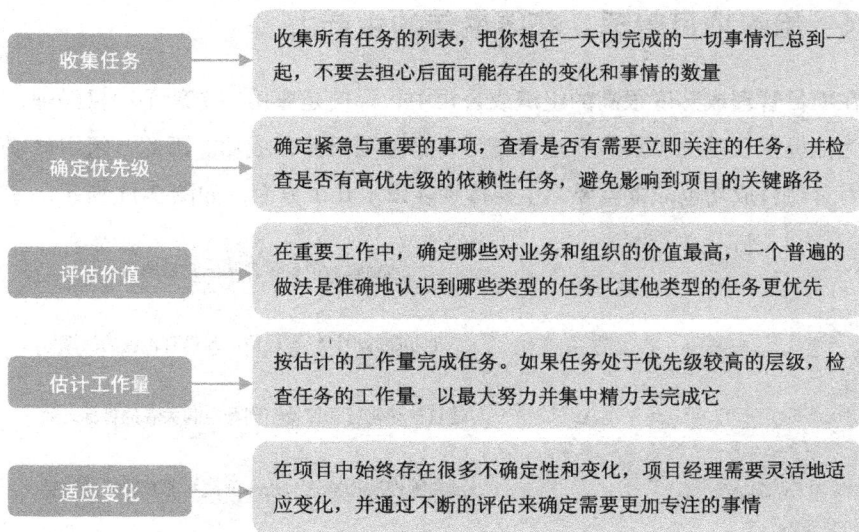

收集任务	收集所有任务的列表，把你想在一天内完成的一切事情汇总到一起，不要去担心后面可能存在的变化和事情的数量
确定优先级	确定紧急与重要的事项，查看是否有需要立即关注的任务，并检查是否有高优先级的依赖性任务，避免影响到项目的关键路径
评估价值	在重要工作中，确定哪些对业务和组织的价值最高，一个普遍的做法是准确地认识到哪些类型的任务比其他类型的任务更优先
估计工作量	按估计的工作量完成任务。如果任务处于优先级较高的层级，检查任务的工作量，以最大努力并集中精力去完成它
适应变化	在项目中始终存在很多不确定性和变化，项目经理需要灵活地适应变化，并通过不断的评估来确定需要更加专注的事情

图 9-10　管理好项目团队工作量的步骤

9.3.3　这 4 个策略，让你的项目强大起来

完成一个项目是一回事，让一个项目强大到自动自发地完成是另一回事。作为一个项目经理，应该努力让项目强大起来，让你的项目快速地冲过终点线，这样你

才能够骄傲地昂起头，让所有的竞争对手只能远远地看着你的背影。在项目中采用下面这 4 个活动和策略，会让你的项目逐步变得强大起来。

（1）时刻训练。在项目开始时，花点时间做培训是至关重要的，可以长时间让项目保持最佳状态。如果有一个周期很长的项目，那么可以定期进行培训，保证最大限度地提高团队的能力，不断地使项目变得强大。

（2）规划未来。在项目的规划阶段，项目经理应该考虑完成项目所需的内容，必须分析这个项目到最终完成的所有过程，在最初规划项目进度的时候就应该清楚项目的结束将是什么样子。

（3）看看后面。项目经理或项目团队在项目实施期间，也可以向后看看，通过观察后面已经完成的状态，将帮助项目变得强大。项目经理通过观察项目报告寻找过去的经验教训，有助于项目经理修改项目其余部分的计划。

（4）抓住当前。为了让项目强大起来，项目经理应该时刻抓住当前，让项目始终保持一个健康的状态。

9.3.4 组织项目管理，获得最佳的生产力

在项目管理成熟度很高的组织或公司中，即使是雇用一个新手项目经理，也能通过为他提供正确的工具、方法和指导，来让项目获得成功。因此，组织的项目管理能力对项目成功也非常重要，主要体现在以下几个方面，如图 9-11 所示。

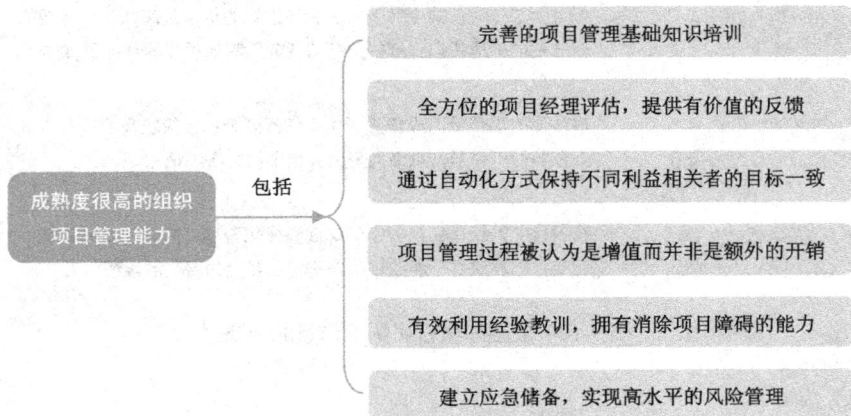

图 9-11　成熟度很高的组织项目管理能力

在如今的工作场所环境中，组织或公司等雇主都希望雇用能够优先考虑计划和善于管理工作的人，他们总是会要求员工"多做一些"。当你在有限的资源下能够

完成更多工作时，作为项目经理的能力是值得肯定的。这里的关键是找到创造性的方式来节省时间和金钱，并完成你想要做到的一切。

当你感慨签下的这个项目，有无数的工作量而感到巨大压力的时候，下面的一些管理技巧可以帮你的项目获得最佳的生产力水平和期望的结果。

（1）优先级和重点。考虑所有任务的优先级，确定可以分配给每个任务的时间量。项目经理可以根据自己的需要，创建每日、每周或每月的待办事项列表，让生活和工作变得轻松有序。

（2）学会应用任务管理。项目管理不同于传统的命令式管理或控制式管理，如果想要提高项目中的生产效率，并希望减少管理过剩的行为，项目经理需要时刻保持和项目的周围环境进行互动。项目中的任务必须要和项目的截止日期、进度里程碑以及其他相关联的任务来进行联动以跟踪项目。项目经理可以使用一些可以信任的项目管理软件工具来支持管理中的项目进度审查、发送相关通知，这些工具可以帮助项目经理维持项目的交付秩序，避免出现混乱的局面。

（3）管理干扰。项目经理需要学会管理项目中存在的干扰。如果你总是对其他任务说"是"，那么只会产生过多的承诺。如果这些承诺无法实现，会导致士气低落，并面临巨大的工作压力及项目业绩不佳等状况。

（4）工作授权。工作授权意味着将任务的责任分配给别人，项目经理则有更多时间专注于需要专业知识的任务。即使项目经理擅长多任务处理，仍然需要将一些工作委派给团队以便产生最佳结果。

（5）避免拖延。当项目经理或团队感到不开心或者任务量太多的时候，每个人都可能会或多或少地出现拖延的情况。如果任务太多不能处理，项目经理可以将其分解成更小的任务或者可以管理的模块；如果是情绪状态不佳的情况，项目经理可以通过了解每个人的喜好来与团队成员建立强大的个性化关系，提高积极性。

（6）集中共享项目内容。项目经理需要保持工作中的项目内容共享，可以通过Excel 表格、云端硬盘等工具来实现。此外，尽可能建立标准化的流程来实现自动化工作，以便项目经理和团队专注于项目中更重要的工作，更加关注项目目标，并获得相应的回报。

9.3.5　保持创新发展，提高项目管理效率

如果想要创新成功，项目经理最重要的工作就是创建一个团队可以创新的环境。下面详细介绍项目经理需要做些什么来保持项目创新蓬勃发展，如图 9-12 所示。

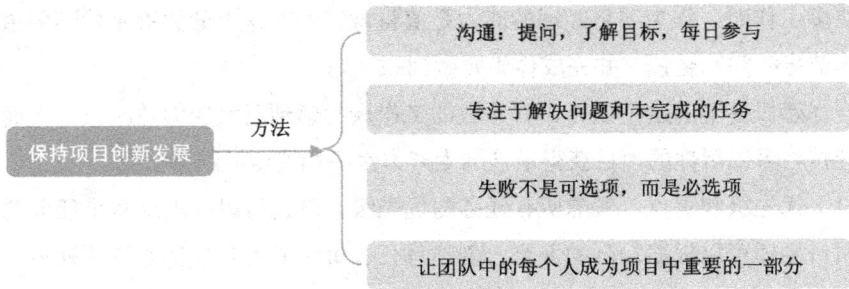

图 9-12　保持项目创新发展的方法

除了保持创新外，项目经理还需要通过有效的项目管理，最大限度地提高回报率，提升利润率。根据一项调查显示，有超过 50% 的公司确认项目管理会使项目在其业务战略中更好地协调一致，同时也确认了能够带来近 27% 的投资回报率。

然而，说起来容易做起来难，在正确的项目管理道路上，往往充满了许多挑战和障碍。因此，项目经理必须选择正确的项目管理方法并贯彻落实，以确保在商业项目中取得成功。但是，每个项目都是独一无二的，并有自己的复杂性和特殊问题。下面一些关键注意事项可以帮助项目经理更高效地做好项目管理，如图 9-13 所示。

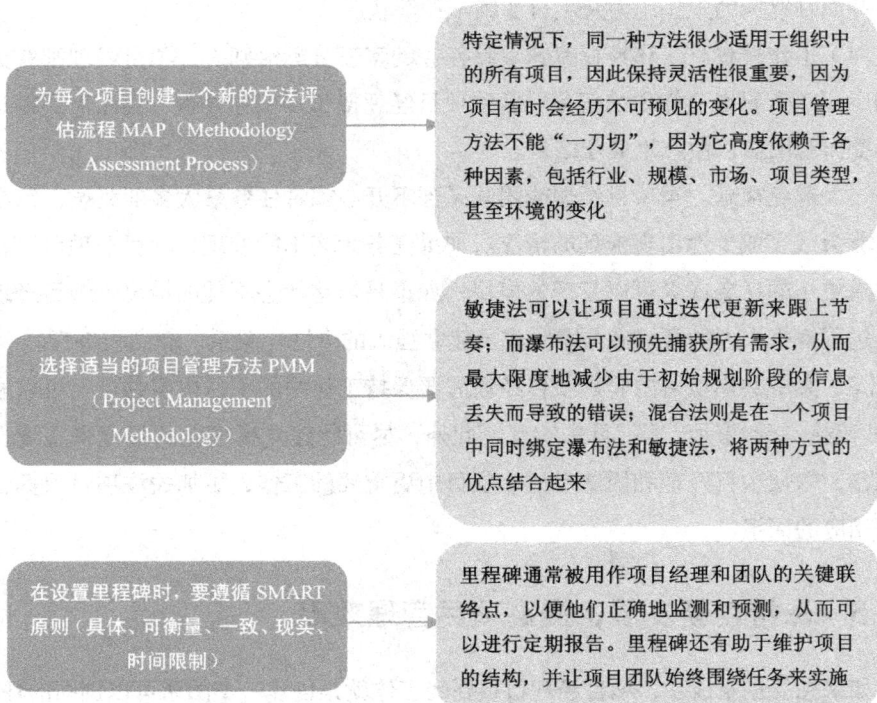

图 9-13　提高项目管理效率的方法

9.3.6 善用流程思维，保持正确前进方向

流程思维是项目管理和运营管理成功的关键因素，但是在组织实践中，却被狭义地定义为通过制定一系列的文件和标准化的步骤来实现一个目标。实际上，通过流程的每一步来达到结果，并不需要标准化的记录，每个结果都是通过一个流程来完成的。

任何结果都是流程的结果，这个概念是有效性管理的基础，不论是管理个人关系、项目还是任何工作活动，都需要知道希望达到或已经达到的目标是流程的结果。这样，项目经理在做项目计划的时候，就会清楚如何通过定义流程中的每一步来达到目标。下面是关于流程思维的一些观点，可以让你重新审视你的流程是否正确，让你在不断变化的环境中，始终保持项目往正确的方向前进，如图 9-14 所示。

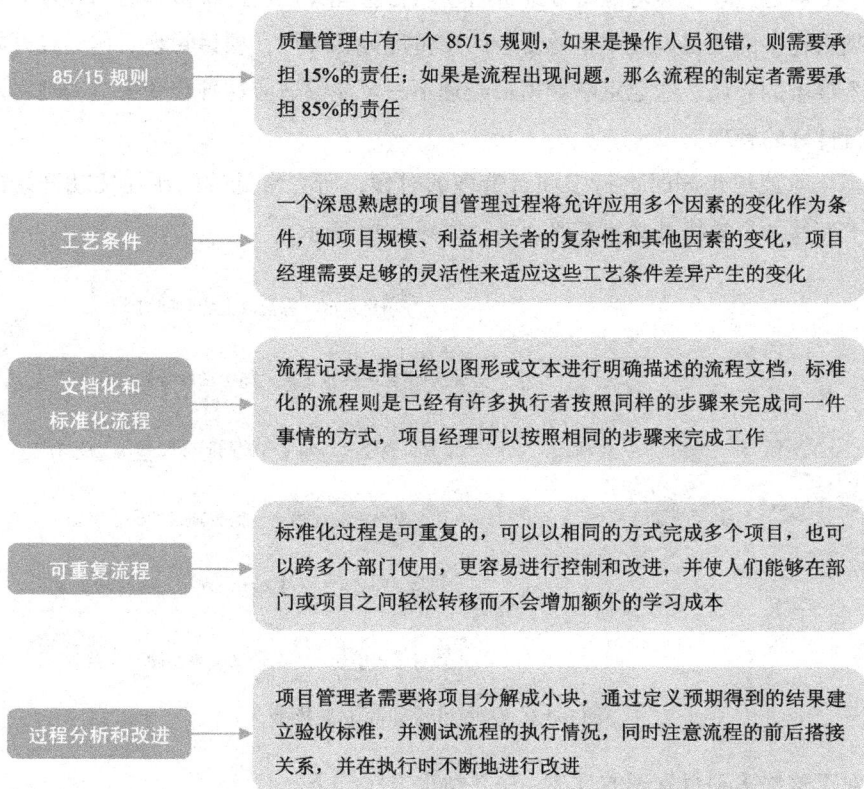

85/15 规则	质量管理中有一个 85/15 规则，如果是操作人员犯错，则需要承担 15% 的责任；如果是流程出现问题，那么流程的制定者需要承担 85% 的责任
工艺条件	一个深思熟虑的项目管理过程将允许应用多个因素的变化作为条件，如项目规模、利益相关者的复杂性及其他因素的变化，项目经理需要足够的灵活性来适应这些工艺条件差异产生的变化
文档化和标准化流程	流程记录是指已经以图形或文本进行明确描述的流程文档，标准化的流程则是已经有许多执行者按照同样的步骤来完成同一件事情的方式，项目经理可以按照相同的步骤来完成工作
可重复流程	标准化过程是可重复的，可以以相同的方式完成多个项目，也可以跨多个部门使用，更容易进行控制和改进，并使人们能够在部门或项目之间轻松转移而不会增加额外的学习成本
过程分析和改进	项目管理者需要将项目分解成小块，通过定义预期得到的结果建立验收标准，并测试流程的执行情况，同时注意流程的前后搭接关系，并在执行时不断地进行改进

图 9-14 让项目保持正确前进方向的方法

9.4

做好复杂的多项目管理

复杂的项目有许多团队和利益相关者的参与，其复杂性来自于项目中涉及很多不同的人。具有多种工作流的项目必然比只做一件事要复杂，会有更多的不确定性和风险点。作为项目经理，必须做出正确的决定以适应项目，这样才能做好复杂项目或者多项目的管理。

9.4.1 多项目管理面临的挑战

一个项目经理曾经可能有效地进行单项目管理并创造出很多辉煌的业绩。如今面对越来越多的项目以及越来越复杂的交付形势和环境，项目管理工作已经开始进入一个艰难的领域，这也意味着项目经理不一定能够适应这种转变去成功地对多项目进行良好的管理。

当企业或组织同时进行多项目管理的时候，所有常见的问题往往就开始出现了，下面这 6 个挑战是必然要遇到的，如图 9-15 所示。

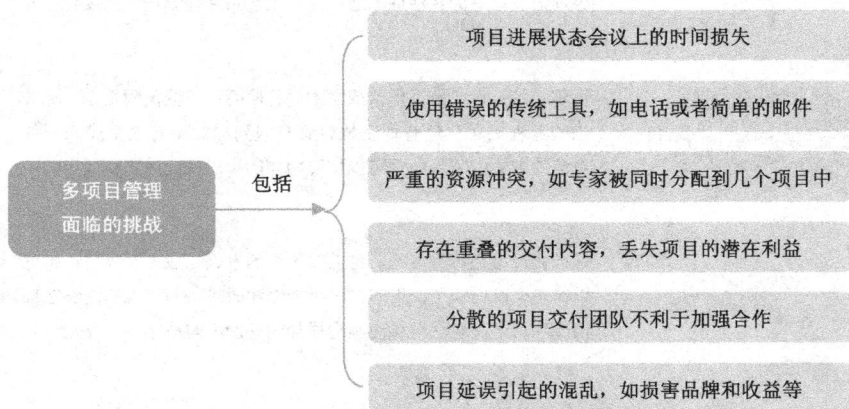

项目进展状态会议上的时间损失

使用错误的传统工具，如电话或者简单的邮件

多项目管理面临的挑战 —— 包括 —— 严重的资源冲突，如专家被同时分配到几个项目中

存在重叠的交付内容，丢失项目的潜在利益

分散的项目交付团队不利于加强合作

项目延误引起的混乱，如损害品牌和收益等

图 9-15 多项目管理面临的挑战

对于这些多项目管理的挑战，主要解决方法如下。

● 采取 IT 系统，将项目管理过程系统化。每个项目成员在系统中报告单个的任务和活动，项目经理只需要让每个团队成员不断地进行更新，通过系统来自动生成每个项目的进展状态而不是通过汇报的方式。

● 建议采取一个公共的信息共享系统，减少信息传递的失误并增加及时性，同时也显得更加专业。

● 对项目的优先级进行梳理并据此分配资源，重点项目要重点关注，同时尽量兼顾其他低优先级项目。

● 对于那些只会增加运营成本、不会带来任何利润的多余或重复的项目，应该安排转移项目资源，将资源投入到更值得运作的项目中去。

● 对于分散的交付团队，可以利用视频、语音等各种方式实现即时通信。

● 项目经理需要对不同的项目进行权衡处理，避免出现这些错误，充分应对每一个项目。

9.4.2　消除多任务并行的问题

项目中经常会出现无法确定团队成员工作量的评估，导致这个问题的主要原因之一就是项目中存在多任务。项目团队成员经常会被多个项目复用，同时还承担着一些交付细节的处理和管理责任。项目经理需要尽量减少多任务对项目的限制和对目标的影响，主要方法如下。

1.任务分解

项目经理需要帮助项目团队成员将其工作进行细节性的分解，最大限度地减少在工作流上切换回项目浪费的时间。理想情况下，团队成员提交的每个工作结果，都至少能够完成一个小的项目目标。

2.尊重时间

项目经理要尊重项目团队成员的时间，避免引入不必要的项目管理活动，并尽量减少他们需要参加的会议次数。同时，还要确保他们充分意识到强制性的行政程序，并努力减少完成这些程序的挫折。如果团队成员能够在合理的工作时间内工作，工作质量和整体生产力会大幅增加。

3.集中工作

项目团队可以利用协作技术集中工作，通过易于搜索的方式捕获和共享有用的项目信息，并确保按时间顺序组织关键更新，快速了解新功能。

4.价值呈现

确保团队知道项目对组织的好处，以及他们对项目和自身专业发展的贡献的价值。通常项目经理会在项目启动会议期间提供这些信息，但需要定期加强，以确保每个人所在的项目都是最高优先级的项目。同时，项目需要持续地给高管展示成果，以确保获得他们持续的资源支撑。

5. 了解资源

项目经理需要尊重资源管理者的角色，让他们了解潜在的资源超支风险，使他们能够主动与项目管理层合作，从而避免对运营或其他项目产生影响。

项目经理可能无法 100% 地保证团队成员的工作时间都是合理的，但是可以通过减少浪费和排除一些障碍，有效地利用项目团队成员的宝贵时间。

9.4.3 学会管理多个小项目

如果公司中确实没有大项目给项目经理来做，那么项目经理也不用感到失望，这并非是个人能力的问题。如果有小项目存在，那么项目经理一定要争取去做小项目。管理多个小项目是一个很有用的经验，可以提前帮助项目经理适应多项目管理，其好处如图 9-16 所示。

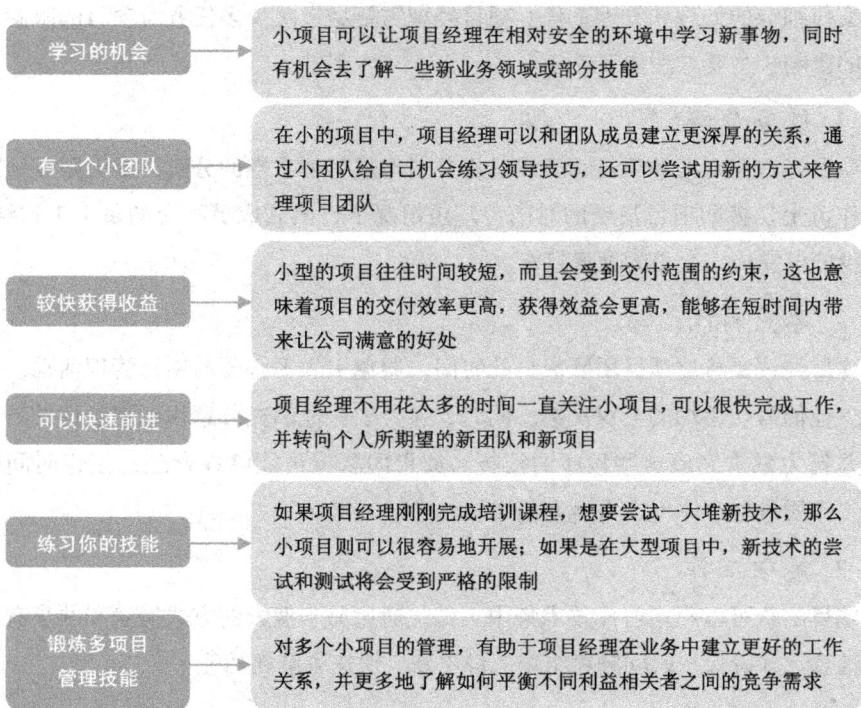

学习的机会	小项目可以让项目经理在相对安全的环境中学习新事物，同时有机会去了解一些新业务领域或部分技能
有一个小团队	在小的项目中，项目经理可以和团队成员建立更深厚的关系，通过小团队给自己机会练习领导技巧，还可以尝试用新的方式来管理项目团队
较快获得收益	小型的项目往往时间较短，而且会受到交付范围的约束，这也意味着项目的交付效率更高，获得效益会更高，能够在短时间内带来让公司满意的好处
可以快速前进	项目经理不用花太多的时间一直关注小项目，可以很快完成工作，并转向个人所期望的新团队和新项目
练习你的技能	如果项目经理刚刚完成培训课程，想要尝试一大堆新技术，那么小项目则可以很容易地开展；如果是在大型项目中，新技术的尝试和测试将会受到严格的限制
锻炼多项目管理技能	对多个小项目的管理，有助于项目经理在业务中建立更好的工作关系，并更多地了解如何平衡不同利益相关者之间的竞争需求

图 9-16 学会管理多个小项目的好处

项目交付与项目
复盘

——

第 10 章

学前提示

项目中的各项任务完成后，项目经理需要按照标准的交付流程完成任务报告，检查在任务中遇到的问题以及解决的过程，还需要通过检查每个项目成员的绩效来保证质量。这种方式有助于形成项目成功交付的完美结果，也就是可以帮助实现更好的项目成果，同时也会给项目经理带来管理下一个项目的机会。

要点展示

➤ 项目交付的技巧和注意事项

➤ 结束项目的一些重点事项

➤ 做好项目的复盘和改进工作

10.1

项目交付的技巧和注意事项

项目完成和项目成功地完成是两个不同的概念。作为一个专业的项目管理人员，需要确保项目尽可能地输出好的成果，这个成果除了达到基本的质量要求之外，还需要达到内外部客户的要求，只有这样才能算是真正成功的项目交付。

10.1.1 成功的交付流程能保证成果

项目经理可以有效地通过流程优化和操作技巧等手段来保证项目成功交付成果，主要有以下几点，如图 10-1 所示。

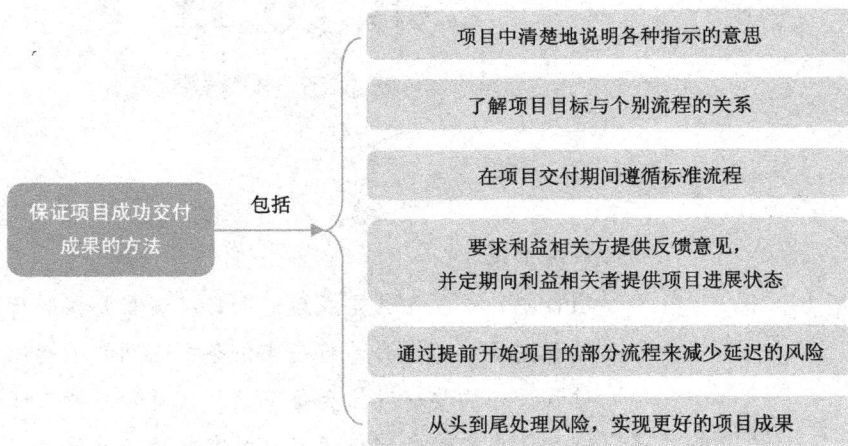

```
                                   项目中清楚地说明各种指示的意思

                                   了解项目目标与个别流程的关系

                                   在项目交付期间遵循标准流程
 保证项目成功交付      包括
   成果的方法                      要求利益相关方提供反馈意见，
                                   并定期向利益相关者提供项目进展状态

                                   通过提前开始项目的部分流程来减少延迟的风险

                                   从头到尾处理风险，实现更好的项目成果
```

图 10-1　保证项目成功交付成果的方法

项目失败的主要原因之一是对需要做什么以及不应该做什么缺乏明确的认识。为了阐明这一点，项目经理必须在项目目标、项目成果和项目范围等方面做明确表示。项目经理应该明智地接受变更请求并避免项目范围无限制地蔓延。

同时，项目经理要留下大量的质量保证时间。质量保证是验证项目交付产品质量的过程，除非是销售的产品始终保持不变，否则项目实施的服务产品需要大量的质量检查。质量保证过程可能会需要额外的工作时间，作为项目经理要提前注意到这一点并采取积极的行动，让团队协同合作起来，提升产品的质量。

一幅图片可以抵得上项目中的千言万语，可以节省项目中上百万次会议——这就是项目的生命周期流程图，包括启动、规划、执行控制和收尾关闭 4 个阶段，如图 10-2 所示。最重要的是，通过这个流程图，项目经理可以得出项目交付中最关键的也是最需要的实际交付成果。

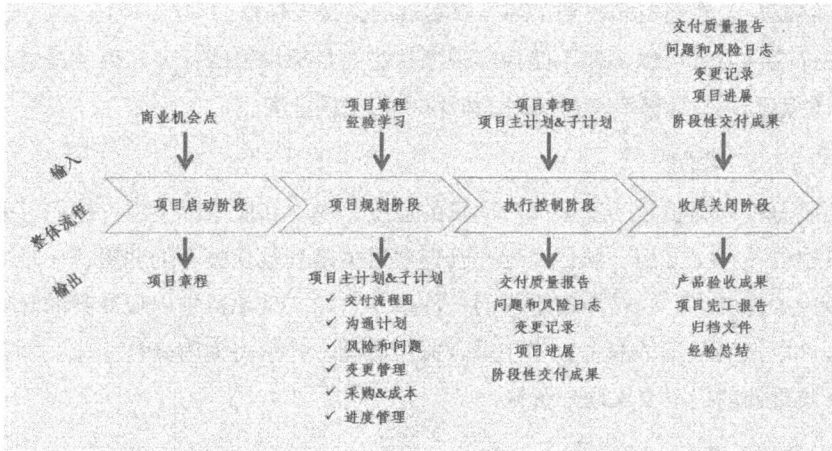

图 10-2　项目的生命周期流程

这里重点介绍项目每个阶段的交付成果，每个阶段的关键输入是什么、关键输出是什么，整个项目的生命周期全过程在这个交付流程图里都能一目了然。通过这幅图，不仅仅是项目经理，包括项目团队以及其他的项目干系人都可以知道，我们要去哪儿，我们将如何到达那儿。

10.1.2　快速交付项目的 8 个技巧

不管是项目经理还是项目的赞助商，总是希望项目能够提前完成。完成项目所需要的时间越短，就越能提前获得项目带来的收益。这个想法是好的，但是很多时候，项目受到项目管理中的"三角限制"——质量、时间和范围的互相影响，不可能完全达到项目经理想要的目的。通过对项目"三角限制"的分析，项目经理可以尝试下面的 8 种手段来提高项目交付的速度。

1. 提前开始

如果在项目还没有正式开始之前，项目经理就已经知道项目的时间限制，那么可以提前做好项目的准备工作。特别是对于项目需要交付的内容做好提前规划，对于确定性的工作形成合适的规划，对于不确定的部分提前做好变化应对。一旦不确定性的工作确定下来，可以节省项目前期规划的时间，加快整个项目的交付进度。

2. 减少需求

项目经理可以与项目发起人一起商量这个项目究竟能砍掉些什么，哪些可选的要求能够取消，将范围缩小到实际可以实现的交付工作量。

通过这种方式可以去掉不能为实现项目主要目标增值的任务，也就是意味着缩小项目的范围，从而减少交付工时，加快项目完成进度。

3. 设定预期

不要总是以为项目的发起人对项目的进度、成本和质量都关注，他们可能只会关注其中的某一个方面。项目经理要管理项目关键利益相关者的期望，一定要找出对方最为关注的点。这是非常重要的一件事，这样一旦项目中出现冲突的时候，项目经理可以做出一定的取舍。如果重点关注质量，并想要提前交付完成，那就可以在保证质量的前提下要求增加资源。

4. 并行增加工作量

项目经理可以对项目中的各项任务进行审核和分析，看看哪些工作可以早点启动，哪些工作需要和其他任务一并执行。项目经理需要同时注意资源管理，因为你无法安排同一个人同时执行两项任务，如果确实增加了工作量，那就需要引进更多的人来帮助你进行任务管理。

5. 停止多任务

许多报告和研究表明，在项目中不断从一个任务转向另一个任务是一种不切实际的工作方式，而且这种方式反而会让工作效率变得更低。项目经理需要确保项目团队成员每天留出专用的时间专注于某一个任务，这样他们才能更好地完成工作，更少地分心，更有可能在截止期限前完成任务。

6. 优化依赖关系

项目中各项任务之间的依赖关系在调度中非常重要，而且往往是项目计划中的关键组成部分，也意味着项目任务必须按照顺序进行。但是，实际的项目交付并非一成不变地按照项目经理制订的计划来进行。这个时候，项目经理要检查所有的依赖关系，看看哪些是必需的，哪些是需要去除的。大多数情况下都能发现一些可以改变和优化的地方。

7. 尝试增加风险

很多时候，过于保守地执行计划会导致项目进度缓慢。如果出现这种情况，为了更快地交付，项目经理可以尝试做出一些改变而不是墨守成规。

项目本身的存在即是一种风险，项目经理不应该简单地避免风险，而是要学会管理风险，需要查看项目规划阶段时的假设，看看能否通过一些假设来推动项目进度。

8. 优先排序

项目经理可以对工作量和要求进行优先级排序，将低优先级的工作或项目延后，提前完成项目中的高优先级部分。

10.1.3　掌握远程交付项目的技巧

大型的项目都有一个专门的项目经理与远程交付团队进行交互，并作为具体业务和远程交付成员之间的虚拟桥梁。如果你的项目没有专门的人员，也可以按照下面提到的一些简单方法来成功地管理好项目。

1. 每周定义项目目标

不论是软件开发还是提供技术支持，远程交付项目的整个过程可以分为更小的目标，然后通过电子邮件或电话与远程团队沟通。例如，项目经理可以在每周一早上与整个团队打电话，并通过每周目标列表看哪些需要实现，然后在周末再次给他们打电话，以评估他们是否已经实现目标，并解决他们面临的困难。

2. 做好时间差管理

时间差是影响远程交付项目的重要因素之一，必须由项目经理和远程交付项目团队共同商定一个时间，用于沟通和解决项目团队面临的问题。

3. 如果有问题需要及时提醒每个人

建议项目经理留意项目中存在的预警信号，并提前警告远程交付团队，而不是等待出现的问题自动纠错并回到正常状态。

4. 如果远程交付团队中的某人表现良好，一定要及时鼓励

项目经理可以通过电子邮件来激励团队成员，或者给他们寄上一些礼物，这样可以增强团队的友情，且可能会为项目带来奇迹。

10.1.4 交付中常出现的错误

所有的项目都会在交付过程中出现问题，这些问题非常常见。下面给出 5 种管理交付中的错误的方法，这些方法可以帮助项目经理用更少的时间来解决问题。

1. 问题没有被记录

管理错误时出现的第一个问题就是没有记录问题。项目经理应该在发生问题时就做好记录，需要记录的信息如下。

- 问题所有者。
- 发生了什么。
- 你在做什么。
- 评估严重程度。
- 日期和预期解决日期。
- 当前状态：打开、关闭、暂停等。

将一切问题都记录在一个日志文件中，可以轻松跟踪所有问题。这个日志文件可以安排项目中的人员来保持更新，确保日志能够反映项目的真实情况。

2. 记录真正的问题

这里要注意，记录的问题必须是真正的问题，那些所担心的尚未发生的问题不是问题，而是风险。在项目管理中对于问题的定义是：有争议的一个问题点或者一件事，或者尚未解决的、正在讨论中或存在反对意见和分歧的一件事情。而对于未发生的问题，则可以采取风险管理方式，这里不再赘述。

3. 问题太低级了

项目的实施过程中，也许会有预定的会议产生了冲突而不得不取消其中一个会议，也许会有个关键成员生病没有上班从而影响交付进度，其实这些都算不上是问题。这些问题如果添加到问题列表中，就会形成琐碎而细微的问题。项目经理应该关注的是影响到项目的成功并且各方面都在关注的重大事项，而不是过多地去关注日常事务。

4. 问题没有及时升级

如果项目经理无法自行解决问题，可以将问题反馈给项目的发起人。问题应该由最合适的人来解决，如果项目的赞助商不是最合适的人，那么一定要让赞助商了解发生了什么，并让他们决定由谁来解决这个问题。

这些未能解决的问题可能会导致项目失败，如果对这些问题有疑问，项目经理可以和项目的关键人员进行联系。如果现在不处理这个问题，以后可能会变成更大的问题。

5. 问题没有跟进

对问题进行管理可能会破坏项目现有的计划。如果计划中的时间表发生了变动，一定要让项目团队知道，最好的方法是依据问题来对项目计划进行定期更新。

项目经理可以将问题管理活动和项目的计划日程安排结合起来，从而真实地反映项目当前需要做什么，同时也可以让项目资源从其他低级别的任务中转移到当前的问题上来，并可以让团队成员远离其他非关键活动。

10.1.5　控制好项目的交付范围

一个项目确定了进度、成本和质量，那么就意味着这个项目的范围确定下来了。控制好项目的交付范围，就意味着你在进度、成本和质量这三者之间取得了平衡，你的项目也就成功了一半。

想要控制项目范围的变化，只要记住下面这 3 点：首先是要知道项目的交付范围有哪些；其次是训练你的团队，让他们能够识别和管理这些范围的变化；最后是沟通。

1. 了解项目的交付范围

第 1 点就是要知道项目的交付范围有哪些。项目范围是指项目开始后的短期内，相关人员要知道他们需要做什么，或者他们的职权范围是什么，他们要开始考虑如何去完成这些工作。

项目经理需要不断地向项目团队重申项目交付范围，也需要向各个利益相关者、最终用户重申，这是非常重要的一件事。你可以采取不同的方式来进行重申，如一对一沟通、发送项目进展周报等。

2. 训练你的团队

第 2 点就是要对团队成员进行训练。项目经理必须要培养团队，使他们能够识别和理解项目的范围，并且知道何时发生了变化。同时，项目经理也要培养团队成员在完成项目任务时的警觉性，确保项目团队能够正确地应对客户提出的变化要求，而不是直接说"不"，或者直接把客户的需求传达给项目经理。

3. 沟通

最后一点是沟通，项目经理的工作就是沟通项目的交付范围，看其是否存在潜在的变化。不论项目范围是扩大还是缩小，项目经理都需要进行管理和控制，因为作为一个项目经理需要对项目交付范围负责。

项目经理可以通过沟通来管理项目的预期，包括这个项目要达成一个什么目标，提供一个什么样的产品，是什么的重要组成部分。作为一个项目经理，要不断地进行沟通来对你的项目范围进行管理。

10.2

结束项目的一些重点事项

项目经理在结束项目时，想要项目成功实施，还需要注意一些重点事项，如进行项目评估、简化开票流程、及时关闭项目等。做好这些工作，往往能够节省项目时间，提高工作效率。

10.2.1 进行项目评估，衡量项目的成功

当项目交付成功后，项目经理的管理工作需要额外地多走一步，那就是对项目进行评估。项目经理要对你的项目进行整体的回顾，是进展顺利还是中间出现了什么问题，分析成功的原因，记录它们，并将其作为管理质量检查表的一部分。

深入讨论在项目谈判、实施和交付期间发生的问题。如果质量保证时间不够解决产品遗留的一些问题，那么需要和技术团队交谈，找出解决方法来防止下一个项目出现类似的情况。如果有必要，项目经理可以分配更多的时间进行质量检查，或者寻找具体的培训课程来提高项目团队成员的交付能力。

一旦项目完成，衡量项目的成功是一个宝贵的实践过程，它为未来的项目提供了一个学习经验的机会，并有机会评估项目的真正有效性。为了有一个整体的观点，项目经理需要从客观和主观的角度来进行考虑。

1. 范围

这里的范围是指项目的预期成果以及完成项目所需要的内容，为了真正衡量你的项目是否成功，你需要确定它是否在给定的框架限制内实现了项目目标。

2. 任务列表

任务列表很容易理解和衡量，可用于判断是否按时完成了项目每个里程碑阶段的任务、是否按照时间进展进行了交付，如果没有，亦能看出项目的进度究竟落后了多远。

3. 预算

你是否设法在预算范围内交付项目？那这个预算究竟是高还是低？和平均线偏差多少？在预算内交付项目的能力，通常被认为是成功的最重要指标之一。

4. 团队满意度

这一点在性质上更加主观，并且在评估项目成功时常常被忽视，但它应该是项目成功评估标准的关键部分。因为都是团队冲锋在项目交付的前沿，他们也是准备在下一个项目中冒险的人，他们会给项目提供更加深入的见解，而这些往往是项目的赞助商都不一定能够提供的。

5. 客户满意度

项目经理和团队还需要获得客户的反馈，了解他们对结果是否满意，他们的需求是否得到了满足。你可以跟踪客户的满意度，而且这种跟踪要覆盖项目的整个交付生命周期，而不是仅仅在收尾阶段才去关注。

6. 质量

质量是指不仅仅需要完成项目的预期工作，而且要超出客户和各个利益相关者的预期。项目经理需要跟踪项目的质量过程并在必要时进行调整，即使是在项目交付后，能不能持续保证质量往往是新项目能否进行下去的重大风险点。

想要评估项目是否达到其目标以及顺利交付的程度并不难，那项目实施过程是否简便快捷？项目的各个利益相关者，包括你的团队成员，对结果是否满意呢？项目的成败并非完全非黑即白，而是存在灰色地带。这让项目的成功更难衡量，但绝对值得你花时间去评估。你能够解决项目中的问题点越多，每个后续项目成功的可能性就越高。

10.2.2　简化开票流程，实现收益最大化

很多项目经理可能过于关注交付过程，但忽视了对项目的经营，特别是在验收环节的开票阶段，这会直接影响到项目的进销存。

这是因为进销存有助于转换成为收入现金流，如果一个企业没有意识到按时打款的重要性，从长远来看，企业将会很难继续维持下去。下面提供一些提示，你可以通过简化开票流程来尽快取得收入，如图 10-3 所示。

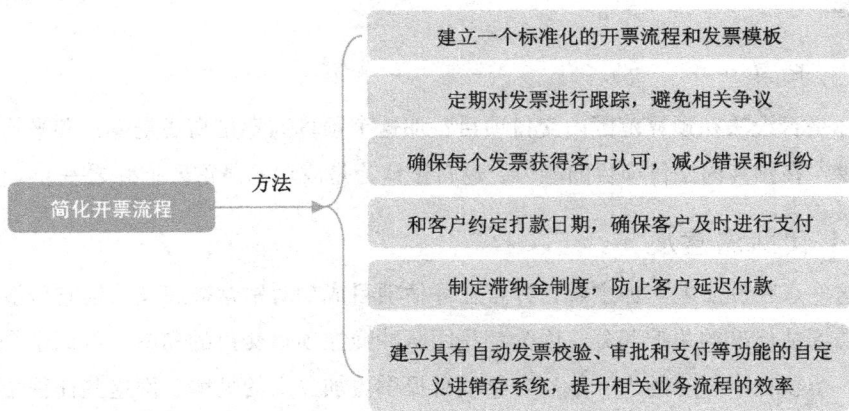

图 10-3　简化开票流程的方法

除了做好验收环节的开票流程简化外，下面的 7 个步骤也可以最大化地为客户实现项目利益，如图 10-4 所示。

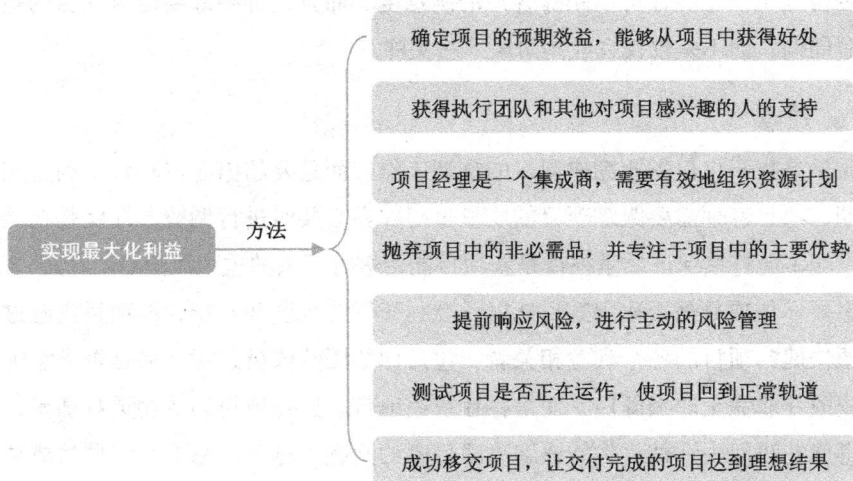

图 10-4　实现最大化利益的方法

10.2.3　项目顺利收官后，要及时关闭项目

在项目管理的世界里有一个事实一直存在：总会有一些项目成功，有一些项目不成功。图 10-5 所示的这 5 个关键领域分布于项目管理过程中的各个概念之中，通过在项目中全面实践，从逻辑上可以得到更好的项目结果。

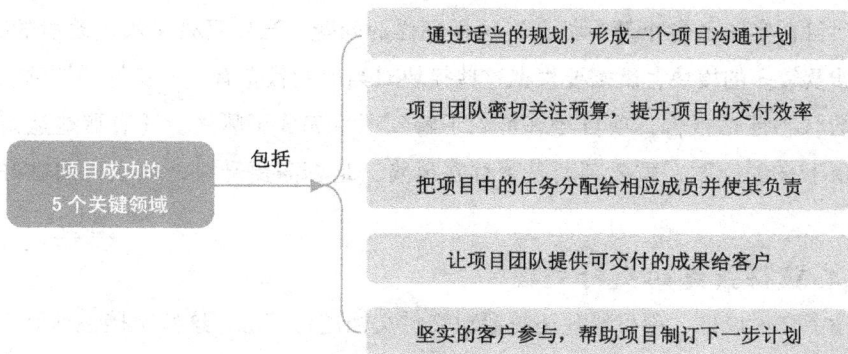

项目成功的
5 个关键领域 —— 包括：

- 通过适当的规划，形成一个项目沟通计划
- 项目团队密切关注预算，提升项目的交付效率
- 把项目中的任务分配给相应成员并使其负责
- 让项目团队提供可交付的成果给客户
- 坚实的客户参与，帮助项目制订下一步计划

图 10-5　项目成功的 5 个关键领域

项目到了收官关闭阶段时，项目经理不要以为就万事大吉了。很多时候，客户在前期累积的一些小问题，在最后阶段往往可能会爆发出来，而这些问题很大可能会推迟项目的关闭，使项目产生额外成本。下面的 8 个思路，可以让项目经理提前对项目能否顺利关闭进行思考。

1. 确保有正确的输入和输出的成果

项目的各个阶段都会有输入和输出，前一个阶段的输出会成为后一个阶段的输入。当项目处于收尾阶段的时候，需要对最终的输入和输出进行核查，确保输入的成果正确的同时，也要保证输出的成果是正确且符合要求的。

项目是否成功有两个标准，一个是利益相关者是否满意，这是一种感性的认识，可以通过各种方式进行弥补；另一个则是实实在在的交付成果，如果没有正确的交付成果作为项目的交付基础，那这个项目就会是一个失败的项目，这种情况下任何利益相关者都不会同意项目关闭的。

2. 获得客户批复的验收报告

项目经理获得了正确的输出成果只是第 1 步，这些成果还要获得关键利益相关者特别是最终的客户的认可，他们的认可才是最重要的。

在获得他们认可的同时，还需要有明确的批复确定下来，避免后续出现反复或

变化。当然，从客户的角度来说，他们可能会提出各种各样的要求。在项目关闭阶段，有些要求是合理的，有些则是超出交付范围之外的。

没有哪个项目是完美的，这个时候可以通过沟通来降低客户的期望，只要能够达成目标的80%，其实就算是一个成功的交付结果了。

3. 获得最终的项目状态报告

项目在实施的各个环节都会有这样那样的问题，当项目处于收尾阶段的时候，如果涉及较多的模块，就需要根据这些模块对当前的状态有一个良好的评估。通过最终的状态评估报告，项目经理可以了解到项目完成了哪些，还有哪些遗留，对于遗留下来的问题，需要判断是否存在风险，是否需要升级处理或提前做好风险防范。

4. 获得最终的交付文档

除了交付成果，项目经理还需要对交付文档进行汇总，这些文档包括但不限于产品操作指导书、说明书、流程文件、问题分析报告等。项目经理可以通过这些文档对项目的各个过程进行总结，同时可以对项目中的交付文档进行备份，以便客户或项目组对项目的实施过程进行回溯。

5. 开个庆功会

和项目开工会类似，当项目结束的时候一定要开个庆功会。庆功会可以拉近各个利益相关者的关系，同时也宣布这个项目已经进入了收尾阶段，并达成了符合项目交付要求的成果。

有了庆功会，大家可以自觉地对剩下的工作进行迅速的收尾，而不会处于等待项目结束的状态。

6. 和所有的利益相关者沟通

不是所有人都表现得完美，项目经理需要和各个利益相关者进行沟通，确认他们对于项目收尾阶段的观点和看法，了解他们还有哪些需求，避免在项目的收尾阶段出现遗漏，影响最终的项目关闭。

同时，项目经理还需要和团队成员沟通，对他们在项目中的表现情况进行总结；和项目管理层沟通，看是否能够最终关闭项目；和项目财务沟通，看收入和成本是否结算清晰明确等。

7. 分配奖金和提前准备新项目

最后是利益的分配，项目经理通过对不同人员的贡献分析，确定每个人的奖金，这样可以让团队成员更加积极地完成项目交付的最后一步。

同时，如果有新的项目需要开始，项目经理可以提前对各个项目成员发布消息，准备相关人员的面试和项目信息的整理。

8. 及时关闭项目

如果项目不能及时关闭，那么它必然会继续消耗公司的资源。项目团队必须确保项目中所有和项目成功相关的关键因素都已经获得了客户的认可，并获取客户的最终确认，双方达成一致后签署相关的文档。

10.3

做好项目的复盘和改进工作

收尾作为项目整个项目流程的最后一部分，项目经理可不能轻易忽略掉这个环节，好的项目收尾可以避免很多麻烦。同时，在项目收尾阶段，项目经理还需要做好项目的复盘和改进工作，把相应的文档进行归档、保护并留存起来。

当项目经理对项目进行复盘和改进时，就可以从这些文档中获得相关的经验和教训，从中可以学到如何去做，以及怎么避免项目中的风险和问题。这些信息也会成为下一个项目的输入材料。

10.3.1 召开总结会议，杜绝不良现象

一旦项目完成，此时项目经理需要反思这个项目的全部过程，看看在下一个项目中如何优化并取得成功。项目总结会议是让所有项目成员一起讨论的绝佳机会，项目经理通过和每个项目成员沟通和总结，可以得出项目中的经验教训，并形成改进不良现象的方法。

很多时候，项目经理总觉得一个项目做完就松了一口气，但很多新人都缺少总结意识，以至于同样的错误一遍又一遍地重复发生。项目经理可以在项目实施过程中，学会识别项目管理过程中的不良现象，主要有以下几个方面，如图 10-6 所示。项目经理通过不断地优化项目中的管理过程，可以帮助项目和组织节省更多的时间和资金，同时也为自己的职业生涯增加一份技能上的保险。

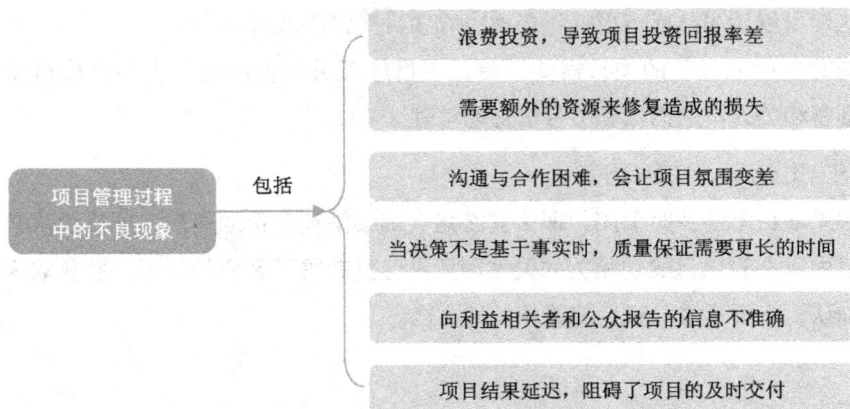

图 10-6　项目管理过程中的不良现象

10.3.2　总结失败原因，找出潜藏的问题

比找出确保项目成功因素更重要的是，先找出哪些原因导致了项目的失败。如果能够找到失败的原因，即可大大提高项目成功的机会。下面这 3 个绊脚石是项目失败的常见原因，如图 10-7 所示。

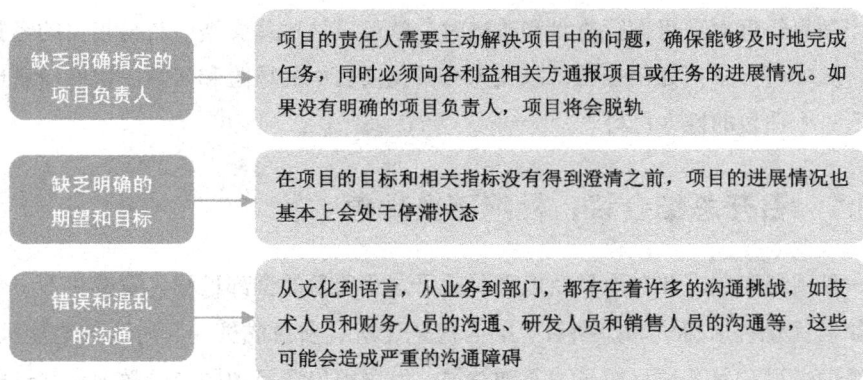

图 10-7　项目失败的常见原因

即使有最好的专家和软件，做好了最完备的计划，项目在实施过程中也不会像我们想象中的那样顺利。项目经理需要在项目的实施过程中不断地学习，并能够在出现问题的时候及时应对。

当然一个更好的方法是在项目中的重大问题发生之前，就及时找出这个问题，最好的方式就是持续监控项目，但实际上很难做到这个程度。项目经理可以尝

试用下面这 5 种方法去找找看，检查项目中是不是有潜藏的问题存在，如图 10-8
所示。

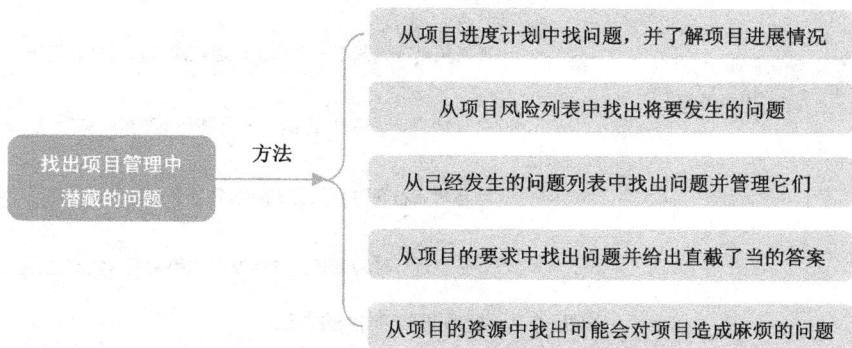

图 10-8　找出项目中潜藏问题的方法

最后，在项目结束时，项目经理除了要确定项目是否成功外，还必须将所有团
队成员的业绩报告记录在案。业绩报告是对员工、领导者和团队成员的责任的最好
描述方式，项目经理可以使用这种业绩报告奖励那些表现好的员工或团队成员。同
时，你给予的奖励也将激励其他人，他们将最大限度地发挥自己的努力，从而促使
下一个项目的成功。

10.3.3　拯救停滞项目，重建失败的项目

笔者曾经作为一个技术和咨询公司的项目经理，主要任务是给对方开发一个自
动化的系统。这个项目能够给客户省去很多成本，同时这个项目完成后，也能够给
自己带来更多的潜在客户，这看起来是一个令双方都非常满意且非常兴奋的项目。
然而，项目实施几个月后，客户的兴趣逐步下降，项目也开始陷入窝工状态，停滞
不前。项目并没有取消，也不是进度落后，只是陷入一种停滞的状态。

当你对一个项目的工作感到非常兴奋，然而项目突然陷入停滞的时候，就像
是"心脏突然中了一枪，被打了一个洞"。那么，当客户或者组织对项目失去兴
趣和动力的时候，项目经理要采取什么样的行动呢？一个项目的停滞并不意味着
你要放弃它，或者说去结束它。你只需要知道如何让它回到正常轨道，并且避免
陷入真正的绝境。下面 6 个策略可能会让你成为挽救项目的"超人"，如图 10-9
所示。

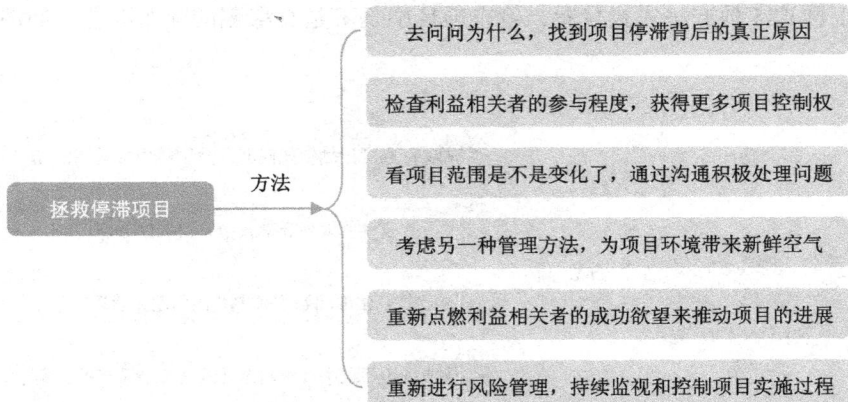

图 10-9　拯救停滞项目的方法

当一个项目濒临灭亡时，最有效的策略就是和项目利益相关者进行有效的沟通，让他们从强烈的不信任转变成愉快的合作，这才是一个真正的项目经理应该要做的事情，具体方法如图 10-10 所示。

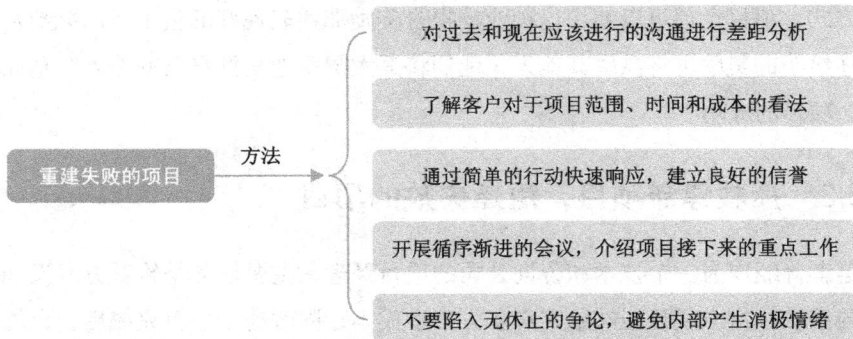

图 10-10　重建失败项目的方法